OSAKA MUSEUM
OF HISTORY

大阪歴史博物館館長
栄原永遠男 編

館長と学ぼう

大阪の新しい歴史 Ⅱ

東方出版

OSAKA

●目次

難波宮下層遺跡の諸相

杉本厚典

一　上町台地北端部の古墳時代から飛鳥時代

難波宮下層遺跡とは、難波宮の下に眠る、難波宮よりも古い遺跡です。難波宮が創建されるより前の五世紀から七世紀前半にかけての遺跡であり、建物、柵、鍛冶炉、須恵器窯等の遺構、須恵器や土師器等の容器類、手工業生産に関する多くの遺物が見つかっています。これらの遺構の中には『日本書紀』に登場する難波屯倉や大郡・小郡、客館、寺院等が含まれる可能性もあることから、非常に注目されています。

難波宮のある難波地域は重要な土地でした。『日本書紀』において、五世紀の仁徳天皇の時代に茨田堤を築造し、堀江を整備したことが記され、また六世紀中葉の安閑天皇の時代に難波屯倉が置かれ、钁丁（かくてい）によって農業生産を行ったことが記されています。

さらに欽明二二年には大郡（外交の役所）、敏達一二年には小郡（西国を統括する役所）が登場し、継体六年以降は外国からの使節が滞在するための難波館が設けられており、飛鳥の外港として整備されます。さらに、敏達六年には大別寺（おおわけでら）、推古元年には四天王寺が建立され、国際交流の拠点として成長したことがうかがえます。

七世紀中葉に造営された難波宮の下からは、おびただしい数の土器や道具、建物などの跡が見つかっています。

発掘調査で出土した品々や見つかった建物跡などで、最も古いものは五世紀前葉の年代が与えられます。それ以前は、台地に刻まれた谷筋で弥生時代の土器や石器が見つかりますが、水田を営むには適さない上町台地上において定住には不向きだったようで、竪穴住居や掘立柱建物などは見つかっていません。台地東側で河内湖に面する森の宮遺跡では、縄文時代に引き続き弥生時代から古墳時代にかけての遺物が数多く出土しており、河内湾に面する砂堆上でも、弥生時代後期から古墳時代初頭にかけての竪穴住居や土錘が見つかっています。弥生時代から古墳時代前期にかけては、水域に面して集落が展開しているのが特徴でした。

五世紀に大川周辺が整備され、その近くの高台、即ち上町台地北端部上に大型倉庫群が設けられました。これが法円坂倉庫群です。この倉庫群に先立つ時期から、近くに須恵器の窯が造られ、そこでは主に大型の甕が焼かれていました。貯蔵や流通といった機能を担っていた倉庫群において、大型の甕が必要であり、これを造る窯が設けられたと考えられます。

この大型倉庫群が消滅した後、五世紀後半には竪穴住居が設けられます。竈を持つ竪穴住居で、この時代に一般的な建物です。

六世紀に入ると、掘立柱建物が増加し、七世紀には建物の密集する中枢部には溝や柵で街区が設定されるようになり、官衙（かんが）域、倉庫域、手工業生産域に分かれて、機能的な街づくりが行われたと考えられます。そして七世紀中葉にこの景観をもとにして難波宮が築かれます。

難波は旧大和川・淀川が大阪湾へとつながる場所にあり、交通の要衝であることから、人や物が集まりました。また沖積地で農業、内・外水域で漁撈を行い、食料資源も比較的豊富です。このような土地に、飛鳥の外港として役所が置かれ、仏教寺院も建立され、人やモノが国内のみならず国際的に行き交うようになり、「都市」へと発展したと考えられます。難波宮に象徴される国際都市難波の幕開けを、難波宮下層遺跡に見出すことができるのです。

二　上町台地北端部の地形

いまでこそ上町台地の上は平坦に見えますが、古墳時代の地形は谷筋が深く入り込み、起伏の大きな場所でした(図1)。上町台地の東側には河内湖、西側には難波砂堆・大阪湾が拡がっており、海岸線は御堂筋の一筋東側の心斎橋筋付近にありました(図2)。上町台地の北側には大川が西へ向かって流れており、さらにその北には長柄砂州・天満砂州が拡がっていました。

上町台地の北には天満砂州があり、その西に長柄砂州がのびていました。従来、梶山彦太郎氏(一九八六)らの研究によって、長柄砂州(天満砂州)は沿岸流によって上町台地側から北に成長したと考えられてきました。平成二一〜二五年度にかけての(独)日本学術振興会科学研究費補助金基盤研究(A)『大阪上町台地の総合的研究』において、発掘調査の地層データや、建物建造前に行うボーリング調査のデータが整理され、上町科研GISチームは天満砂州南部が陸地化する状況を復元しました。

この復元は、発掘調査で見つかる砂堆がどの方向の水の流れで堆積したのかを検討することで可能になりました。各調査地点での堆積方向を調べたところ、北東から南西への水の流れで堆積していることがわかりました。この堆積の進み方は淀川(大川)の流れの方向と一致しています。このことによって、天満砂州南部が沿岸流でなく、淀川のもたらした砂礫によって形成されたと上町科研GISチームは考えています。

淀川河口の三角州は古墳時代中期にさらに堆積が進み、台地との間を狭めて大川を形成したと推測されます。『日本書紀』仁徳一一年四月条には、河内湖が大阪湾につながる一帯には湿地が広がり、大雨時には海潮が逆流するといった排水不良の環境が記されています。この状況を打開するために開削されたものが難波の堀江であり、現在の

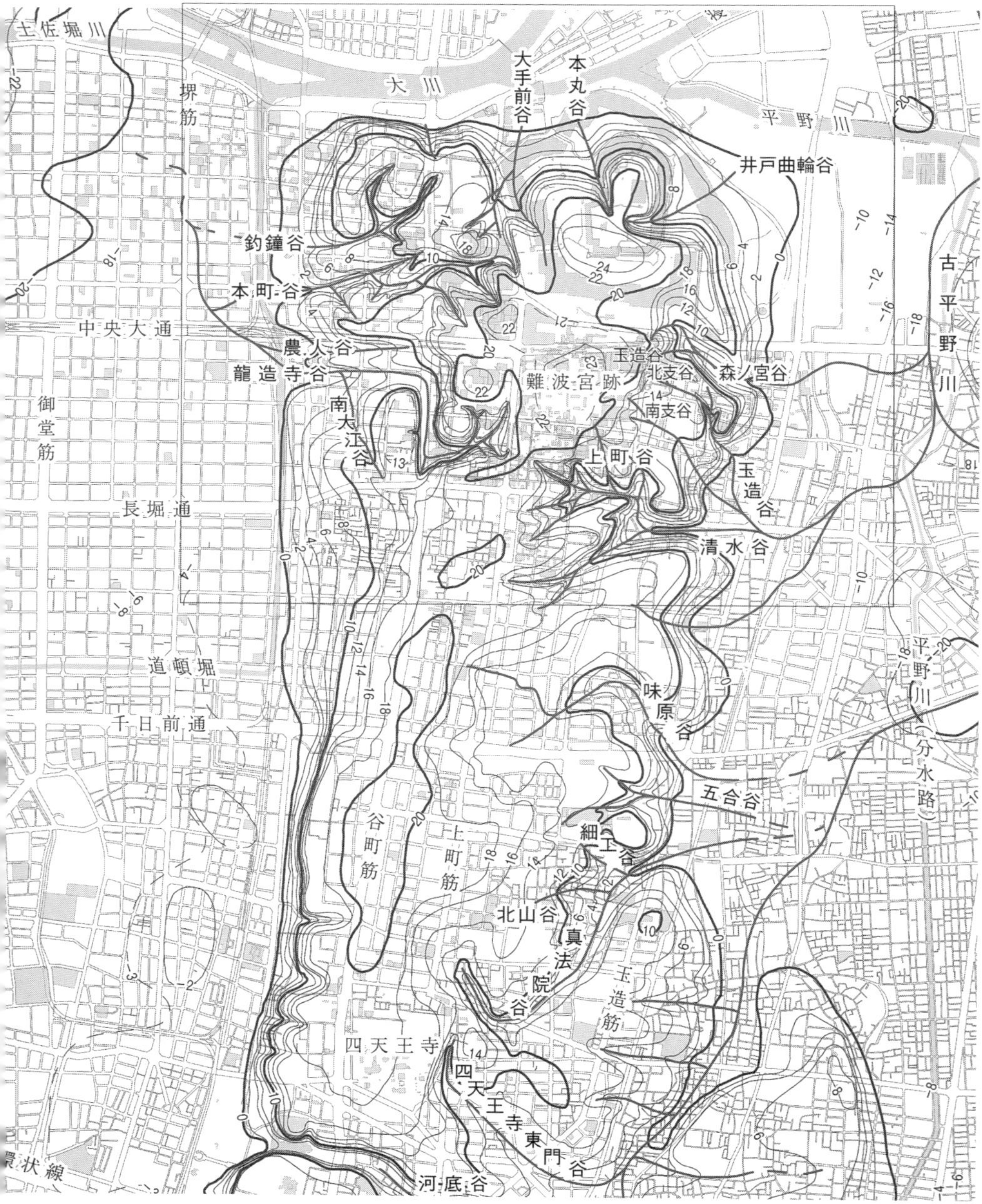

図1　上町台地北部地形図と谷の名称

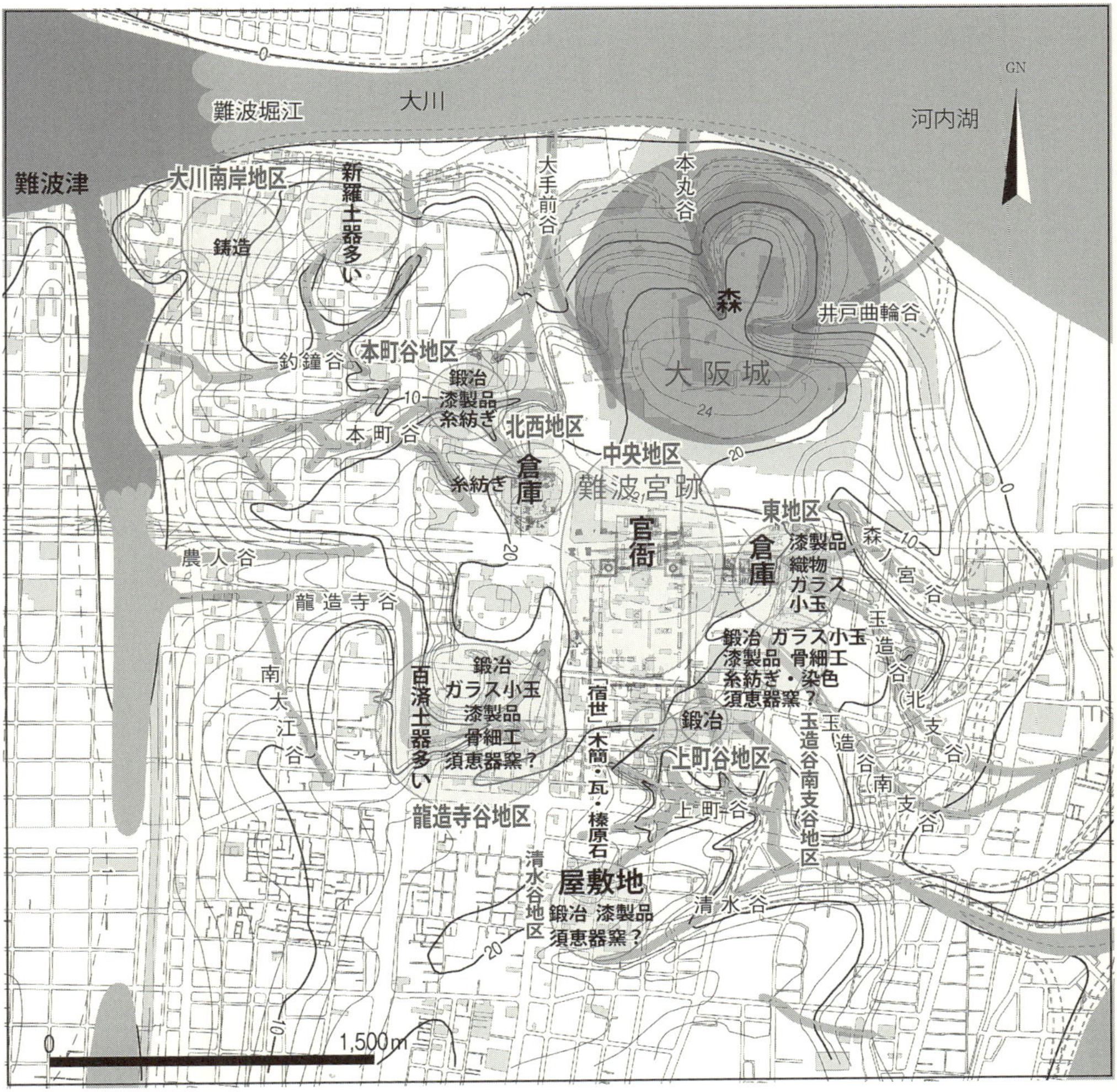

図２　上町台地北部の６世紀から７世紀前半の旧地形と土地利用

大川にあたると推定されています。

三　古墳時代中期の王権と大型倉庫群

難波宮下層遺跡は大きく、五世紀と、六世紀から七世紀前葉に分かれます。大阪歴史博物館の南に位置する法円坂倉庫群は五世紀、古墳時代中期の大型倉庫群です。ここで床面積が約九〇平方メートルの当時最大規模の総柱の倉庫が、一六棟（総床面積一、四五〇平方メートル）も見つかっています。南秀雄氏は頴稲（えいとう）（稲の穂を刈り取った状態のもの）が積高八尺で倉庫に納められていたとして体積を算出し、一九四、五〇〇束が法円坂倉庫群に収納されていたとされました。この量は一、二二一人分の一年の食料に相当するとのことです（南二〇一三）。このように非常に多くの蓄積が上町台地北端部になされていたことがうかがえます。

倉庫は棟持柱（むなもちばしら）と内部通柱（とおしばしら）という、通常の総柱建物に見られない特徴がありました。棟持柱は建物の中心軸上に二本があり、これによって屋根のいちばん高い部分の大棟が支えられています。さらにその周囲に配置された四本の柱を内部通柱と呼んでいます。この柱の上には、梁と桁がわたされ、これらの上に棰木（たるき）を取り付けて屋根の斜めの部分の骨組みが造られます。

倉庫群の周辺を地形復元すると、倉庫群の北側に東西に延びる谷があることがわかります。この谷を台地の西麓まで下り、さらにそこから北へ四〇〇メートルのところに大川があります。また倉庫の北東には大川から南に延びてきた大手前谷の谷頭があります（図2）。

河内湖や河内湾から集められた物資が、大川岸で陸揚げされ、倉庫群までもたらされたのでしょう。河内湖には淀川と大和川がそそぎ込み、河内湾は瀬戸内海や紀伊水道と結ばれています。これらの舟運を用いて、各地から難波にさまざまな物がもたらされた状況が目に浮かびます。

須恵器窯

この倉庫群から南南東六〇〇メートルの上町谷の斜面では初期須恵器の窯が見つかり、上町谷窯と命名されました（図3）。操業していた時期は五世紀前葉で、法円坂倉庫群が建てられる直前の時期にあたります。この窯で焼

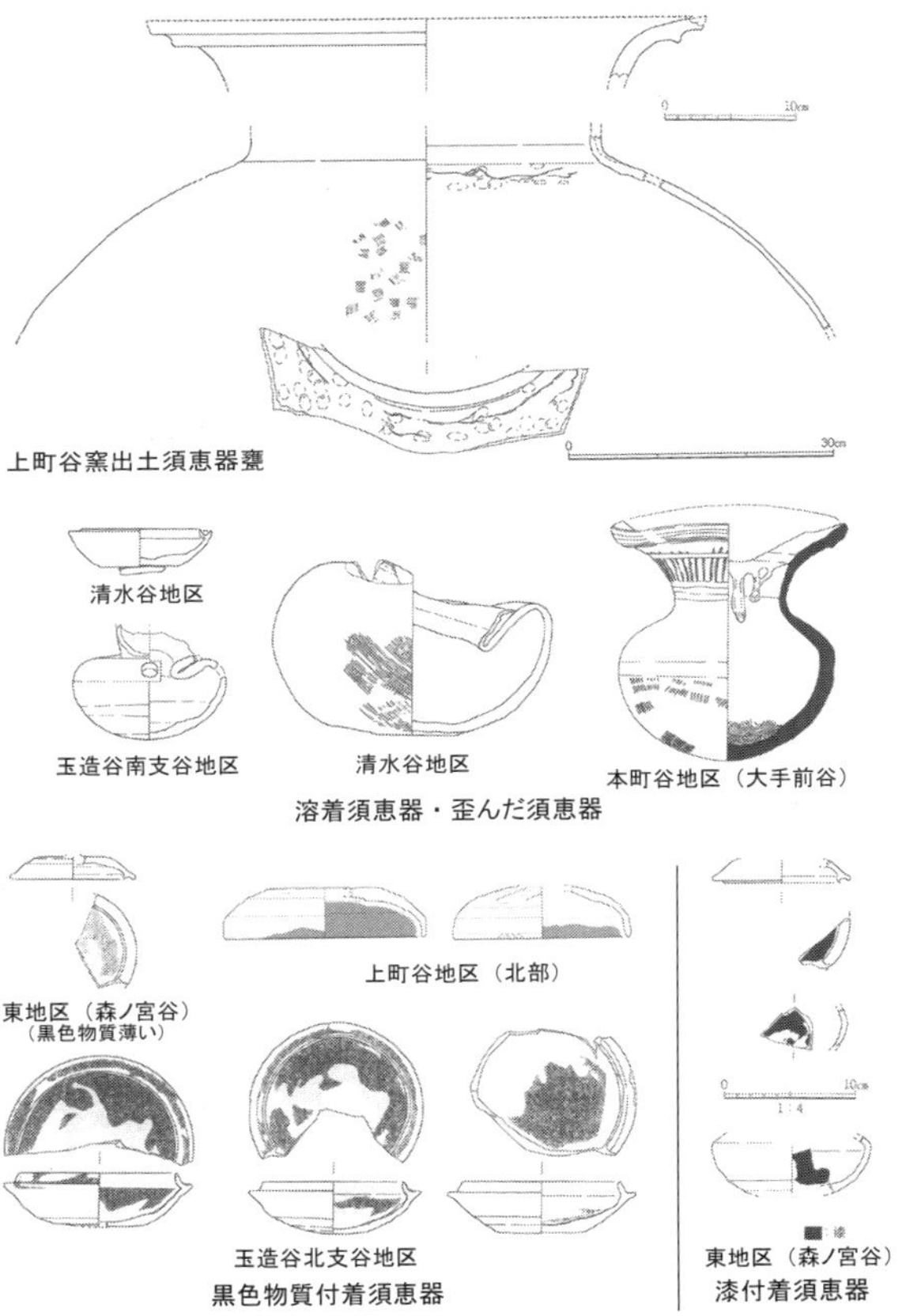

図３　上町谷窯出土須恵器と手工業生産に関する須恵器

かれていた陶器は杯や高杯などは少なく、大甕が多いことが特徴です。須恵器の甕は硬く焼き締められているため、土師器の器と違って液体の保存に適しています。この窯で焼かれた須恵器は台地北部一帯で見つかることから、この付近でのお酒や醤（ひしお）、水などの、液体の貯蔵や持ち運びなどに使われていた可能性が考えられます。

法円坂倉庫群とほぼ同じ時期に操業していたとみられる須恵器窯は、倉庫群から東南東三〇〇メートルの後期難波宮大極殿後殿の下で見つかっています。法円坂窯と呼ばれるこの窯跡は、焼成部は削平されており、燃焼部しか残っていませんでした。燃焼部はほぼフラットな特徴であり上町谷窯と共通します。燃焼部の床上からは中型の壺が出土しました。類似する色調の須恵器が法円坂倉庫群から出土しており、倉庫群に製品を供給した可能性があります。

大型倉庫群の近くに須恵器の窯が設けられる関係は、和歌山市の鳴滝（なるたき）遺跡でその可能性があります。総床面積四五二平方メートルの倉庫群がある鳴滝遺跡では楠見（くすみ）系須恵器の大甕が多く出土しており、これらの須恵器大甕が地元で生産されたと考えられています(仲辻二〇一七)。倉庫群は紀ノ川の舟運ネットワークと関連するものであったとみられます。倉庫群の傍に窯を設けて、倉庫群で使う貯蔵・流通用の大甕や壺等を集中的に製造するシステムがあったと推測しています。

倉庫や須恵器窯以外にも、ガラス小玉の鋳型が法円坂倉庫群の東南東五〇〇メートルのところで見つかっており、付近にガラス細工をする工房があったと考えられます。古墳時代中期には装飾品として大量のガラス小玉が必要とされました。ガラス小玉の鋳型は表面に直径三～五ミリの孔を多く穿った素焼きの円板で、まるでたこ焼き器のようです。この中にガラス素材を入れて熱します。熱で溶けたガラスは粘性が高く、表面張力が働き、丸くなります。これらを冷まして鋳型から取り出すとガラス小玉の完成です。小玉には孔が必要なため、ガラスを溶かす前にあらかじめ孔になる部分に芯棒を置いていました。これらの芯棒の材質が鉄の場合、ガラスが接着して抜けなくなります。そのため熱すると灰になるような有機物（たとえばウニの棘のようなもの）が使われていたと想像されます。

上町台地北端部の開発のきっかけとなった法円坂倉庫群ですが、五世紀後葉になると消滅し、その後は竪穴住居で構成される集落へと変化しています。

四　難波宮前夜の上町台地北端部

六世紀になると難波宮下層遺跡では大型の掘立柱建物や廃棄土坑（どこう）、溝が設けられるようになります。官衙的な建物群、倉庫群、溝で区画された掘立柱建物群などがこれまでに明らかにされています。『日本書紀』に登場する難波屯倉や大郡、小郡、客館などとの関連が考えられます。

各地区の概況

○官衙域（図4）

台地中央部には、建物の主軸が北東へ約二〇度偏った建物群が、長さ二〇〇メートル、幅一〇〇メートルにわたって広がっています。前期難波宮の内裏前殿の下で見つかった掘立柱建物SB一八八三は、桁行一〇間（一八・三メートル）、梁行二間以上の大型の東西棟で、柱穴が一辺約一・三メートル、柱痕跡が三〇センチ以上と大きいものでした。前期難波宮内裏前殿の遺構と比較しても遜色ない柱の太さです。SB一八八三は、これまでに検出されている難波宮下層遺跡の中でもっとも規模が大きく、堅牢なつくりの建物です。

SB一八八三から南南西へ五〇～一〇〇メートル離れた所には、SB一八八三と直交する方向に延びる建物や塀

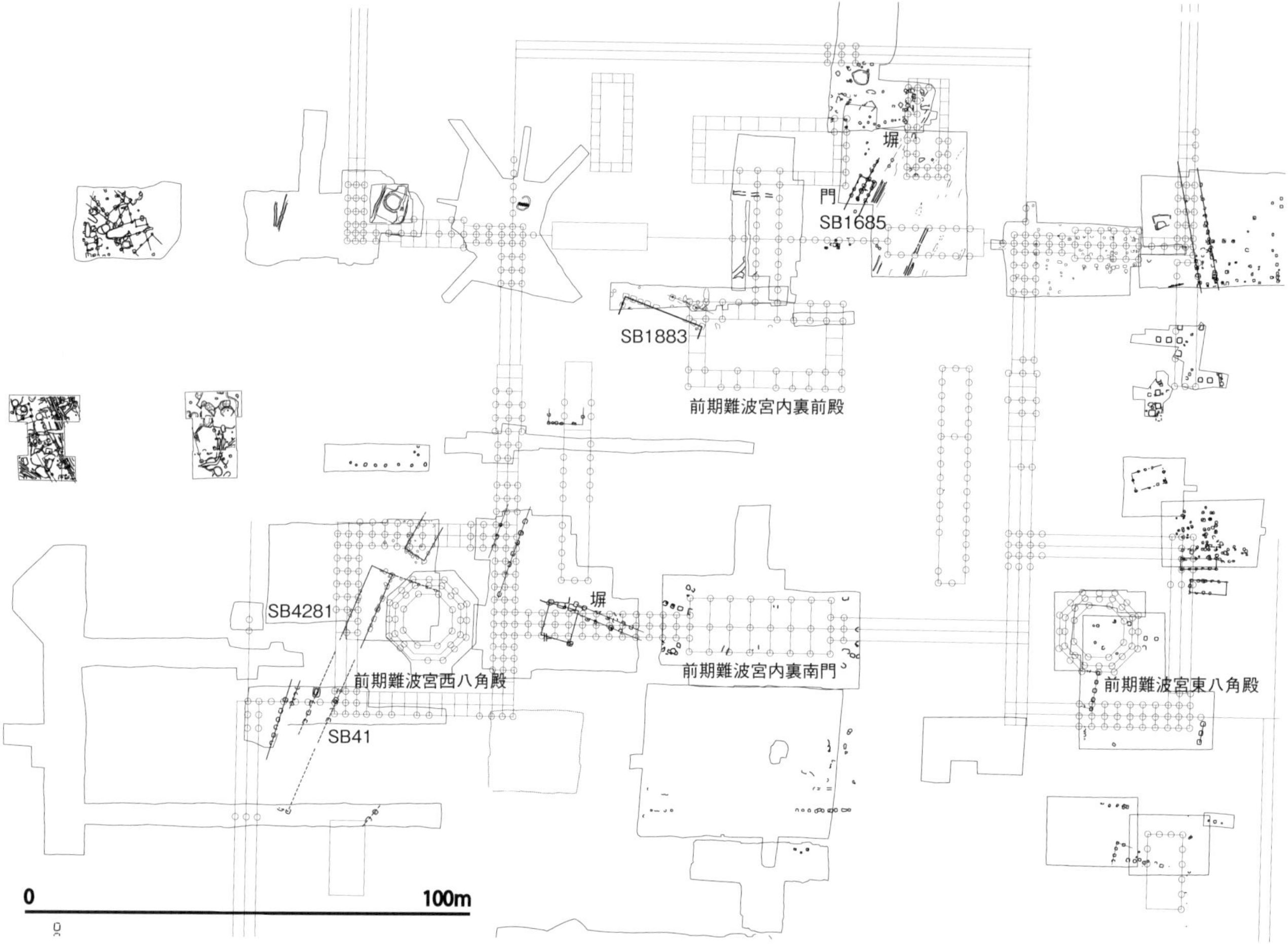

塀
門
SB1685
SB1883
前期難波宮内裏前殿
SB4281
塀
前期難波宮西八角殿
前期難波宮内裏南門
前期難波宮東八角殿
SB41
0
100m

図４　官衙域

がありました。ここの建物は南北に細長く、他の場所の掘立柱建物と比べて柱間寸法が約二・五メートルと長いことが特徴です。SB四二八一（桁行六間・一五メートル以上）とその南西のSB四一（桁行四間・一〇メートル以上）は、柱筋をそろえて南北に並ぶ二棟、もしくは同一の建物と推定されています。もし同一とした場合、桁行一五間（三七・五メートル）以上の長大な建物に復元されます。さらにこの建物の西側、北側には柱列が延びていました。これらは塀のような遮蔽施設であったとみられます。

また、SB一八八三の北東五〇メートルに設けられたSB一六八五は、桁行三間、梁行三間の総柱で、塀が取付いており、東にはこれと同方向の溝三条や塀が設けられていました。このSB一六八五は門と考えられ、その東には、北東に二〇度偏った方位に道が延びていた可能性があります。これらの溝からは七世紀前半の須恵器が出土しています。このように台地中央には方位をそろえるようにして官衙的な建物群が設けられていました。これらの建物や区画施設は「難波屯倉」の中枢施設と考えられています（栄原二〇一七）。

○建物群と倉庫域

台地高所の北西部では、大阪府農林会館跡地（一四次調査）から大阪歴博・NHKとその南の史跡指定地、阪神高速調査地一帯では、三棟の竪穴建物を含む九六棟の建物が確認されています。見つかった建物は、主軸が北西に偏った建物が多く、中央地域のように広範囲での方向の統一性は見られません。柱穴出土の須恵器はTK四三型式以降で、掘立柱建物は六世紀後葉～七世紀前半のものが多いと推測されます。

また、大阪歴博・NHK付近の東西約一一〇メートル・南北約五〇メートルの範囲で、四八棟の掘立柱建物が確認されています（図5）。この南側は五世紀の大型倉庫群が立地していた場所にあたります。四八棟のうち一一棟は総柱であり、プランが正方形に近いことから倉庫と考えています。さらに六棟が正方形に近い平面プランであり、束柱が削平された可能性を考慮すると、倉庫と推定することができます。このため掘立柱建物群は屋（や）一八棟、倉

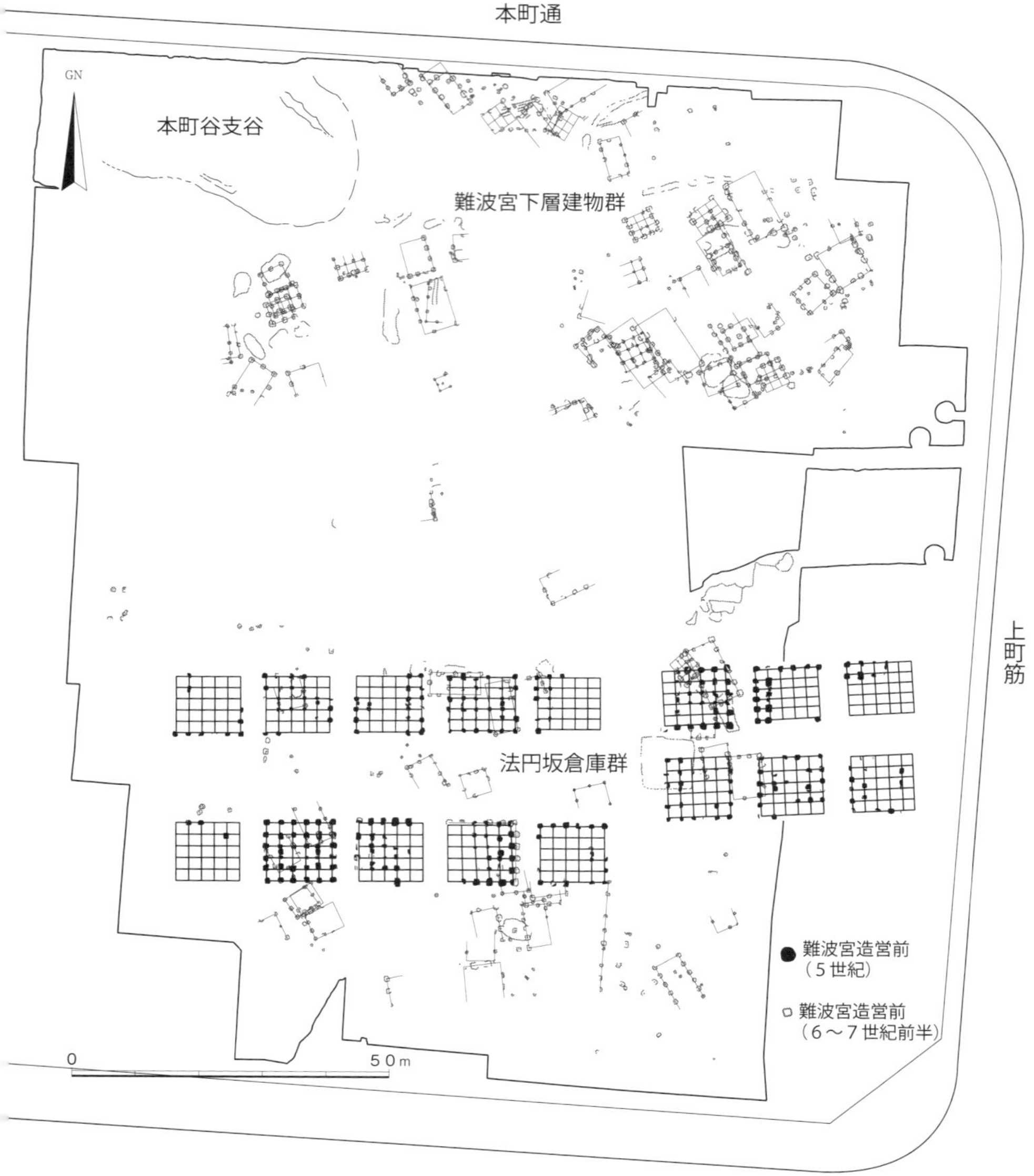

図５　難波宮造営前の倉庫域

一七棟、不明一三棟の構成になります。

これらの倉庫は三間×三間から二間×二間であり、床面積が最大のものでも二二平方メートル、平均一六・二平方メートルと、倉庫としては決して大きくはありません。しかし、これらの倉庫が密集する場所で見つかった七世紀前半の土坑からは、焼けた壁土が多数出土しました。これらから、倉庫が土壁を用いた、防火に配慮したつくりであった可能性が考えられます。

地域ごとの工房の特色と生産状況

工房は官衙域や倉庫群の周辺にみられます。東部の工房は、台地を東にすこし下った旧大阪市青少年センター（三〇次調査）から旧大阪府青少年会館へ至る地域であり、阪神高速調査地では、竪穴建物三棟を含む四六棟の建物が把握されています。これらの建物は、中央・北西地域と比べて規模がやや小さいことが特徴です。この地域では、出土遺物から各種の手工業が営まれていることがわかってきており、工人たちの多い区画であったと推測されます。

北部は大阪府警本部の北側であり、鍛冶炉と炭窯と考えられる遺構が見つかっています。

南部は龍造寺谷周辺で、六世紀の後半から火を使った手工業生産が盛んになり、難波宮造営後も鍛冶や漆を使った手工業生産が行われました。

ここで各地区の手工業生産について概観したいと思います。

○東地区・玉造谷南支谷地区の手工業生産

両地区での手工業生産は、さまざまな技術を組み合わせてものづくりを行っていることから、複合的生産と呼ばれます。難波宮下層遺跡ではガラスの小玉・粟玉の鋳型が七点出土し、うち六点がこれらの地区から出土しています。また五世紀にさかのぼるガラス小玉鋳型もあり、東地区において継続して行われていた可能性があります。

ガラス小玉鋳型が出土したNW〇八－三次調査の玉造谷南支谷では、さらにさまざまな手工業生産を示す遺物が出土しています。谷の中の六世紀末～七世紀前半の地層からは、鞴(ふいご)の羽口と、炉の底にたまった不純物の塊である椀形(わんがた)の鉄滓(てっさい)が出土し、付近に鍛冶工房があったと推定されます。また、加工痕のあるニホンジカの頭蓋骨と枝角が出土し、復元された工程から、複数の職人によってニホンジカの解体から角を利用した工具柄などの製作が行われたことが示されています。さらに、この谷からは、黒色物質が内面に付着した、六世紀末～七世紀前半の須恵器杯身が多く出土しました。内容物が入った状態で須恵器杯を火にかけていたものとみられます。その他に、前期難波宮期のものかもしれませんが、漆の付着した須恵器杯や小壺がNW一〇－四次調査地で出土しており、接着材の可能性が考えられています。

○本町谷地区の手工業生産

難波宮下層遺跡では鍛冶が点々と行われており、東地区以外に南の清水谷の支谷で椀形滓一〇点以上が出土し、南西の龍造寺谷地区において、宮以前か前期難波宮期の炉や椀形滓などが見つかっています。

とりわけ、大阪府警北西部の本町谷の北斜面部では、鍛冶炉などの鉄器生産遺構とその関連遺物が集中して見つかっています。遺構群の下限は六世紀後半から七世紀初頭で、焼土坑一三基のうち鍛冶炉が八基、五基が木炭焼成土坑と推定されています。これらからは約六〇点の羽口、約三二キログラムの鉄滓、一四点の砥石と鍛造剥片や粒状滓が出土し、刀子・釘などの工具生産を主とした鍛錬鍛冶を行っていたと考えられます。

台地の上では掘立柱建物一〇棟が検出され、かなりの量の鉄滓や羽口が広い範囲で出土したことから、谷以外の台地部でも多くの鉄器生産遺構があったとみられます。この場所では、鉄という一つの素材を専門的に加工する生産が行われ、規模も大きかったことが考えられます。

○龍造寺谷地区の手工業生産

龍造寺谷の斜面にあたるＮＷ一二二次・ＮＷ八五ー一次・ＮＷ九九ー一五次・ＮＷ一三ー六次調査地や龍造寺谷に近いＮＷ一二ー四次調査地などで、六世紀末を中心とする手工業生産に関わる遺物が出土しています。

ＮＷ一二ー四次調査地では時期は不明ですが、ガラス小玉鋳型が出土しています。六世紀前~中葉の第一〇層から表面を削って研磨したニホンジカの枝角が出土しており、仮に南西部と同様にガラス小玉と鹿角細工とを関連付けることができるならば、ここでも複合的生産が行われていたと言えるかもしれません。ＴＫ二〇九型式の焼き歪みの著しい須恵器や、割れて破片になってから再度焼成された須恵器片が確認されており、周辺にこの時期の須恵器窯があったことが推測されています。

ＮＷ一二ー四次調査地の南約二〇〇メートル地点の龍造寺谷の南斜面地にあるＮＷ一三ー六次調査地では、七世紀初頭のＴＫ二〇九型式の須恵器と共に、煙突形土製品や鞴羽口、鉄滓など鍛冶工房に伴う遺物が出土しています。

またＮＷ九九ー一五次調査地では前期難波宮期の鍛冶工房が見つかっており、鍛冶炉三基を確認し、鞴羽口・鉄滓・粒状滓・鍛造剥片・砥石・取瓶(とりべ)などが出土しています。また、漆を塗布する際に、パレットにした須恵器の杯蓋(つきぶた)や漆容器の須恵器壺なども見つかっており、鍛錬鍛冶を行って鉄製品を作り、漆を塗布したり、あるいは焼き付けることで、防錆や装飾を行っていた可能性があります。以上のことから龍造寺谷地区では、須恵器生産や鍛冶、ガラス小玉の生産などの複合的な手工業生産がなされ、さらに難波宮が完成した後も引き続き手工業生産センターとして大きな役割を果たしていたと考えられます。

五　難波宮下層遺跡でのさまざまなものづくり

金属器生産

金属器生産に伴う炉跡は、六世紀から七世紀初頭に下限を持つものが本町谷地区で、また龍造寺谷地区では七世紀中葉、前期難波宮段階の炉跡が検出されています。本町谷地区における鍛冶は、前期難波宮を造営する前に消滅してしまうのに対して、龍造寺谷地区では七世紀いっぱいは続いたとみられます。

羽口はこれまでのところ東地区を除く各地区で見つかっています。また羽口と共にまとまった量の鉄滓や鍛造剥片が出土することから、鉄器生産等をしていたことがうかがえます。鉄滓の中には椀形滓も出土しており、近くに炉のあったことがうかがえます。

本町谷地区では刀子・摘み鎌・斧・紡錘車などの生産用具や、鎹(かすがい)・釘といった建築材料が出土しています（図6）。これらの鉄器を用いるような生産活動がこの場所で行われていたと考えることもできますし、鉄片や未成品も見つかっていることから、これらが他の場所へ供給するために作られていた可能性もあるでしょう。また玉造谷南支谷地区や上町谷地区でも釘や鎹等が出土しています。これらは棺を製造するために使われることもありますが、大型のものもあることから建築材料と考えられます。難波宮下層遺跡では多くの掘立柱建物が見つかっており、これらを建てるために多数の釘や鎹が必要であったと考えられます。難波宮下層遺跡における鍛冶は生産用具および建築材料など、多くの種類を生産していたと推測されます。

高熱を発生させるための道具として、鞴以外に煙突も使われていました。龍造寺谷地区では筒形土製品（煙突）が出土しています（図7）。この土製品は南郷遺跡群下茶屋カマ田遺跡（奈良県）で出土しており、韓国の扶余(ふよ)双北里遺跡の出土例をもとに、竈の煙突として復元されています（坂・青柳二〇一一）。龍造寺谷地区の筒形土製品（煙突）は、羽口や鉄滓、焼土と共に出土していることから、高熱を発生する作業で用いた可能性が考えられています（田中・絹川二〇一四）。煙突は煙を外に出すための機能もありますが、「煙突効果」によって高温を発生させることができます。煙突は鞴と並んで金属器やガラスなどの加工に役立ったと思われます。

また、前期難波宮を造営する頃の出土品として興味深いものがあります。それは鉄鏃（てつぞく）や釘の形をした木製品です。これらは飛鳥池遺跡や平城京からの出土事例から様（ためし）と呼ばれる製品の雛型と考えられます。このようなものが出土することは、雛型を用いた鉄器の注文生産が行われていたことを意味します（谷﨑二〇一三）。

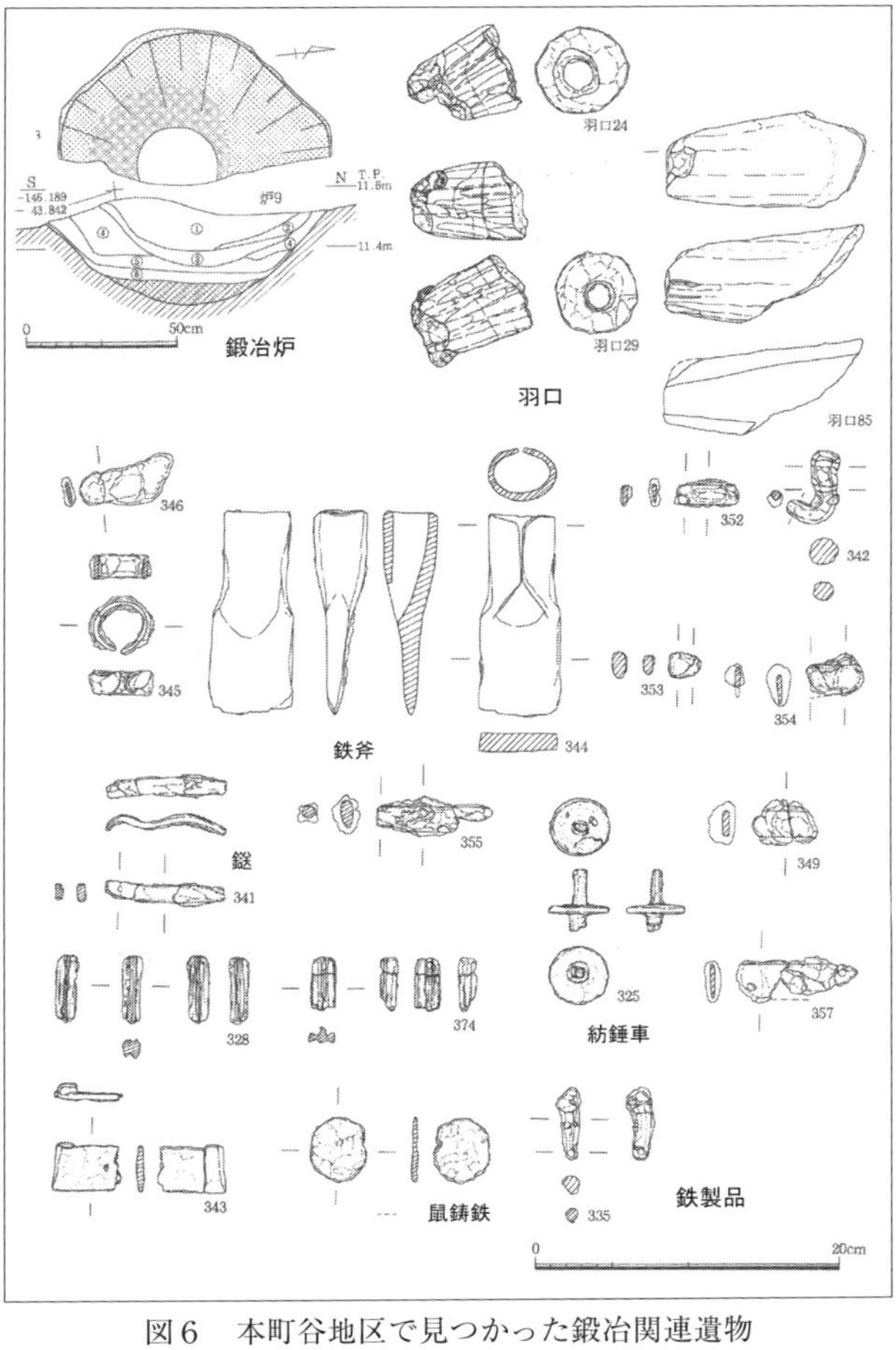

図６　本町谷地区で見つかった鍛冶関連遺物

これらはいずれも、ＮＷ一二－四次調査地の前期難波宮整地層の直下の木屑層（第八ａ層）から出土しました。この調査地は龍造寺谷の最も奥に位置し、建物が建ち並ぶ台地平坦部に近いところです。木屑層は木材のハツリ屑が大半を占めており、中には桜の樹皮を細く加工したものも含まれていました。桜の樹皮は丈夫であり、曲物の綴じ合わせの部分や緊縛に使われます。このような出土状況から、この場所で建築材の加工や木製品の生産が集中して行われていたと考えられます。

このように建物の並び建つ台地に近い場所で、さまざまな製品の雛型を製作し、谷を下った所に設けた工房で

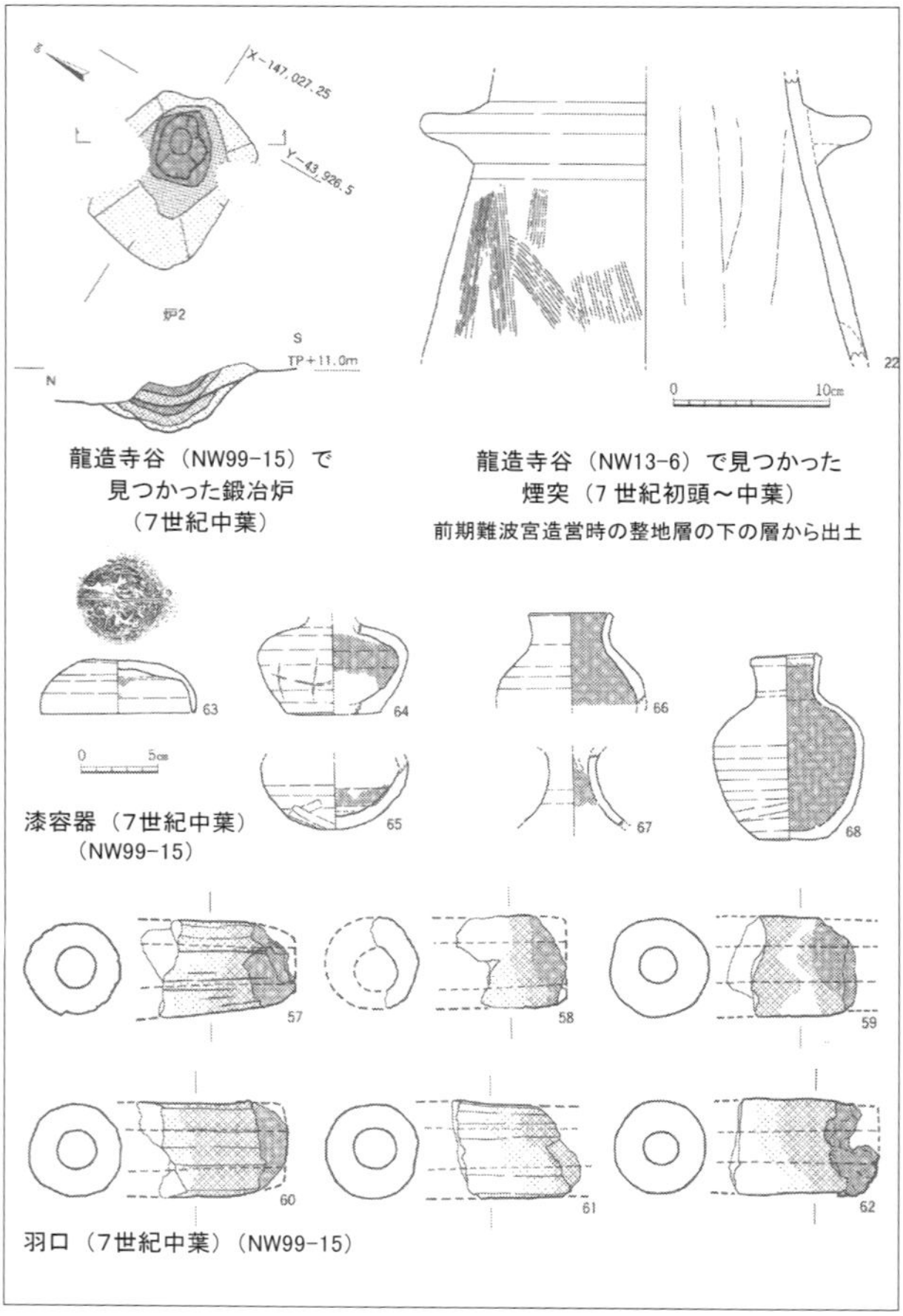

図７　龍造寺谷地区で見つかった鍛冶関連遺物

実物の鉄製品を生産、さらに製品を建物の建設現場へ送るといった発注－製作－使用の流れを考えることができるかもしれません。

その他、鋳造に関する資料は、大川南岸地区において七世紀中葉の可能性のある坩堝や羽口、金属滓が出土していますが、具体的な製作内容は不明です。前期難波宮の時期においても、取瓶とみられる片口の鉢が龍造寺谷地区で見つかっているにすぎません。奈良時代には細工谷遺跡で鋳造関連の遺物が多く見つかり、本町谷地区においても坩堝が一点出土していますが、現状において、難波宮下層段階、前期難波宮期における鋳造については、操業規模は大きなものとは言えず、製品についても不明です。

後期難波宮期になると、細工谷遺跡で各種金属の加工が行われ、和同開珎の枝銭をはじめ、溶融した和同開珎・開元通宝、銅、鉛などの金属が出土しています。七世紀後半に飛鳥池遺跡で行われていたような多様な金属素材を用いた金属製品の製造が、八世紀の細工谷遺跡において行われていたとみられます。

ガラス小玉生産

五世紀中葉、ＴＫ二〇八の時期よりガラス小玉生産は始まり、その後も継続して行われました。六世紀末から七世紀前半にかけて、森ノ宮谷・玉造谷北支谷と玉造谷南支谷地区でガラス小玉の鋳型が出土しており、時期は特定できないが、龍造寺谷地区でもガラス小玉の鋳型が見つかっています（図８）。いずれも円板状のもので、表面にガラス小玉を成形するための凹みを穿っています。さらにその凹みの底に小さい孔をあけており、そこに軸芯を置いたと考えられます。これに伴って直径八ミリ、長さ五八ミリ以上の素焼の棒が出土しています。このような棒は、七世紀中葉の柏原市船橋遺跡でも、ガラス小玉の鋳型と共に出土していることから、ガラス小玉の生産に関係する道具とみられます。

ガラス小玉鋳型の形状は、外周が直線的なものと弧を描くものとに分かれ、前者が朝鮮半島および古墳時代前期に多くみられる形態であり、後者は古墳時代中期から奈良時代にかけての畿内に多い特徴が明らかにされています（京嶋二〇〇九）。

上町台地北部出土のガラス小玉鋳型は、外周が弧状で、型孔の配列については、粟玉製作の鋳型（図8の539）が弧状配列の可能性もありますが、それ以外は直線配列です。このことから難波宮下層遺跡で出土するガラス小玉鋳型は、畿内に特徴的なものであるといえます。興味深いことに、七世紀後半の飛鳥池遺跡ではガラスを溶かし鋳

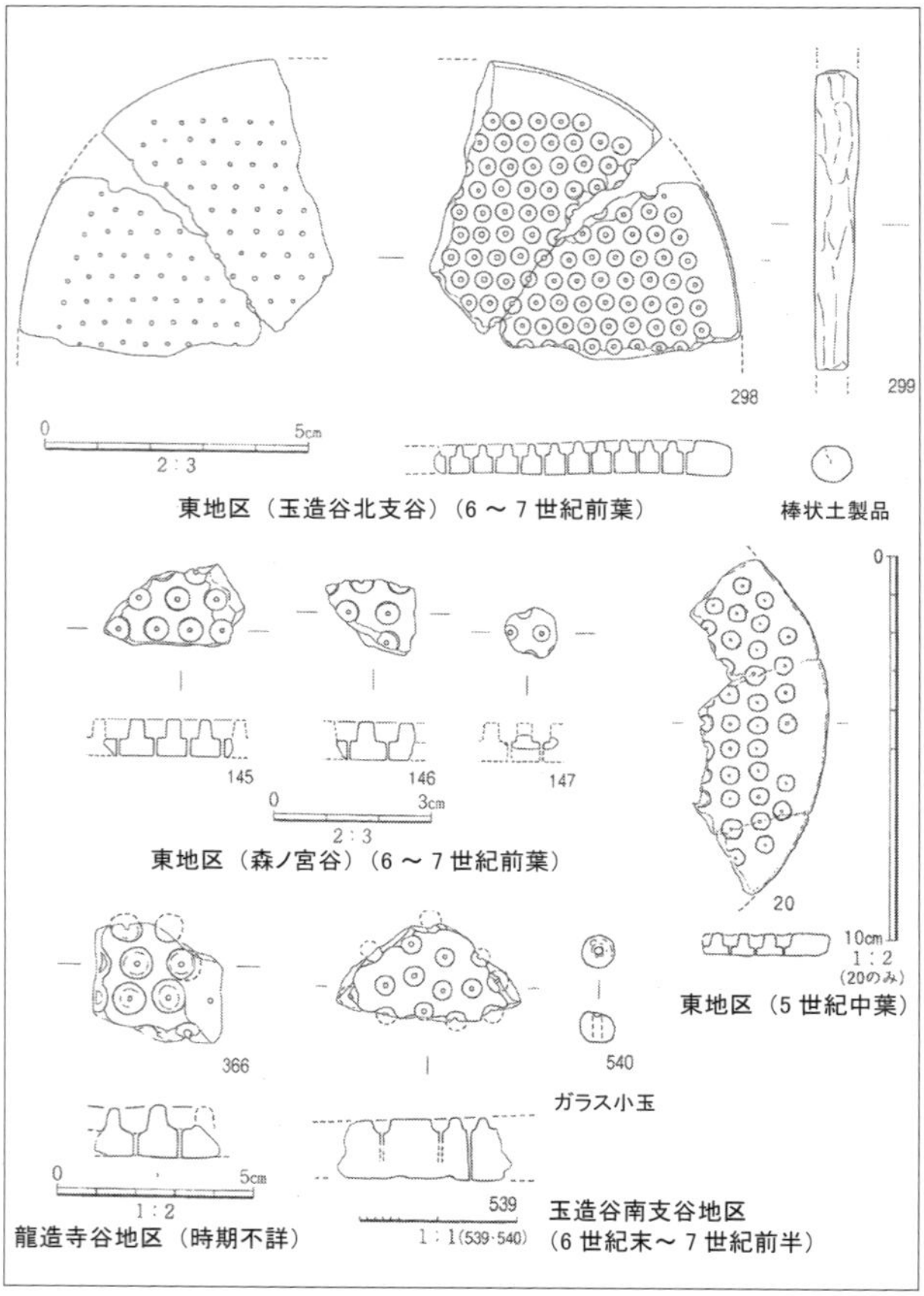

図8　ガラス小玉鋳型・棒状土製品・ガラス小玉

型に注ぎ込むための坩堝が見つかっていますが、上町台地北部ではこれまでのところ古墳時代から古代にかけてのガラスの坩堝や取瓶が見つかっていません。鋳型上でガラス素材を直接溶かすため、上町台地北部でのガラス小玉生産においては坩堝を必要としなかったのかもしれません。

ガラス小玉鋳型に付着するガラスや、ガラス小玉の材質はソーダ石灰ガラスと呼ばれるものです。弥生時代にはカリガラスが多く、古墳時代にはソーダ石灰ガラス、飛鳥・奈良時代には鉛ガラスがよく見られます。これらのガラスは軟化する温度が違い、鉛ガラスが最も軟化温度が低く、ソーダ石灰ガラス、カリガラスの順に軟化する温度が高くなります。時代が下るにつれ、より低い温度で融解するガラスを用いる傾向がありそうです。これらのガラス素材をどこから得ていたのか、またどのようにしてガラス小玉を製作していたのかについて、課題がまだまだ多く残されています。

漆工

難波宮下層の時期において漆箆（うるしべら）や漆製品が出土していないため、漆の入った壺や、漆付着土器などから生産のあり方を推測するにすぎません。玉造谷北支谷から、六世紀中葉から七世紀中葉の年代の漆の付着した須恵器が出土し、難波宮西方官衙の北西の谷地に設けられた水溜を造営する前に行われた整地層から、漆の入った須恵器の壺が出土しています。この場所では、水溜が機能している時期や、埋まりはじめる時期の地層から、漆を入れた小型壺が数多く出土しており、難波宮の時期に漆を用いた製品の生産が継続して行われていたとみられます。

さらに龍造寺谷地区、玉造谷南支谷地区では鍛冶関連の遺物と共に、漆の入った須恵器壺、清水谷地区では漆の付着した須恵器がそれぞれ出土しています。同時期の地層や遺構から、鞴羽口や鉄滓等の鍛冶関連資料が出土しており、鉄器生産と漆とが何らかの関連があったことが想定されます。その一つの可能性として、漆の焼塗りの技

表　手工業生産の変遷

型式	須恵器の型式・編年と暦年代 近つ飛鳥博物館 2006『年代のものさし』より			世紀	上町台地北部での生産	時代	難波関連の記事
Ⅰ型式	揺籃期		5世紀前半	5世紀	上町谷窯		
	第1段階	一須賀2号窯 TK73	412年		東地区ガラス小玉		
	第2段階	TK216	(平城宮 SD6030 下層)		法円坂窯		
	第3段階	ON46 TK208	5世紀中頃			5世紀中葉	仁徳天皇の高津宮。
	第4段階	TK23	471年		東地区・玉造谷南支谷 ガラス小玉・漆工・骨細工・織布(染色)		
	第5段階	TK47	5世紀後半				
Ⅱ型式	第1段階	MT15	6世紀前半	6世紀		安閑天皇元年(534)	難波屯倉を設置。
	第2段階	TK10	6世紀中頃			欽明天皇元年(540)	祝津宮へ行幸。
	第3段階	MT85	6世紀後半		本町谷鍛冶炉	敏達天皇六年(577)	百済王経論や造仏工ら献上、大別王の寺に安置。
	第4段階	TK43	588年 (法興寺(飛鳥寺)造営着手)			敏達天皇十二年(583) 用明天皇二年(587)	日羅が難波館に宿泊。 四天王寺を玉造の岸に建て始める。
	第5段階古	TK209		7世紀前半	龍造寺谷須恵器生産、清水谷須恵器生産、龍造寺谷ガラス小玉、龍造寺谷鍛冶、清水谷鉄器生産、大川南岸鋳造	推古天皇十六年(608)	隋の使者裴世清を難波江口に迎える。
	第5段階新					推古天皇二十一年(613)	難波から飛鳥まで至る大道を設置。
	第6段階古	TK217	616年以後 (狭山池北堤窯)				
	第6段階新		641年			皇極四年(645)十二月	難波長柄豊碕に遷都。 翌年一月、難波子代離宮で改新の詔。
Ⅲ型式	第1段階		645年 648年		本町谷漆工	大化三年(647) 白雉二年(651)十二月 白雉三年(652)九月	小郡を壊して宮を営む(小郡宮)。礼法を定める。 孝徳天皇は大郡から新宮に遷る。「難波長柄豊碕宮」。 宮の造営が終わる。
	第2段階古		660年 (難波宮「戊申年」木簡)	7世紀後半			
	第2段階新	TK46				天武八年(679)十一月	難波に羅城を築く。
	第3段階	TK48	682~685年			天武十二年(683)十二月	複都制の詔。
	Ⅲ型式第3～Ⅳ型式1段階		694~710年			朱鳥元年(686)正月	難波大蔵省から出火、宮室(難波宮)が全焼。
Ⅳ型式	第1段階	MT21	701~710年(平城宮下層 SD1900A) 716~725年	8世紀	難波宮の瓦生産、大手前谷鋳造、細工谷金属器生産、大手前谷漆工	神亀三年(726)十月	藤原宇合を知造難波宮事とする。
	第2段階	(　) (　)	749年			天平六年(734)九月 天平十六年(744)二月	難波京に官人の宅地を割り当てる。 橘諸兄が難波宮を皇都とするという詔をのべる。
	第3段階	TK7	753年 781~784年				
	第4段階		8世紀末			延暦三年(784)五月	難波宮の建物を長岡宮へ移建。
Ⅴ型式	第1段階	MT83	824年	9世紀	※これ以外に上町谷地区羽口、大川南岸地区羽口も有。 ※表中、東地区以外「地区」を省略。		
	第2段階						

法が考えられます(小林一九六二)。これは鉄の表面に漆を塗り、高温で焼き付けて透明な皮膜を作る技法のことで、鉄の防錆や仕上げにこの手法が用いられた可能性が考えられます。漆の焼塗りは奈良時代には鎖や釘に用いられたことが記されており、これがどれくらいまで時期をさかのぼることができるかは今後の検討課題です。

紡織

難波宮下層遺跡では各地区で紡錘車が出土しています。ほとんどが滑石製の紡錘車ですが、鉄製の紡錘車が一点、滑石製で鉄芯を持つものが一点出土しています。鉄製の紡錘車は六世紀から近畿地方において出始め、八世紀以降に関東地方にも広まります。当時まだ貴重であった鉄を用いた紡錘車は、安定した回転を生み出し、効率よく均質な糸をつむぎ出すことができたとみられます。

糸から織物にするためには、経糸(たて)と緯糸(よこ)とが必要です。玉造谷北支谷から整経箆(せいけいべら)が出土しました。織機を使って織るためにはいくつもの複雑な工程があり、整経箆とはその一つを行うための道具で、紡いだ糸を整経台にかける際に、糸の張力や間隔を整えるために用いられました。これが存在するということは、織機による織物がなされていたことを示します。整経箆の時期は難波宮の時期に下る可能性もありますが、伴って出土した遺物は難波宮下層の時期のものが多く含まれるため、古墳時代後期から飛鳥時代初期にかけての可能性が高いと思われます。

さらに玉造谷南支谷地区では、古墳時代後期の地層からベニバナの種子が見つかっています。ベニバナの花粉は、古墳時代後期の龍造寺地区や難波宮期の石組み溝の中の堆積層から見つかっています。ベニバナの花粉は弥生時代後期の比恵・那珂遺跡(福岡県)、古墳時代前期の纒向(まきむく)遺跡(奈良県)等の都市的状況を示す遺跡で見つかっています。難波宮下層遺跡においてベニバナの花を摘んで染料を精製し、糸や布の染色を行っていたことが想像されます。ベニバナの種子が難波宮下層遺跡から出土していることは、この場所でベニバナ栽培がなされていた、あるいは種子の管理を行っていた可能性が考えられます。同じ調査地からはヒマシ油の原料となるトウゴマの種子も出土し、龍造寺谷地区では奈良時代の地層からワタの種子が見つかっています。有用な栽培植物が外国からもたらされ、それらの管理・流通が難波宮下層遺跡や難波宮で行われていた可能性があります。

鉄製紡錘車、整経篦、ベニバナといった道具や材料がこの難波宮下層遺跡で見られることは、織物・染色といった手工業生産において、難波宮下層遺跡が先進的な位置にあったことを示します。また紡錘車は各調査地から見つかりますが、織物や染色についての資料は、玉造谷北支谷・南支谷地区から集中して出土しており、台地の各場所で糸紡ぎがなされ、それらを集めて玉造谷一帯で織りや染色などを行うといった分業体制が取られていたとも考えられます。

六　古代都市への胎動

難波宮下層遺跡からは多数の伽耶・百済・新羅土器が出土しています。また北部九州産の須恵器や東海地方・山陰地方・関東地方の土器も確認され、東日本を中心に分布する垂飾（すいしょく）も見つかっています。さらにトウゴマやベニバナなどの、国外からもたらされた植物もありました。これらの証拠から、外国および国内各地との交流が活発になされていたことがうかがえます。

難波の地は仏教の受け入れも盛んで、敏達六年の大別王寺の造営の際には、百済から専門の技術者が訪れています。難波宮下層遺跡では瓦のほか、仏教用語の「宿世」と記された木簡や、榛原石（はいばらいし）と呼ばれる室生（むろお）火山岩の板石が出土しています。榛原石の板石は河南町シショツカ古墳、アカハゲ古墳、塚廻古墳などの古墳の石室で使われ、他にも、蘇我馬子の創建した飛鳥寺、蘇我石川麻呂の建立した山田寺など寺院で用いられています。榛原石と瓦が出土することを合わせて考えると、上町台地北部に寺院が存在した可能性があります。

五世紀に堀江が開削されて、難波津が整備され、継体六年以降は外国からの使節が滞在するための難波館が設けられて国際交流の拠点となりました。そして、欽明二二年には大郡（外交関連の役所）が置かれることで、難波が国の外交機能を分担するようになりました。あらゆる機能を首都・飛鳥に集中するのではなく、外交・対外交流は、それに適した難波の地に分けて置いていたといえます。

そして難波が外交・対外交流の中心となることで、人や文化、物も集まり、有力氏族によって宅や別業が置かれ、交易が活発に行われ、ますます発展しました。さまざまな交流の生み出す相乗効果によって、人口が増加し、食糧や日常品の生産を外部に依存する都市が生まれたと考えられます。このような状況の中で六五二年、難波宮が本格的に機能し始めます。

難波宮は宮廷、政治、外交、軍事、祭祀といった諸機能を統合して生み出された宮都です。そしてこの宮都の誕生は、難波宮下層遺跡の段階で蓄積されてきた諸技術の集積や、規模の大きな人口の集中を可能にした外部からの物資供給システムの整備などがあってこそ、はじめて可能になったと思われます。古墳時代からの持続的な発展が古代都市へと展開していく事例は限られており、難波宮下層遺跡は東アジアの都市形成史の中でも非常に大きな意味を持つ遺跡と言ってよいでしょう。

引用文献・報告書資料

市川創二〇一二「難波宮跡・大坂城跡発掘調査（NW一〇－一）報告書」大阪市教育委員会『大阪市埋蔵文化財包蔵地発掘調査報告（二〇一〇）』
大庭重信二〇一〇「最近の発掘成果からみた遷都前夜の難波」『資料が語る日韓交流史を通じたミュージアム事業　古

代新羅土器と近世薬種を中心に　成果報告書』
梶山彦太郎・市原実一九八六『大阪平野のおいたち』青木書店
絹川一徳二〇一五「難波宮跡・大坂城跡発掘調査（NW一三－六）報告書」『大阪市内埋蔵文化財包蔵地発掘調査報告書』
京嶋覚二〇〇九「ガラス小玉鋳型出土の意義」『古代学研究』一八二
公益財団法人大阪市博物館協会大阪文化財研究所二〇一〇『難波宮址の研究』第十六　同二〇一二『難波宮址の研究』第十八　同二〇一三『難波宮址の研究』第十九　同二〇一五『難波宮址の研究』第二十
小林行雄一九六二『古代の技術』塙書房
財団法人大阪市文化財協会一九八一『難波宮址の研究』第七　同一九八四『難波宮址の研究』第八　同一九九二『難波宮址の研究』第九　同一九九五『難波宮址の研究』第十　同二〇〇〇『難波宮址の研究』第十一　同二〇〇四『難波宮址の研究』第十二　同二〇〇二a『大坂城跡』Ⅴ　同二〇〇二b『大坂城跡』Ⅵ
財団法人大阪府文化財センター二〇〇二『大坂城跡発掘調査報告』Ⅰ　同二〇〇六『大坂城址』Ⅲ
栄原永遠男二〇一七「難波屯倉と古代王権──難波長柄豊碕宮の前夜」『大阪歴史博物館研究紀要』第一五号
杉本厚典二〇一六『特別企画展　都市大阪の起源を探る　難波宮前夜の王権と都市　リーフレット』大阪歴史博物館
田中清美二〇一四「難波宮成立前夜の上町台地北部の手工業生産と流通」『大阪上町台地の総合的研究──東アジア史における都市の誕生・成長・再生の一類型』平成二一～二五年度（独）日本学術振興会科学研究費補助金基盤研究（A）（研究代表者　脇田修）
田中清美・絹川一徳二〇一四「龍造寺谷から出土した煙突形土製品」『葦火』一七三号
谷﨑仁美二〇一三「難波宮南西方の発掘調査で見つかった木製品」『葦火』一六六号
趙哲済・市川創・高橋工・小倉徹也・平田洋司・松田順一郎・辻本裕也二〇一四「上町台地とその周辺低地における地形と古地理変遷の概要」『大阪上町台地の総合的研究』（前掲）
辻美紀二〇〇二「第Ⅸ章難波宮跡の調査　第一節NW九九－一五次調査」『大阪市埋蔵文化財発掘調査報告──一九九九・二〇〇〇年度』財団法人大阪市文化財協会

田庸昊二〇〇七「古代韓日の金属・ガラス製品生産関連研究の現況と課題――坩堝とガラス鋳造用土製鋳型を中心に」『日韓文化財論集』Ⅰ　独立行政法人国立文化財機構奈良文化財研究所　大韓民国国立文化財研究所
仲辻慧大二〇一七「楠見式土器の生産とその特質」『考古学・博物館学の風景　中村浩先生古稀記念論文集』中村浩先生古稀記念論文集刊行会
難波宮址顕彰会一九六一『研究予察報告第四　難波宮址の研究』
坂靖・青柳泰介二〇一一『葛城の王都・南郷遺跡群』新泉社
南秀雄二〇一三「倉・屯倉」『古墳時代の考古学六　人々の暮らしと社会』同成社
南秀雄二〇一四「難波屯倉と上町台地北端の都市形成」『大阪上町台地の総合的研究』（前掲）
宮崎泰史二〇〇六「陶邑の変遷」『年代のものさし――陶邑の須恵器』近つ飛鳥博物館

＊　＊　＊

三つの地域に分かれた時期は六世紀以降

栄原　それでは残りの時間を使いまして、今の杉本さんの報告で私が分からなかったことを教えていただきたいと思います。最後にまとめていただいたんで、くり返すことはないと思うんですけども、今日のお話は難波宮下層遺跡を大きくは二つの段階、あるいは難波宮の段階も入れれば三つの段階に分けてお話をされたと思うんです。最初は五世紀の段階で、この歴史博物館の南側地下に眠っている法円坂大倉庫群に関わる手工業の話、それから次が六世紀から七世紀前半の段階で、上町台地先端のあちこちで一斉に手工業生産が花開きました。そのうちの一部は難波宮の段階まで続いている、そういうお話やったですね。

杉本　ええ、そうです。

栄原　それで、手工業生産を考える前に、まず地域分けをされたと思います。後期難波宮の大極殿などのあるいちばん中枢部は、下層遺跡の時代でも、やっぱり立派な官衙地域だっただろう、大きな柱の建物で軸が東に約二〇度傾いてるものがたくさんあったと。それから、それより西方のこの大阪歴史博物館の真下あたりは、倉庫、屋と言われたと思うんですが、高床式の倉庫がわりと多い場所。それから今度は東の方に行きますと、倉庫だとか建物もあるけれども、手工業生産に関するものがたくさんあるということでございました。

まず最初にお聞きしたいのは、三つの地域に分けるってお話でしたけど、これは時期的にはどうなんですか？今日の話では、五世紀から七世紀前半までの二百数十年間を扱いはったんですが、その間ずっと三区分になってたんでしょうか。そこらへんを教えてほしいんですけど。

杉本　ええと、実際のところは出土遺物をもとにして時期を特定するわけなんですけれども、各時期とも同じような遺物が出ているという印象なんです。ただ、この遺構にはこういう時期のものが多いとか、TK四三が多いとか、それよりも古いTK一〇が多いとか、そういった傾向は出てくると思うんですけれども、まだきちんと整理しきれてないような研究段階だと思います。

栄原　いまTK四三という言葉がありましたけど、表に「須恵器の型式・編年と暦年代」という欄がありますが、その左の欄の真ん中の列のところにTKとかONとかあります。これは土器の型式記号で、TKは陶邑の高蔵寺地区というところで見つかったものですね。

杉本　そうです。ONは大野池地区、MTはマウントトウキで陶器山地区で、いずれも窯が見つかった地区のことです。

栄原　高蔵寺地区の窯で見つかった土器の年代を示すために、そういう記号で呼んでるということです。そうすると、下層遺構で中央が官衙、西が倉庫、東が手工業の場所だという区分は、今日のお話では五世紀まではいかなくて、だいたい六世紀とか七世紀ぐらいの時期だと考えてよろしいですか?

杉本　はい。

権力を持った人が地域を区分

栄原　そうすると、気になることがでてきます。今日のお話では、きれいに地域区分されたと思うんですけども、それは自然にそうなったのか、あるいは誰かがそうさせたんですか。つまり、何か権力的な編成が行われて、このあたりを役所にせよ、倉庫はこちら、手工業の人たちはこちらで仕事せよとか、ある種の大きな力が働いてそういう地域区分になってると考えてよろしいでしょうか?

杉本　そうですね。台地の高いところは見晴らしもいいし、周囲からもよく見えるので、立派な建物を建てて、地域の中心的な存在としてシンボライズされるような場所じゃないかと思います。それで、北西地区の倉庫群なんですけれども、本町谷が大阪歴史博物館の北に東西方向にあり、そこから大阪城の濠に連なるような感じで存在し、大手前谷がずっと大川から伸びているわけなんですね。

栄原　北から南にずっと伸びていて……。

杉本　大手前谷が北から南に伸びていて、それから本町谷が西から東に伸びてるんですけれども、倉庫群の場所はちょうどこの二つの谷が重なる場所です。どちらの谷も水域につながっているのが特徴なんです。ですから、舟運をもとにしていろんなもの持ってきて、台地の上に上げるときにこれらの谷筋を使ったと思うんです。谷筋を通って谷のいちばん高いところまで来ることができます。そのすぐ近くに倉庫があるというのは非常にリーズナブルなんです。こういうことを誰かが計画的に考えて配置したんじゃないかなと考えています。

栄原　分かりました。前期難波宮が大化年間にできるよりももっと前の段階に、何か権力核みたいなのがあって、そういう権力を持ってる人がデザインして配置を決めた、そういうイメージでいいですね。

杉本 はい、そのようなイメージです。

栄原 その権力を持ってる人が、この中央部の官衙域に居てはったという感じでよろしいですか?

杉本 そんな感じです。

栄原 ああ、とても面白いですね。でも、地区区分の問題は、時期的にもうすこし細かく考えていく必要がありますね。いつからこの三地域がそろうのかとか、そのままずっと三時期ともそろい続けるのかどうかとか、まださまざまな問題があって、詰めていかないといけないと思うんですけども、自然にそうなったんじゃなくて、権力的なある種の配置があっただろうというお話だったと思います。

推古朝に難波地域の画期があった可能性

栄原 今日のお話のメインは手工業の話なんですけども、五世紀と六世紀七世紀前半という二つの段階でお話をされました。それで表を見てると、私の見方なのかもしれませんけど、二つ目の段階はさらに二つに分けられへんかなという感じがするんです。ちょうど飛鳥寺創建のあたり、六世紀の終わりぐらいを境にして二つに分けられるように思えるんですけど、いかがでしょうか?

杉本 そうですね、表にまとめてみて、私もああそうなのかなと思ったんですけど、やっぱり手工業で六世紀に終わるものと七世紀前半ぐらいから始まるのとに分かれそうな気がします。本町谷の鍛冶は、新海(しんかい)正博さん(公益財団法人大阪府文化財センター)という調査された方の見解なんですけれども、七世紀の初頭ぐらいには終わります。

それと交代するように龍造寺谷で鍛冶が行われるようになったんじゃないかと思われます。土器の型式からいったら、ＴＫ二〇九の坏（つき）とか煙突といっしょに出土してますんで、そういう時期ぐらいから、場所を移して生産を活発化させたんじゃないかなと思います。鍛冶に関してはそういうことは言えそうなんです。

栄原　それは私からするとものすごく面白い話ですね。ちょうど推古朝のはじめぐらいが境目になりますが、わたくしは、難波地域がかなり整備されてくるのが、やっぱり推古朝なんじゃないかと思ってるんです。そういうことと、手工業生産の消長ですね、盛んになっていくかいかないか、場所が変わるかどうかという問題とが、もしもうまくかみ合っていくとしたら、推古朝の時期に、難波地域で手工業生産の編成が行われたんじゃないかってちょっと妄想するんですけども、いかがでしょう？

杉本　すごくワクワクするところなんです。大道が造られて飛鳥までつながるようになったり、遣隋使で難波津の地位がどんどん上がってくるような時期なので、何か画期を見出したいとこなんですけれども、まだきちんとできていません。考古学ですから遺物を見ながら、この時期がこうだったということをかっちり特定しなければ、なかなか言えないと思うんです。

栄原　それはぜひ、そうしていただきたいと思います。もう一つ言えば、四天王寺ができるのもだいたいこの時期ですよね。

杉本　そうですね。

栄原　ですから、難波地域では、六世紀末から七世紀前半の頃、つまり推古天皇が現れる時期に一つ画期があるんじゃないかなと、昔から思ってたんです。この図を拝見すると、ちょうど合致するようにみえます。今後、今おっしゃったように、年代をもうすこしきっちり詰めていく作業をすると、そういうことが言えるかどうか分かってくるんではないかと思います。私はすごく期待したいと思います。

大倉庫群と窯の関係

栄原　ちょっと時代が後ろに行ってしまいましたので、五世紀の大倉庫群のところまで時代をさかのぼらせてお話をお聞きしたいと思います。すごく大きな倉庫が一六棟ずらっと並んで、床面積の合計は圧倒的に日本で最大だったわけです。その倉庫群と並行して上町谷窯とか法円坂窯という窯跡が見つかってる。で、東地区でガラス小玉の生産が行われてる。それで、お聞きしていてすごく面白いなと思ったのは、上町谷窯では大型の甕が作られてたんじゃないか。それから法円坂窯では、要するに収納容器の生産が中心なんじゃないかという話をされたように思うんですけども、そうすると、ガラスの小玉の方はよく分かんないんですけども、法円坂の大倉庫群と、この上町谷窯や法円坂窯での土器生産とを関連付けて考えてよろしいかという質問なんですが、いかがでしょうか？

杉本　関連付けて考えたいと思っています。というのは、他のところでも、たとえば和歌山の鳴滝（なるたき）遺跡だったら、楠見（くすみ）式土器という陶質土器によく似た須恵器があるんですけれども、その甕がたくさん出てるんです。この形式の土器は、あの辺にしか分布しないんで、紀ノ川流域で作られているんじゃないかと言われます。上町台地北部の最近の発見をもとにすると、周りでいろんなものを作っていて倉庫群があるなっていう感じがするんですね。

栄原　もしそうだとすると、興味深いなと思うのは、この点は、法円坂の大倉庫に何が入ってたかという問題とすごく関連してくると思うんですよ。倉庫やからすぐにお米が入ってたんちゃうかとか、稲束とか穀が入ってたんじゃないかとかおっしゃる方もいるんですけども、もし倉庫と須恵器とが結び付くとすると、必ずしも倉庫だから米というふうに簡単に言えないんじゃないか。食料とか手工業製品も考えたらいいんじゃないかと思うんです。これは感想です。

杉本　そうですね、お酒なんか入れるかもしれませんし、油や染料もあるかもしれません。しかし、なんとなく、やっぱり米のような気がするんです。床下でいろんなものを作っていて、その時に使う材料の容器として須恵器を使っていた、あるいは床下に貯蔵するための容器とか、そういうこともあるんじゃないかと思いますけれども。

栄原　なるほどなるほど。古代の倉庫は高床ですので、下部に空間がありました。古代の言葉で「倉下（くらした）」と言うんですけども、倉下にいろんなものを貯蔵することは、よく行われてたと言われてます。今はその話をされたんですね。

杉本　はい、薗田香融（こうゆう）氏の「倉下考」で触れられているような床下をもの作りの空間として利用していたというイメージです。

栄原　床下には容器に入れたいろんなものが置かれていて、上の蔵には米が入ってたと、そういうイメージなんですね。分かりました。もう一つ、あんまり五世紀の話ばっかりしてると時間が無くなるんですが、倉庫と窯がすごく関係があるということも、背後に権力があって、その権力の意思が働いてると考えていいわけですね。

杉本　そうです。本当に交通の要所にぱちっとあるっていう感じがするんです。甲賀市水口町植（うえ）遺跡は野洲川の中流域で、五世紀の大型倉庫が三棟見つかっています。信楽高原や鈴鹿山脈から下がってきたら水口町に着くわけなんですけど、そういうところに大型倉庫群が突如として出てくる。それまでの四世紀の集落とは違う場所にぽんと出てくるんです。紀ノ川の河口部でも、鳴滝倉庫群がそれまで集落が希薄だった紀ノ川北岸に出てきます。

法円坂倉庫群もそうです。弥生時代や古墳時代前期の集落は上町台地北部にはないんです。遺物も見つかってないし、建物の跡も見つかってない。そんなところにいきなりぽんっと出てくるんです。これだけの倉庫群を作ろうと思ったら、木材もたくさんいるし、それをどっかから運んでこなければなりません。それからこれはかなり企画性の高い倉庫群なんで、それを設計して施工するのはすごくたいへんだったと思うんです。そういうようなことを効率よく計画的に行えるような政権がなければ、できないと思うんです。

漆や織物から考えられる計画性

栄原 いやー、興味深いですね。そういう発想を六、七世紀に適用して質問したいんですけども、上町台地の先端部では、いろんな谷からいろんなものが出てくる。周りから谷に放り込まれたものが今出てるわけですから、厳密には谷の中で手工業生産行われてたかどうか分からなくて、具体的な場所はどこか分かりませんけども、上町台地の先端部のあちこちで手工業生産が行われてたことは確かです。

問題は、これをどう考えるかなんですけども、手工業者たちが勝手に、私たちはここでやりますとか、ここがいいとか、ある意味で自然に手工業生産が行われたというふうに見るべきなのか、やっぱり配置が計画されていて、ある種の権力の意思によって、ここでやりなさいと配置されたのか、そこら辺のイメージはどんな感じですか？

杉本 具体的な例として、たとえば漆の壺があると思うんです。漆の壺は各所から出てるんですけど、きちんと首が細くて、中に漆を貯蔵するような形の漆の壺が出ている場所は、あまり多くなく限られてます。いちばん多いのが、この本町谷、大手前谷なんです。NHKの地下で見つかった石組みの水利施設の中からも出てますし、石組みの水利施設を造る際の整地層の中からも見つかっています。それから、大阪府埋蔵文化財センターが調査した本町谷の中でも見つかってるんです。ちいさい漆の土器がかなり出てるんです。

漆というのは、湿度がある程度なければ保管できないし、加工するときも乾燥しすぎたら難しいと言われてます。谷の大きさからいうと本町谷はかなり深い谷なんです。大手前谷もそうです。そういう谷はけっこう水量があったと推定されますし、石組みの水利施設が後で作られるぐらいの水量はあるわけなんです。そういう湿度の高い環境を利用して漆製品を作っていたということは想像されるんですね。

谷の様子とか、斜面の状況とか、湿度とか、そういうことをきちんと検討したうえで、ここでこういう生産をしましょうということがあったかもしれないです。もちろん最初にいろいろやってみて、それ繰り返してるうちに、その場所に適した生産が残ったということも考えられるわけですけれども、そこまで試行錯誤している感じがないんで、かなり計画的に配置されたと見られます。

織物もそうですね、玉造谷や森ノ宮谷で機（はた）に関する遺物が出ており、布を織る場所がそこに集中してるわけなんですけれども、他の場所で紡錘車で糸を紡いで生産して、台地の東側で織物を生産していたことも考えられます。そういう分業みたいなことを台地上でしていた可能性もあるんじゃないかと思います。

栄原 分かりました。私は、中央地区がいつごろからいつごろまであったのか分かりませんが、こんなすごい中心的な建物群がある周りで、好き勝手に手工業が行われるなんてことはおよそ考え難いと思ってました。今お話があったように、きっと力を持ってる人が色々指示し編成したはずで、自由にあちこちでできるというもんではないとずっと思ってました。今、漆などについて、そうかもしれないということを聞かせていただいて、ちょっとスッとしました。

ちなみに上町谷というのは、図2にもありますように、ちょうど大阪歴史博物館とＮＨＫが建ってるところあたりが支谷の谷頭になってるんですね。その向こう側、現在は大阪府警本部ですけども、あの府警本部の建て替えに伴う発掘調査で、上町谷の本体が姿を現しました。

杉本 そうですね。石組みの水利施設があるのが上町谷の支谷なんですね。その北側に大きく伸びているのが、館長がおっしゃった府警本部の下で見つかっている谷なんです。この場所で鍛冶の遺構が見つかっています。

栄原 非常に重要な調査が行われた場所でございます。だから、大阪府警本部をご覧になったら、あの下はすごい谷やったんやな、そこですごい手工業生産がやられていたんやなと、ちょっと思っていただけたらうれしいかと思います（会場、笑い）。

難波宮造営による手工業生産の変化

栄原　ちょっと討論の時間を五分ほど延長させていただきたいと思います。次に、私がもう一つ興味持ってるのは、前期難波宮ができたらどないなるのかという話です。杉本さんの表を見ますと、前期難波宮ができるのはだいたい六五〇年前後と考えておきたいと思います。そうすると、その頃に、表を見る限りですけども、生産が終わっているものと、その後も続いていくものとの二つに分かれるような気がするんです。つまり手工業生産があちこちで行われているような状況のもとに、前期難波宮がある意味では突然できてくるわけですね。そのことは、この周辺地域にさまざまな影響を及ぼしたに違いないと思うんです。いったいどういう影響を及ぼしたのか、手工業生産では何か言えることがないかということなんですが、いかがでしょうか?

杉本　まず、共伴する遺物から見て年代が確かだということで、表に示しているんですが、本町谷の漆の関係品は出ています。奈良時代にも出ています。それからもう一つは龍造寺谷の遺物です。七世紀いっぱいあるんじゃないかなと思っています。そこで作っているものなんですけれども、鍛冶の場合は龍造寺谷には出てないんですけれども、他のところで建築材料の鎹(かすがい)とか釘がけっこう出てるんですね。建物を建てている間はそういうものを使うので、近くで調達できるんだったら調達しただろうと思います。もう一つ面白いのは、谷崎仁美さん(元公益財団法人大阪市博物館協会大阪文化財研究所)が報告されてるんですけど、木製の様(ためし)が出ているんです。

栄原　タメシというのは「様」という字を書いて、タメシと読むんです。見本という意味です。

杉本　そうなんです。製品雛型のことです。龍造寺谷で見つかったものは前期難波宮が造営される頃のもので、鉄鏃(てつぞく)や、釘、扉の金物の可能性のあるものが出土しています。飛鳥池遺跡では刀子とか釘の様が出ていて、それをもとにして、同じ形と同じサイズの鉄製品を作ってるんですね。それが、難波宮造営期の地層の中から出ていて、それは台地のすぐ下なので、台地の上で計画する人が、こういうものが必要だということで設計図書いて、それをちょっと下のところで加工した木くずがたくさん出ているので、そこで様を作って、さらにその下の龍造寺谷で様が出てます。さらにずうっと下って行くと、そこが龍造寺谷の鉄製品作る場所なんです。上から下の方に情報が行って、ここで作ったものをまた上に運ぶような経路ができていた可能性がないかなと思って、ちょっと考えているんです。おそらく七世紀にこの辺で建物をいっぱい建てている時期には、様を使った生産をしてたんじゃないかなと思います。

栄原　様は刀子ですか?

杉本　鉄鏃だったと思います。建築の金物もあったと思います。諸説あると思うんですけど、確実なのは鉄鏃です。

栄原　分かりました。今の話、すごく興味深い話で、難波宮の造営が始まると、いろんな建物がどんどん建てられていく時代になっていくわけですね。そうすると、それに関係する釘とか鎹とか、そういうものの生産が始まってくる。今の様のお話で、鉄鏃っていうのはちょっとよく分からないんですけども、刀子のようなものができてくるということでした。そこら辺で、つまり前期難波宮の造営で、手工業生産の様相が変わったというようなことが言えるでしょうか。どうなんでしょう?

杉本　それ以前も鎹、釘そのものは出ていますが、様を使ったのは、この出土例がたぶんいちばん古いんじゃないかと思います。阪神高速道路の調査で難波宮下層の時期の木の釘がたくさん出てるんですけれども、この出土地のものは様であったかどうかはちょっと分からないんです。

栄原　木の釘ですか。

杉本　木の釘ですね。たくさん出ており様ではなくて実際に使われたものという説があります。私もそちらの方が可能性が高いと思います。

栄原　分かりました。最後のところ、もうちょっと明確だったらうれしかったんですけど、なかなかそうもいかない感じです。今日は、手工業というものに軸を置きながら、五世紀段階、それから六世紀から七世紀の前半の段階についてのお話をしていただきました。また、六世紀から七世紀の前半については、その真ん中の六世紀の終わりぐらいで、ひょっとしたらさらに二段階に分かれるかもしれない、ということであったと思います。前期難波宮ができてくると、それに連動して、はっきりとはまだおさえられないけれども、手工業生産の変化があったかもしれないというお話でございました。

全体を通して、私が特に強調しすぎたのかもしれないんですけども、上町台地先端部の手工業生産というのは、手工業者が好き勝手にものを作ってるというものではなく、権力によって編成され、コントロールされながら行われてきたんではないかという点が浮かび上がってきたように思います。そういう観点から、今後も杉本さんの方で、時期の問題と手工業生産の性格の問題、性格というのは、製品の品質という意味ではなく、誰がどう運営してたかという生産の性格を、さらに追究していただけるだろうと思っております。何か、杉本さんの方でありますか？

杉本　文献の方の研究とか全然勉強してなくて、申しわけないです。遺物の収蔵庫に行って一つ一つの土器を見て検討したいので、そういった時間を作り出したいなと思ってますので、よろしくお願いいたします。

栄原　はい。それでは、ちょっと時間を長めにいただきまして恐縮でございましたけれども、以上で今日のお話は終わりにさせていただきたいと思います。どうもありがとうございました。

（会場　拍手）

白村江前後の九州・大和そして難波——搬入された新羅・百済土器の検討から

寺井誠

はじめに

私はこれまで、主に弥生時代から飛鳥時代にかけての日本列島と朝鮮半島の交流史について関心をもって勉強をしてきました。今年（二〇一七年）六月まで大阪歴史博物館で催された特別展『渡来人いずこより』はその研究の一端であります。朝鮮半島から人がやってきたという話にとどまらず、朝鮮半島のどこなのか、ということを明らかにすることによって、交流の姿をより具体的にしようとしたのが、この特別展の第一の目的だったのですが、さらに、その背景にどんなことがあったのか、ということを考えるのが、交流史を考える上での醍醐味であり、面白いところです。

今回の発表では、七世紀を通じて倭（日本）の対外交渉の体制がどう変わっていったのか、中央集権国家の体制に近づいたときに、考古学資料でどのような現象が見られるのかということを、日本出土の新羅(しらぎ)土器、百済(くだら)土器を基にして示したいと思います。七世紀は国家体制に影響するさまざまな出来事がありますが、私がもっとも衝撃が大きかったと思うのが「白村江(はくそんこう)」（白村江の戦い、六六三年）です。おそらく日本の歴史上、初めての対外戦争での惨敗であり、当時の体制に危機感を走らせたのは想像に難くありません。なお、タイトルに「白村江」を冠したのは激動の七世紀の転換点として、象徴的な意味を込めて冠したということで、その前後の時期を含むということを最初に断っておきたいと思います。

なお、新羅土器、百済土器は、日本の須恵器とは異なる特徴を持っています。発表ではまず、七世紀の新羅土器（特に、印花文土器）と百済土器についての基礎的な説明をしたうえで、日本列島でもっともたくさん出ている地域である九州と近畿、その中でも博多湾沿岸地域、大和、そして難波での出土事例について時期的に整理し、比較検討することにします。結論的には大和と難波、博多湾沿岸の福岡平野と早良平野は、ちょうど白村江の頃を境に、搬入のされ方が大きく変わります。そのような違いが生じる背景を、東アジア情勢や国家形成過程を絡めて、あらためて考えてみたいと思います。

一　新羅土器と百済土器

新羅土器

七世紀代の新羅土器は、スタンプ（図1）によって文様が施される印花文土器と呼ばれる土器で主として構成されています。文様変遷については宮川禎一氏や重見泰氏によって詳細な研究が行われていて、この発表でも大いに参考にさせていただいています（宮川一九八八ａｂ、重見二〇一二）。文様の変遷については、宮川氏作成の図2・3に示したように、最初はヘラを用いたり、コンパス状に回したりすることによって、手描きで文様を施していますが、これが六世紀末頃になると道具の先端に文様を刻んでスタンプするようになります。これを単体スタンプ文といいます。

単体スタンプ文は、最初は二重円文のような単純なもので、次第に三角形文や水滴文というような文様が登場し

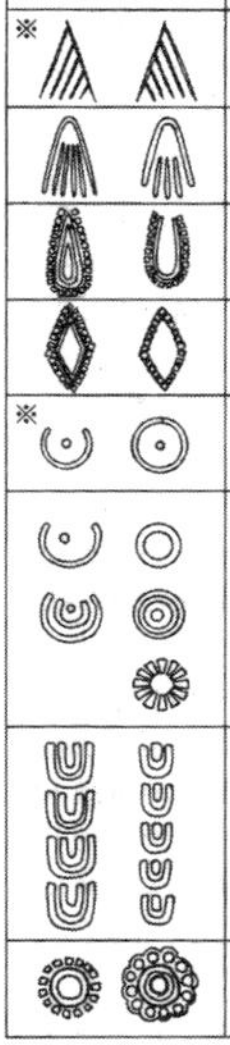

文様の形状	宮　川	崔
※	ヘラ描き三角形文	線刻の三角集線文
	三 角 形 文	押捺の三角集線文
	水 滴 形 文	菊花形花弁文
	菱　形　文	菱形花弁文
※	コンパス描き円弧文	コンパス刻み円文類
	円　弧　文	円　文 円 点 文 半円点文 ２重半円文
		菊　花　文
	縦長連続文 （連続馬蹄形文）	（小型化，抹角方形化した２重半円文）
	多 弁 花 文	連珠花形文

図２　新羅印花文土器の文様の形状と名称（宮川 1988b より転載）

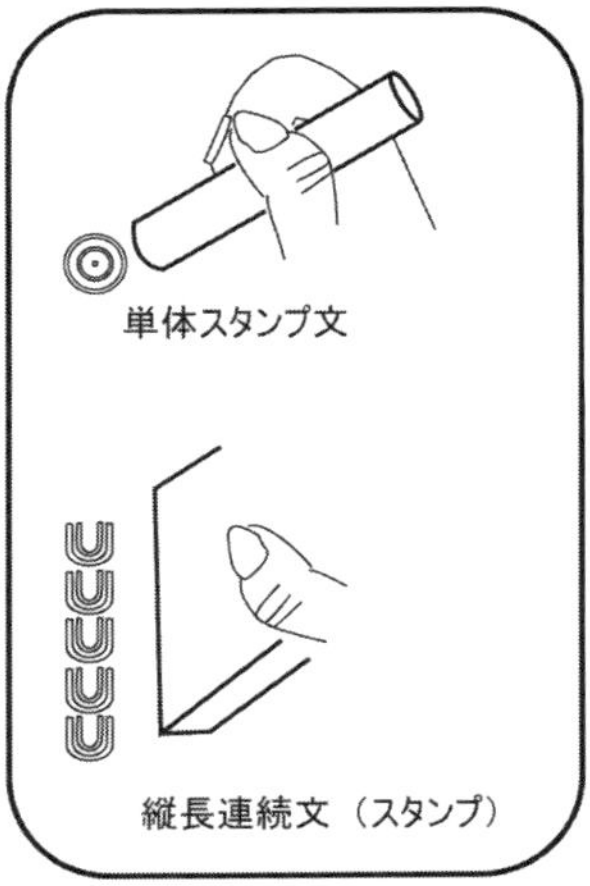

図１　スタンプ文の施文イメージ
（宮川 1988a を基に作成）

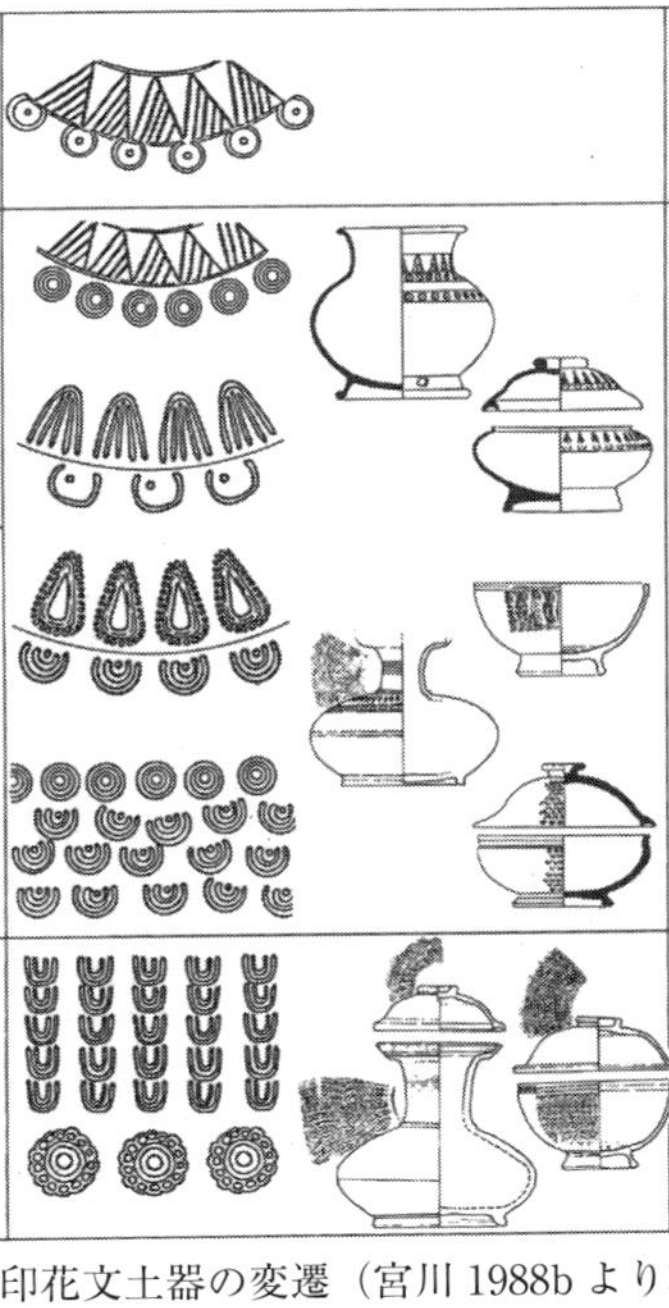

（宮川）	（崔）		（代表例）	（推定年代）
0		三角形文＋円弧文構成の成立（ヘラ描き，コンパス描き）		
		スタンプ施文の出現		
1a	第１段階	非スタンプ文とスタンプ文の混在 ↓ スタンプ文様のみ	西岳里古墳第１石枕部長頸壺	
	第２段階	三角形文＋円弧文構成は守る	西岳里古墳第3棺台有蓋盒,同石室内の大型有蓋長頸壺	600年
		スタンプ施文の普及		
1b	第３段階	三角形文＋円弧文構成の変様 施文面積の拡大	雁鴨池造営前骨壺（水滴形文・開元通宝） 華山里６号墳椀 華山里20号墳細頸壺③	
	第４段階	○三角形文○水滴形文 ○円弧文○菊花状の円弧文 全面施文へ	忠孝里６号墳有蓋椀	650年
		縦長連続文の出現		
2a	第５段階	縦長連続文の帯状施文	華山里12号墳細頸壺，有蓋椀	
↓	第６段階 ↓	○縦長連続文 ○多弁花文○菱形文 ↓ ○横長連続文○合成文		700年

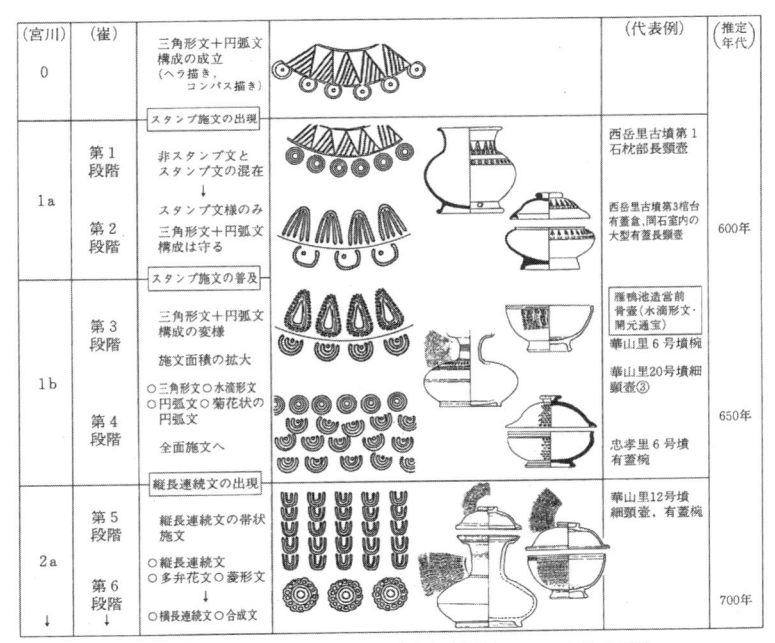

図３新羅印花文土器の変遷（宮川 1988b より転載）

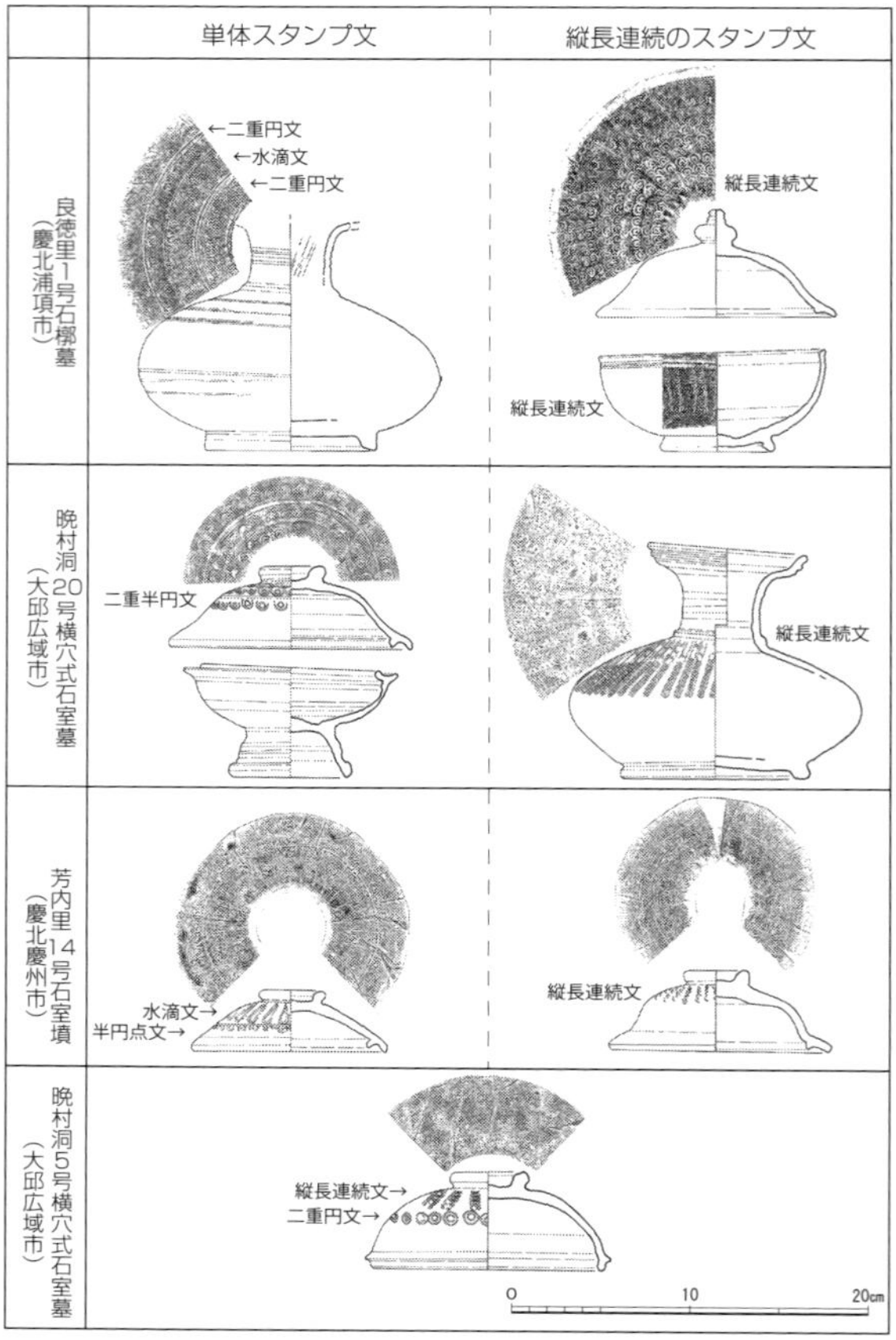

図４　新旧の文様が共伴する新羅土器の事例

ます。また、土器の器面に占める割合が最初は少ないものの、次第にたくさんのスタンプが押されるようになります。その結果、複数の文様を刻んだスタンプを押しつけて施文するようになります（縦長連続文）。この縦長連続文については、初めて現れた頃は三つ程度の円文が連続する程度でしたが、次第にたくさんの文様が連続するようになります。このように新羅土器のスタンプ文は単純なものから、複雑なものに変遷し、器面を占める割合も増加していくという傾向があります。また、縦長連続文が登場するのはだいたい七世紀第三四半期であり、ちょうど白村江の戦いから新羅が朝鮮半島を統一する頃に当たります。

なお、印花文はある時期になると、きれいに入れ替わるわけではありません。図４のように、同一個体の中で新旧の文様が共存する場合もありますし、同一古墳でありながら、出現時期が異なる文様の土器がいっしょに出土する場合もあります。この背景としては、同じ土器製作工房の中で新旧の文様がいっしょに使われていた、製作段階が異なる土器がいっしょの古墳に副葬された、また、廃棄場所で新旧の土器がいっしょになってしまった、などさまざまなパターンが考えられますが、新旧が共存するのは考古資料では当然のことであり、それぞれの文様については図3の年代観よりも下限を長く見たほうがいいと思います。

百済土器（図5）

百済土器については韓国ではたくさんの研究事例がありますが、日本では土田純子氏がまとまった研究をしていて、それを参考にさせていただきました（土田二〇一七）。百済土器は新羅土器とは異なり、文様が施されることほとんどありません。また、須恵器と焼成が似ているので、破片で出土すると区別しづらい場合があります。ただ、特徴的な器種があるので、それを目安にして百済土器を見出すことができます。

特徴的な器種の代表例は瓶です。大きな平底をもち、肩が張り、小さな口の部分をもち、花瓶や徳利のような形をしています。また、須恵器と比較した場合、七世紀までの須恵器は丸底など不安定な底のものが多いですが、

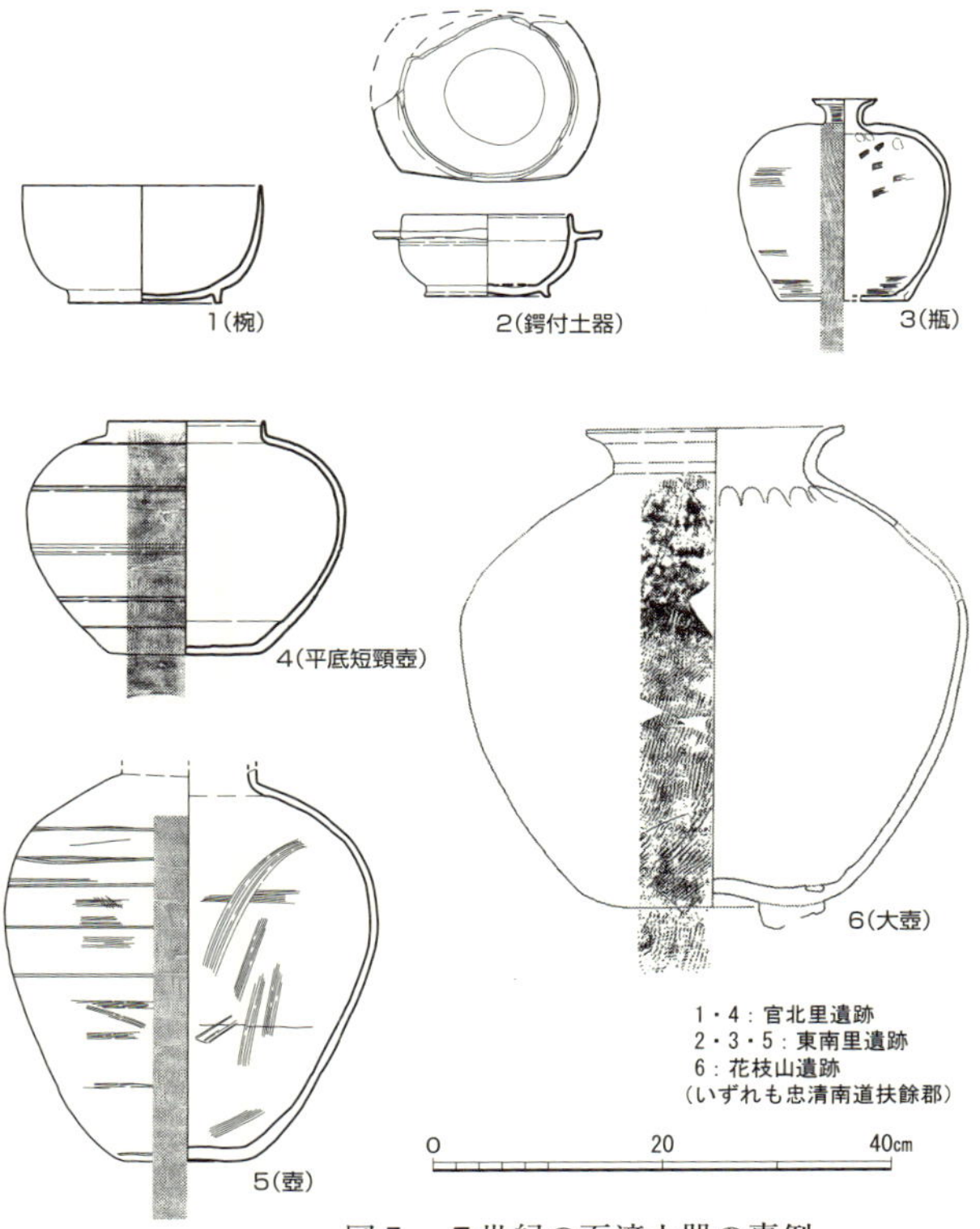

図5　7世紀の百済土器の事例

朝鮮半島の土器には平底の土器が一定量あります。百済土器にも特徴的な平底の土器があります。特に、4のような平底短頸壺は、瓶とともに百済古墳によく副葬されるため、事例はたくさんあります。

また、6のように、凹み底の壺も多くありますが、これは新羅土器でもあります。もし、新羅と百済を区別するのであれば、有文の当て具痕跡の有無を判断基準にするのが有効と考えます。新羅は有文の当て具痕跡を残すものが多い一方で、百済はそういった当て具痕跡をあまり残さないのが特徴です。

2のような鍔付土器も百済土器の特徴です。この土器は両側に帽子のような鍔が付く椀で、高句麗土器の影響を受けて成立したものと考えられます。

以上、簡単ですが、七世紀の新羅土器、百済土器の特徴を説明しました。当然これ以外にも対比できる特徴はありますが、それについては日本の新羅土器、百済土器について触れる際に、合わせて追加で紹介したいと思います。

二　新羅・百済土器の対比から見た難波と大和

それでは、本題である日本で出土した新羅土器、百済土器の事例について、近畿地方から紹介します。近畿地方で七世紀代の新羅・百済土器が多く出るのは難波と大和であり、難波では上町台地北端、大和では飛鳥・藤原地域に集中します。

まず、難波から見てみましょう（図6）。難波では五世紀以降に継続的に朝鮮半島の土器が搬入されていて、六世紀前半には加耶の土器も搬入されます。六世紀後半〜七世紀初頭頃には印花文以前の段階の土器や初期の印花文土器が出土しています。印花文土器については十点あまり出土していて、単体スタンプ文でもより新しい特徴である水滴文はあまり多くはありません。

百済土器についても六世紀後半頃と思われるものが登場しますが、七世紀中頃の整地層、すなわち前期難波宮を造営する際の整地層から複数点出土していることが注目されます。その中で18の瓶は肩の張りが強いので、百済土器の中ではもっとも新しい傾向を示すものです。土器そのものの時期についても、古いものが伝世されたというよりも、難波宮造営の直前の頃に搬入された可能性が高いと思います。

ただ、14の椀は櫛描文（くしがきもん）が施される例が百済にあるということでここに含めましたが、焼成が堅緻であるという点で新羅土器かもしれないという意見があります。20・21については凹み底であるという点が朝鮮半島全体に通じる

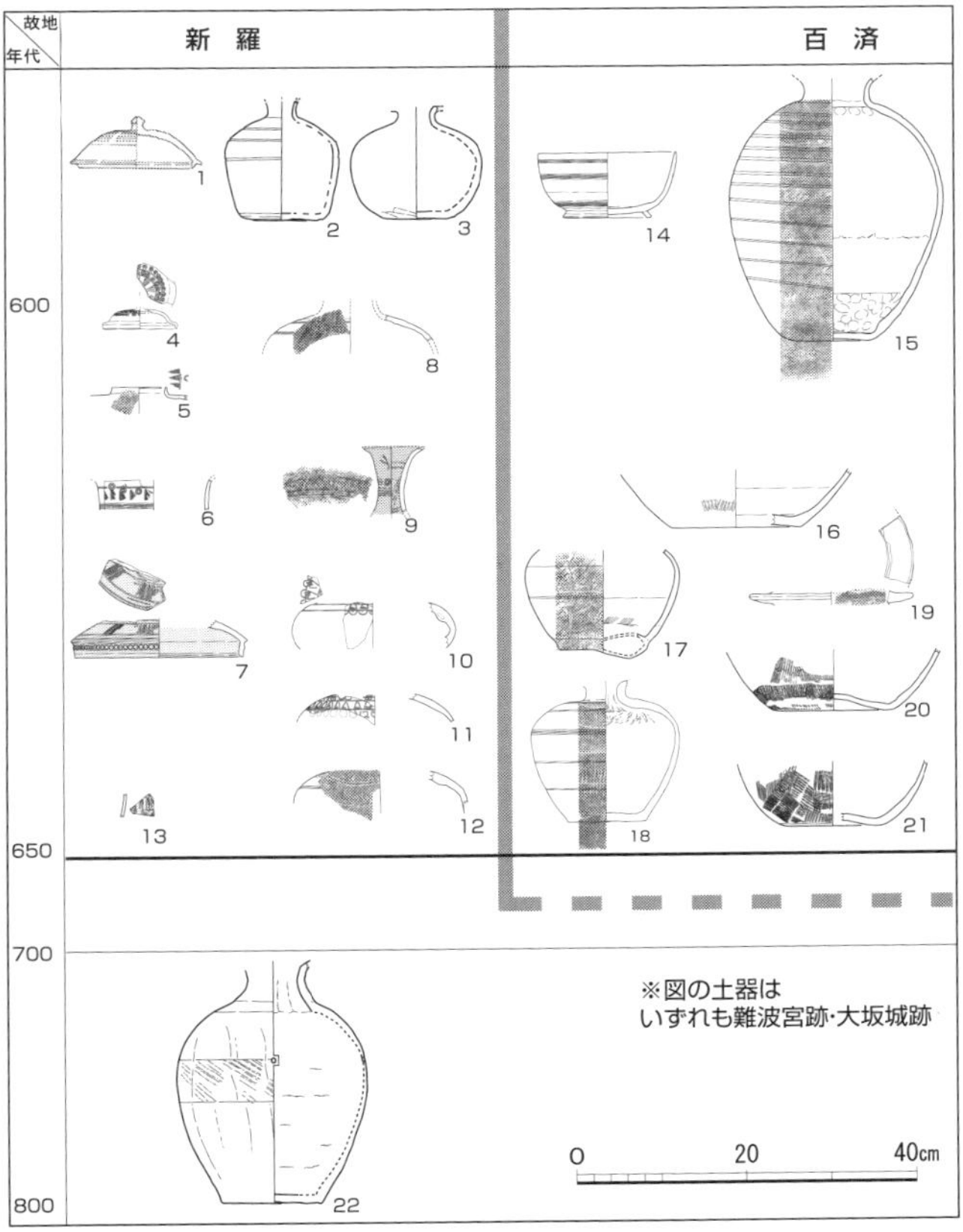

図６　難波の新羅・百済土器

ものでありますが、有文の当て具痕跡がないという消去法的な選択から百済土器としたので、新羅土器である可能性も残します。また、19についてはその大きさから鍔付土器と考えましたが、煙突のような器種ではないかという意見もあります。よって、図6であげた百済土器の中には再検討の余地があるものもあります。ただ、15~18はどう考えても百済土器であり、他地域では出ない百済土器がまとまって出土しているということが、やはり難波が目を引くところです。当時の中央政権が百済と結びつきが強かったことを示していて、その際の外交の窓口に百済土器が残されたのではということを思わせます。

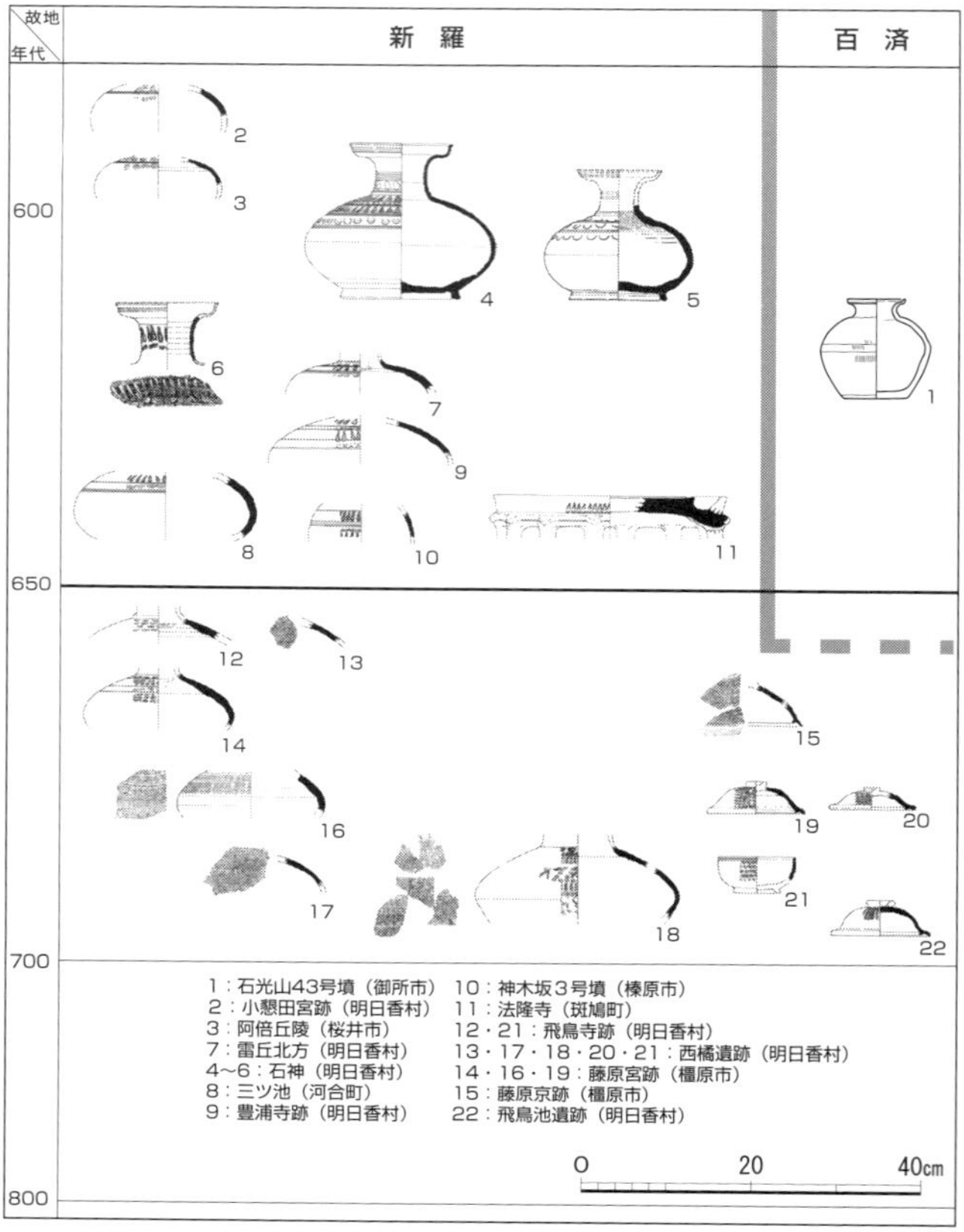

図7　大和の新羅・百済土器

このように七世紀中頃の前期難波宮が造営される直前頃までは、朝鮮半島の土器がたくさん出土しているのですが、七世紀後半になると新羅・百済土器が見られなくなります。これが難波の大きな特徴のひとつです。

続いて、飛鳥を中心とした大和の状況を見てみましょう（図7）。七世紀代の百済土器については、今のところ飛鳥では出土しておらず、大和全体でも飛鳥からは離れたところにある石光山（せっこうざん）四三号墳（御所市）の1の瓶のみです。新羅土器については難波と違って、印花文以前の土器があまりなく、単体スタンプ文とヘラ描き文が共存する頃から新羅土器が見えるようになります。

単体スタンプ文については、難波と共通するものもありますが、水滴文というより新しい傾向の新羅土器が難波よりも多くあるのが特徴です。さらに、難波との大きな違いは、七世紀後半の特徴である縦長連続文のスタンプ文があるということです。これは七世紀全体にわたって新羅土器が搬入されていることを示すものであります。

以上でみると、七世紀中頃を境にして、難波に新羅土器が入らなくなり、後半は飛鳥に集中するようになるのです。七世紀中頃は難波にとって大きな画期であり、難波遷都が六四五年に断行され、六五二年には難波宮という宮殿が完成します。私は以前、難波宮が完成して、外交の窓口である難波津と合わせて、さらに求心力が高まって、朝鮮半島の土器がたくさん入るようなイメージを持っていましたが、実際はそうではないというのがよくわかりました。

三　新羅・百済土器の対比で見た早良平野と福岡平野

北部九州は日本列島と朝鮮半島の交渉を考えるうえで鍵となる地域であり、たとえ時代が変わってもその重要性に変わりはありません。特に博多湾沿岸は弥生時代以降、先進的な文化要素が見える地域です。

まず、博多湾沿岸の地理的特徴について、大阪の方にはあまりなじみがないかもしれませんので、やや詳しく紹介します（図８）。

志賀島につながる砂州によって外洋から区切られた博多湾にはいくつかの二級河川が流れ込み、小平野を形成します。東側には福岡平野、西側には早良平野があり、これらの平野を仕切る福崎丘陵という低い独立丘陵があります。一般的にはこれらの平野をあわせて福岡平野と呼ばれることが多いですが、考古学では区別することが多いので、今回もこの区分を採用します。

福岡平野は、福岡市博多区を河口にもつ那珂川や御笠川などによって形成された沖積平野で、御笠川は上流には大野城市、太宰府市があります。弥生時代以来、比恵・那珂遺跡群など多数の遺跡があります。この地域で大きな転換点は『日本書紀』の宣化天皇元年（五三六年）に設置されたといわれる「那津官家」で、これに関連する可能性がある倉庫群が比恵遺跡にあり、この頃に九州地方最大の須恵器生産地である牛頸窯（大野城市・春日市）が開かれます。また、後に造営される水城や大宰府は御笠川の上流域に当たります。

一方、早良平野は室見川などによって形成された福岡市西部の小さな平野です。主な遺跡には、弥生時代の墳丘墓として知られる吉武樋渡遺跡や、古墳時代前期の対外交渉の窓口である西新町遺跡、古墳時代中期以降に大規模化し、朝鮮半島系土器も多数出土している吉武遺跡群があり、早良平野の西側丘陵には多数の古墳群があります。特に朝鮮半島系資料が多い点については、ここに朝鮮半島との交渉を司る勢力が存在した可能性が指摘されています（白井二〇〇二）。

ここで、二つの地域の朝鮮半島からの搬入土器の比較をしてみたいと思います。まず、早良平野では（図９）、百済土器は六世紀後半頃の瓶が一例あります。新羅土器は印花文以前の土器に加え、印花文土器も出土しています。印花文土器は単体タンプ文ばかりで、縦長連続文の印花文土器はないので、七世紀後半以降は運び込まれていないようです。

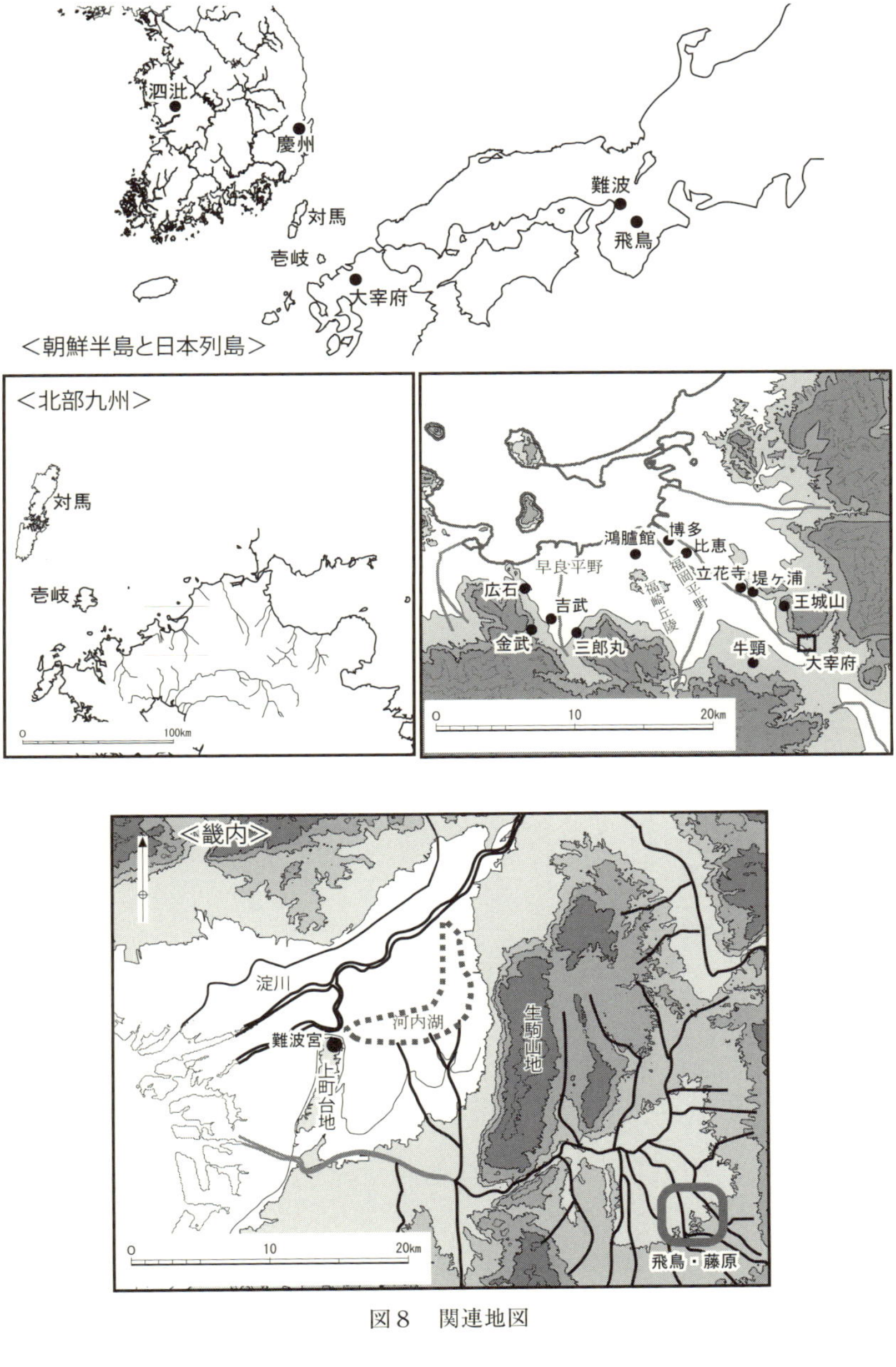

泗沘
慶州
対馬
壱岐
大宰府
難波
飛鳥
＜朝鮮半島と日本列島＞
＜北部九州＞
対馬
壱岐
0
100km
鴻臚館
博多
比恵
早良平野
福岡平野
福崎丘陵
立花寺
堤ヶ浦
広石
吉武
王城山
金武
三郎丸
牛頸
大宰府
0
10
20km
＜畿内＞
淀川
河内湖
難波宮
上町台地
生駒山地
飛鳥・藤原
0
10
20km

図８　関連地図

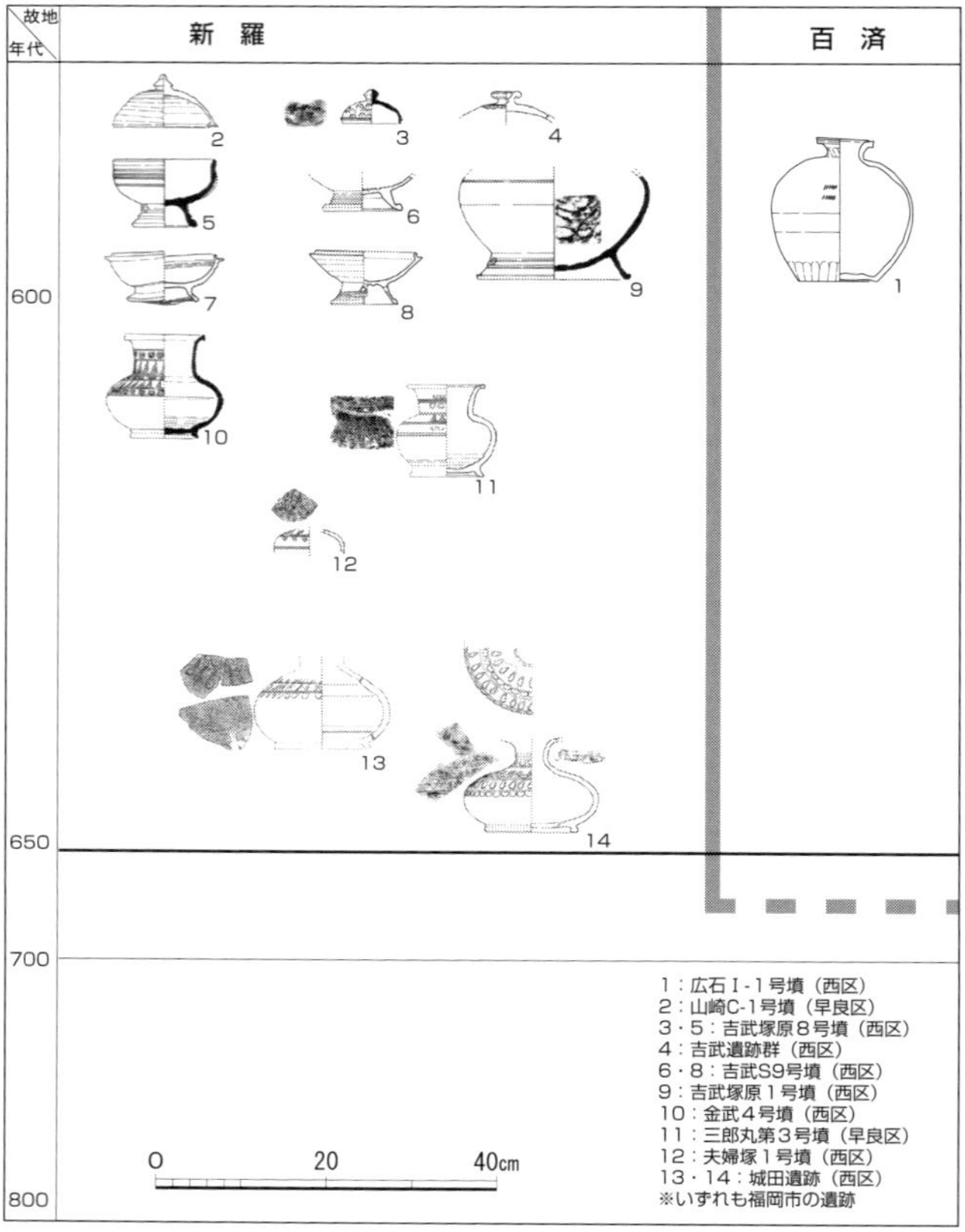

図9　早良平野の新羅・百済土器

福岡平野では（図10）、五世紀代に吉武遺跡群のような朝鮮半島系土器を多く出土する遺跡はなく、六世紀後半以降に新羅の印花文土器が博多遺跡や立花寺遺跡、大野城市の王城山古墳群などで登場するようになります。また、百済土器は七世紀第二四半期の瓶が堤ヶ浦一二号墳で出土しています。また、高句麗土器については七世紀第三四半期、すなわち高句麗滅亡直前に該当するものが博多湾に直面する博多遺跡で出土しています（白井一九九八）。これは日本国内で唯一の高句麗土器の事例です。

七世紀後半以降の縦長連続文の新羅印花文土器は、大野城市の古墳群で継続して出土し、大宰府や、新たな外交の窓口として開かれた鴻臚館跡で出土するようになります。なお、鴻臚館は今回の発表では福岡平野側に入れていますが、福崎丘陵の先端にあり、正確には福岡平野と早良平野の境界部に当たります。このようなところに博多湾沿岸の外交施設を作ったのは、早良が持っていた外交的パイプを福岡平野の中央政権側に取りこむなど、何か意味があったのではなかろうかと、想像します。ちなみに鴻臚館は福崎丘陵の北端にあり、ほぼ同じ位置に福岡城があります。偶然かもしれませんが、上町台地の北端には難波宮があり、のちには大坂城が建てられます。

以上、早良平野と福岡平野の動向を整理しました。七世紀後半になって、朝鮮半島からの搬入土器が限られた地

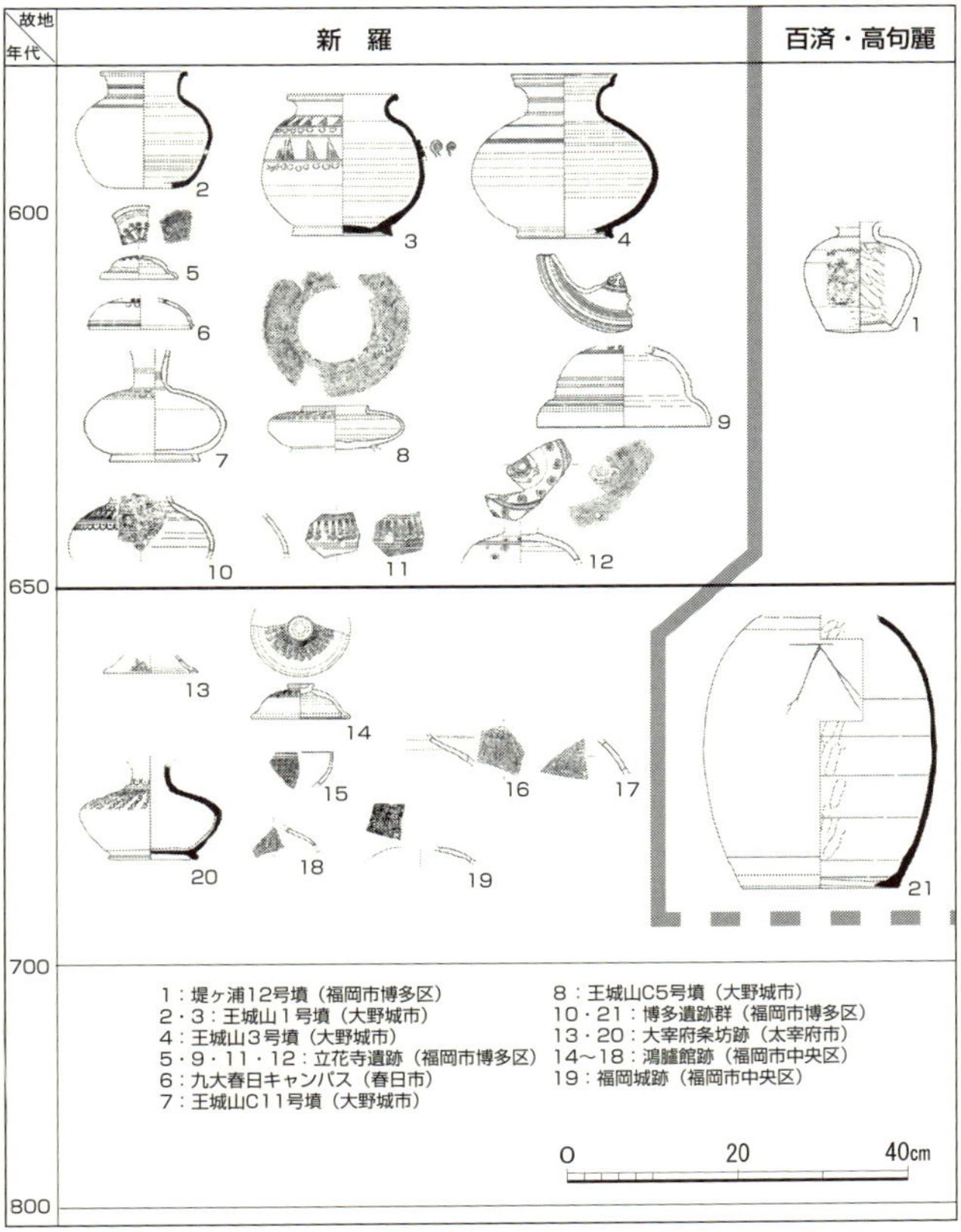

図10　福岡平野の新羅・百済・高句麗土器

域にのみ出るという現象は、難波と飛鳥の関係によく似ています

四　七世紀に何が起こったか？

七世紀という時期は、倭において国家形成の総仕上げの段階になります。それ故に「揺らぎ」も多数あります。六世紀末頃に登場した厩戸王（聖徳太子）は蘇我馬子とともに統治制度を整え、権力基盤を固めたかに見えましたが、次の代になると、厩戸王の子である山背大兄王が六四三年に蘇我入鹿に攻め滅ぼされます。しかし、その蘇我入鹿も六四五年の乙巳の変で中大兄皇子一派に殺され、その父である蝦夷は自殺に追い込まれることにより、蘇我本宗家は滅亡します。これを契機に始まる政治改革が大化改新であり、孝徳天皇の下に六四五年に難波遷都が断行され、六五二年には日本で初めての本格的な中国式宮殿が上町台地北端に建造されます。しかし、翌六五三年には孝徳天皇を残し、中大兄皇子一派が旧都である飛鳥に戻ってしまい、六五四年には難波に残された孝徳天皇は亡くなり、翌年にはふたたび都は飛鳥になります。

これと同じ頃の中国・朝鮮半島も激動の時期を迎えていました。中国では、高句麗遠征に失敗した隋は滅亡し、唐が成立します。一方、朝鮮半島では六世紀後半に新羅が百済の旧都があった漢江流域を掌握するとともに、加耶を併合したことにより、三国の抗争が激しさを増します。そして朝鮮半島に大きな変化があるのは六四〇年代です。百済では義慈王が、高句麗では泉蓋蘇文がクーデターを起こし、専制体制を確立させます。特に、両国は四七五年の漢城百済の滅亡以降宿敵でありましたが、共通の敵である新羅に対抗するために連携をするようになったのです。こういった朝鮮三国の抗争が激しくなるとともに、さらなる後ろ盾を求めて倭に使者を派遣するのです。特に『日本書紀』に外交使節が渡来した記録が数多く登場するのはこの頃です。

百済と高句麗を敵にまわし、孤立した新羅は「禁断の手」を打ちます。超大国唐に接近し、後ろ盾を求めたのです。これを機に唐は、朝鮮半島支配を目指す足掛かりとして、新羅の国政に干渉をするようになり、当時女王が国を治めていた新羅に対し、男の王を派遣するので受け入れるよう要求します。これによって新羅でも国を分かつような対立が生じ、六四七年に毗曇の乱が起こり、その混乱の中で善徳女王が死んでしまいます。しかし、新羅の王権はこの反乱を鎮圧し、次にも真徳女王という女性の王を立て、唐に従いつつも、自立する体制を整えたのです。

さて、三国の対立は深まっていくなかで、倭は百済寄りの立場をとるようになり、それによって新羅は倭から離れ、遣唐使の仲介も断るようになります。そして、ついに超大国唐が立ち上がって軍隊を派遣し、唐・新羅の連合軍約二〇万の大軍が一気に百済を滅亡に追い込むのです。首都の泗沘（現在の忠清南道扶余郡）が陥落するとともに、扶蘇山城では追い込まれた女官たちが崖から飛び降りて命を絶つという悲劇が起こり、また、百済の代表的な寺院である定林寺の五層石塔には「大唐平百済国碑銘」という屈辱的な文字が刻まれることになります。

長く同盟国であった百済が滅亡したため、それを復興しようと倭はようやく腰を上げます。百済滅亡から三年後の六六三年に軍を派遣し、唐・新羅と戦ったのです。しかし、結果はご存じのとおり惨敗で（森二〇〇六、これ以外にも多数の著書にこの戦争についての概説あり）、倭は超大国唐の攻撃を受けるかもしれないという国家的危機を迎えることになります。この危機に対処するために、大宰府北方の水城や各地の山城というように、百済の遺民によって防御施設が各地に造られたというのはよく知られていることです。この危機の後、六七二年の壬申の乱を経て、倭は中央集権国家日本に発展していくのです。なお、幸いなことに（という表現は語弊があるかもしれませんが）、六六八年の高句麗滅亡後に新羅が唐と戦って追放したことにより、日本列島は攻撃されることはありませんでした。

こういったときに考古資料でどう表れているかということを再度見てみようと思います。七世紀の前半では朝鮮半島の土器は難波、大和、早良、福岡で多く出ており、いずれの地域も朝鮮半島との接点が多かったことがわかります。早良平野については、吉武遺跡群という朝鮮半島の土器が多数出土する大遺跡があり、おそらく伝統的に朝鮮半島、特に加耶や新羅との交渉のパイプをもった勢力があり、接点が多かったのでしょう。一方、福岡平野は那津官家が設置されたように、官的な様相が強く、倭の外交の窓口として機能し、その結果、朝鮮半島との接点は多くあったと考えられます。早良平野と福岡平野では性格は異なりますが、朝鮮半島との接点が多くあった地域であったのが、七世紀中頃から後半の頃を境にして状況は変化し、政権側の福岡平野側にのみ朝鮮半島の土器が運び込まれるようになったと思われます。

続いて、飛鳥と難波の関係について見てみましょう。飛鳥は倭の首都でありますから、外交使節から受け取ったものが運び込まれるというのは理解できます。難波についても古くから外交の窓口として機能していたのは、周知のとおりで、上町台地北端という地理的な利便性によって、王権の外交の窓口へと発展していったのですが、難波については蘇我蝦夷などの宅があり、外交的な行事には難波の豪族が対応していたことが『日本書紀』から読み取れます。

ここで興味深い研究があるので紹介したいと思います。廣瀬憲雄氏の朝鮮諸国に対する外交儀礼の変遷の研究です。図11は外交使節が来た際に、誰が、どこが主体となって儀礼をしているかということと、その変遷を廣瀬氏の研究に倣って整理したものです。これによると七世紀中頃までは、難波で朝鮮諸国に対する外交儀礼を行っています。例えば、六四三年に次のような記録があります。百済からの進物を難波大郡にて検査したところ、前年より少なく、群卿への贈り物も少なかったため、責められたということです。外交儀礼で他国から贈り物を受け取る際に、豪族層が対応しているということなのです。

しかし、中国の外交の規定を記した大唐開元礼に従うなら、難波津のような港はあくまで上陸と休息のみのはず

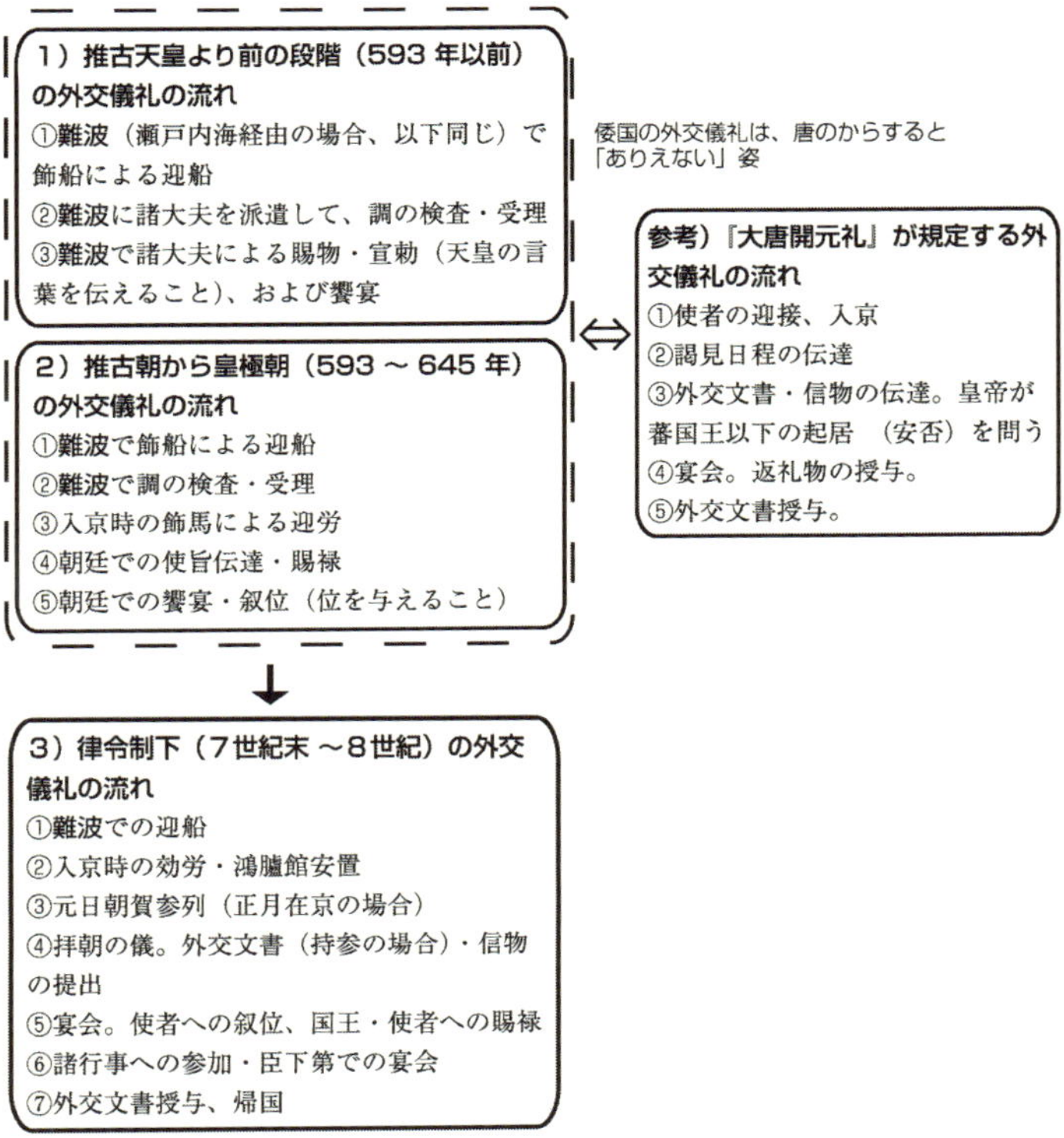

1）推古天皇より前の段階（593 年以前）の外交儀礼の流れ
①難波（瀬戸内海経由の場合、以下同じ）で飾船による迎船
②難波に諸大夫を派遣して、調の検査・受理
③難波で諸大夫による賜物・宣勅（天皇の言葉を伝えること）、および饗宴
2）推古朝から皇極朝（593 ～ 645 年）の外交儀礼の流れ
①難波で飾船による迎船
②難波で調の検査・受理
③入京時の飾馬による迎労
④朝廷での使旨伝達・賜禄
⑤朝廷での饗宴・叙位（位を与えること）
倭国の外交儀礼は、唐のからすると「ありえない」姿
参考）『大唐開元礼』が規定する外交儀礼の流れ
①使者の迎接、入京
②謁見日程の伝達
③外交文書・信物の伝達。皇帝が蕃国王以下の起居　（安否）を問う
④宴会。返礼物の授与。
⑤外交文書授与。
3）律令制下（7 世紀末 ～8 世紀）の外交儀礼の流れ
①難波での迎船
②入京時の効労・鴻臚館安置
③元日朝賀参列（正月在京の場合）
④拝朝の儀。外交文書（持参の場合）・信物の提出
⑤宴会。使者への叙位、国王・使者への賜禄
⑥諸行事への参加・臣下第での宴会
⑦外交文書授与、帰国

図 11　新羅・百済に対する外交の流れの変遷（廣瀬 2007 をもとに作成）

です。ここで進物を開けるというようなことは、律令制からしてありえない姿なのです。

これが難波遷都を経て、しばらく具体的な外交儀礼がはっきりしない時期が続きますが、約五〇年後の持統天皇の時代になると、難波は上陸と若干の休息地になり、外交儀礼や謁見は都で行われるようになります。つまり、外交が大唐開元礼の通りに進められるようになるとともに、出先（難波）の役割は減るのです。

以上のような北部九州と近畿地方の変遷を見てみると、七世紀後半はより政権側の地域に集中するようになるということです。七世紀後半になっても福岡平野や飛鳥・藤原以外のところでも新羅土器が出土することはあるものの、集中の度合いから見て、前の時代と大きく状況が変わっています。この朝鮮半島の土器の出土地点の変遷は、中央集権化の進展とともに、外交の権限が中央政府に集中したということを如実に示しているものと考えます。

最後に私の試行錯誤の経験を交えて、まとめたいと思います。十数年前の私自身がまだ古代史のことを何も知らない段階で、難波で出土している朝鮮半島の土器について整理を始めたところ、難波遷都以降は朝鮮半島の土器が見えなくなるという、当時の私にとって「不思議」な問題に直面しました。当時は遷都後に難波宮ができて、さらに難波の重要性が高まったことにより、朝鮮半島の土器がたくさん出るようになると思っていたので、非常に意外に感じたことを記憶します。しかし、いろいろ多方面に勉強を進めていく中で、前述のように中央集権国家の形成過程の中で理解しやすいのでは、ということが見えてきました。この背後の具体的な様相については、まだまだ検討の余地はありますが、「対外交渉」ということを通じて、中央集権化の進展を読み取れるのではないか、という試論であり、今後とも関心を持ち続けたいテーマであるということを付け加えて、本日の話を終わりにしたいと思います。

主な参考文献

大阪歴史博物館（編）二〇一四『大阪遺産　難波宮――遺跡を読み解くキーワード』
大阪歴史博物館（編）二〇一七『渡来人いずこより』
重見泰二〇一二『新羅土器から見た日本古代の国家形成』学生社
白井克也一九九八「博多出土高句麗土器と七世紀の北部九州――筑紫大宰・筑紫遷宮と対外交渉」『考古学雑誌』第八三巻第四号　日本考古学会
白井克也二〇〇二「福岡市・金武古墳群吉武L群出土新羅土器の再検討――古墳時代早良平野における朝鮮産土器とその背景」『福岡考古』第二〇号　福岡考古懇話会
積山洋（編）二〇一〇『東アジアにおける難波宮と古代難波の国際的性格に関する総合研究　平成一八～二一年度科学研究費補助金（基盤研究〈B〉）研究成果報告書（研究代表者　積山洋）』大阪市文化財協会

寺井誠二〇一二「白村江前後の難波と筑紫――朝鮮半島から搬入された土器の検討を中心に」『一般社団法人日本考古学協会二〇一二年度福岡大会　研究発表資料集』
寺井誠二〇一三「難波における百済・新羅土器の搬入とその史的背景」『共同研究成果報告書』七　大阪歴史博物館
土田純子二〇一七『東アジアと百済土器』同成社
廣瀬憲雄二〇〇七「古代倭国・日本の外交儀礼と服属思想」歴史学研究会編『歴史学研究』八二四　青木書店（廣瀬二〇一一『東アジアの国際秩序と古代日本』吉川弘文館　に再録）
宮川禎一一九八八ａ「文様からみた新羅印花文陶器の変遷」『高井悌三郎先生喜寿記念論集　歴史学と考古学』真陽社
宮川禎一一九八八ｂ「新羅陶質土器研究の一視点――七世紀代を中心として」『古代文化』四〇‐六　古代学協会
森公章二〇〇六『東アジアの動乱と倭国 戦争の日本史』吉川弘文館

＊　＊　＊

栄原　はい。それでは、あと四〇分弱ぐらいですけども、すこし寺井さんと討論させていただきたいと思います。きょうのお話はとっても興味深くて、新羅土器や百済土器の出土の仕方が地域によってこうも違うのか、非常に鮮やかな印象で聞かせていただきました。それとともに、いろいろ寺井さんに教えてもらわんとあかんな、と思う点も出てきましたので、そこら辺からまずお聞きしたいと思います。

寺井　どうぞよろしくお願いします。

出土土器は何に使われていたのか

栄原　今日の話は、百済土器と新羅土器、まあ新羅土器のお話が多かったですが、その出土状況が、外交のあり方とか日本の国家権力の集中の問題とリンクしてる、それを反映してるんではないかということが大前提だったと思うんです。そこでまずいちばん基礎的なことでお聞きしたいのは、こういうふうに出土している新羅土器、百済土器はどういう土器なのか、ということです。どういう土器って変な言い方ですけれども、日常的に使われるような土器なのか、あるいは儀礼に用いられるような特殊な土器なのか、そこがまず知りたいんです。日常生活で渡来人たちが使っていたような土器だったら、どこまで外交と関係してるのか疑問になりますので、そのあたりがわかるといい。この点は、たぶん誰が持ってきた土器なのかということと関係すると思うんです。

寺井　はい。資料に土器の図面をたくさん載せてますけども、出土土器で多いのは、やはり容器類ですね。おそらく中身が大事だったんだと思います。韓国でこういう土器がどんな出方をしているのかというと、特殊な土器ではなくて、古墳や集落遺跡から普通に出るものです。反対に特殊なものを強いて挙げますと、図6の7です。これは破片なんですが、硯の蓋です。緑釉なので、いいもんやと思います。そのほかのものは、容器類やその蓋とか、たまに椀があるんですけども、ほとんどが中にものが入った状態でこちらに来ていると思われます。ですから土器そのものよりも、中身が大切だったんじゃないかと思っています。

あと参考までに五世紀代に朝鮮半島のいろんな文化が日本に入ってくる時期では、ご飯を炊く炊飯具にそっくりのものを日本でつくるということがあるんですが、この時期になるとそれは行われていません。ですから調理具とかじゃなくて、容器類がたくさん来ているということが見て取れます。ただこれをどう受け取るかという日本側の反応では、あくまで傾向なんですけれども、九州のほうは古墳からが多いんです。ですから中身は大事だったのかもしれないけども、古墳に供献されているので、珍しいものをお墓にお供えするということが、どうも九州のほうでは行われているようです。

栄原　ありがとうございました。おもしろいですね。日常の食器とか調理具よりも容器類が多いから、何かこの中に大事なものを入れて人が持ってきたんやろうというお話だったと思います。そうすると、そういうふうな特徴から考えて、九州や難波、それから飛鳥なんかで出土した朝鮮半島の土器は、外交にかかわって往来する人たちが持ってきた土器というふうに理解していいということでしょうか。

寺井 はい。集中して出ているので、偶然運ばれてきたというよりも、やはり対外交渉のなかでやってきた人が持ってきたものが多いんじゃないかと思っています。そうじゃなくっても難波には港がありますので、そういう役目を背負ってやってくる人が多かったと思います。ですから難波自体が、もとから外交関係の役所があったところでもありますので、そういう色彩はすごく強かったんじゃないかなと思っております。早良(さわら)ですけども、ここは在地豪族の力がけっこう強かったところだと思いますので、対岸の新羅とのパイプのあるところで、そういう交流のなかで集中的に早良に入ったということが考えられます。

栄原 そうすると、早良への入り方はちょっと違っていて、むしろ福岡平野と難波や飛鳥とを比較するほうがわかりやすいという、そういうことですね。

寺井 そうですね、はい。

栄原 わかりました。おもしろいですね。今の話とても大事やと思います。つまり新羅や百済の土器から何がわかるかという問題だと思うんですね。外交使節あるいは外交に関係する人たちにかかわる土器だろうというお話でしたので、それであれば土器の出土のあり方から外交のあり方を考えることは可能なんだろうなと、今聞いてて納得いたしました。

大阪で百済の人は生き延びたが土器は継承されなかった

栄原 それとちょっと関連するんですけども、やっぱり大阪ですから難波についてもうちょっとお聞きしたいんです。先ほど最後に七世紀の中頃以降、百済、新羅の土器が出てこなくて意外な感じを持った、とおっしゃったと思うんですけども、私もすごく意外に思いました。百済はたしかに六六〇年に滅んでますが、大阪は百済系の人たちがずっといる場所ですよね。百済の王族が難波に住んでいて、そこから豊璋(ほうしょう)が百済に帰りますけども、百済滅亡後にやってきた人たちは、難波に置かれたことが多い。ほか滋賀県とか関東地方にも置かれますが、難波には八世紀の後半ぐらいまで王族・貴族を含む百済一族がずっとおるんです。そうすると、何で難波で百済系の土器が七世紀後半、八世紀になって出てこないのか、非常に大きな疑問なんですけども、そこはいかがですか。

寺井　まずですね、百済土器という土器の様式なんですけれども、これは近年の韓国の考古学の研究成果を見てもそうなんですが、百済が滅んだらもうなくなります。

栄原　なくなる?

寺井　ええ。これはものすごく極端なあり方で、朝鮮半島全部が新羅の土器様式になってしまうんです。おそらく土器生産の体制自体も、百済が滅亡することによって解体・消滅し、新羅に乗りかえられてしまったと思います。ですから、百済の亡命人とか関連する人が来てたとしても、本国に百済土器自体がもうなくなってしまっているので、そこからはトレースできないと思います。

栄原　ええー、そうなんですか。驚きました。白村江の戦いで負けた後、百済から何千人の単位で人が来たと思うんです。そのなかにいろんな技術者が含まれてたはずなんで、当然、土器をつくれる人もいたんじゃないかと思ってたんですけど、そうではないんですか?

寺井　現象面で見ると、百済土器を継承しているようなことは、ちょっと読み取れないですね。ただよく言われるのは、たとえば大野城を築城するときに百済の土木技術を使ったということはありますので、人が来てるのは確かだと思うんです。ただ土器に関して見たときに、生産体制自体が崩壊してしまっているので、土器からは百済の名残を追うことはできないのではと思ってます。

栄原　うーむ、土器はわかりました。そうすると百済的要素というのは、七世紀中頃を境にして大阪からは消えちゃったんですか？　百済王族はずっとおるわけですが。

寺井　そうですね、ええ。天王寺区の細工谷遺跡を見てると、八世紀の末から九世紀初頭ぐらいのものですが、「百済尼」と書いてある土器が出ていますので、魂自体は百済のものを持っていたんじゃないかと思うんです。私は土器ぐらいしかわからないんですけども、百済の要素は継承されているという話を文献の人からよく聞くんですけども、物質文化的には正直いって追えないといいますか、よくわからないところがあります。そもそも本国のほうで百済的な物の生産が止まってしまっておりますので、土器からは追えないかなと思います。

栄原　ああ、そうなんですね。すごく興味深い話ですね。日本側の判断では、百済王家は日本の中で連綿と続いていく、日本の国内に百済国がずっと生き延びていくことになっています。そうであるにもかかわらず、物づくりの世界は、それとは対照的というか、違う要素があって、すごくおもしろいというふうに思いました。

難波に百済土器が多いことの意味

栄原　話が今日の主題とすこしずれましたので、もどしたいと思うんですけれども、百済土器は難波に多かったですけども、ほかではほとんど出てないんで、新羅土器で比較した場合に、この三つの地域での特色というのはあるんでしょうか。つまりこの地域ではこういう容器が多いとか、この地域では壺が多いとか、何か地域による違いというのはありますか？

寺井　たぶんそれはあまりないという印象は持っています。先ほど冒頭で申したとおり、容器類が多いという傾向は九州でもそうですし難波でも飛鳥でもそうです。その傾向はたぶん変わらないと思います。

栄原　ああ、そうなんですか、わかりました。もう一つ質問なんですけども、九州と飛鳥では百済の土器がほとんど見つかってない、一点とかそんな感じだというお話だったと思います。考古学の方に失礼な言い方かもしれないんですけども、百済土器というのはすごく見分けにくいというお話がありましたので、見分けられてないっていう可能性はありますか？

寺井　自画自賛するわけじゃないんですけども、図6の18番の土器はそれ以前から認識されていました。難波宮を造るときの整地層から出ていて、ひょっとしたらと思ったんですね。それで収蔵庫にこもって同じ調査地の土器をいろいろ引っ掻き回してほかの土器も見つけたということです。ですから私は、ひょっとしたら今後も出てくるんじゃないかという気持ちを持っています。

ただ一方で、難波にだけ百済土器が多いというのも、別の意味があるんじゃないかと思っています。やはり中央政権は、どちらかというと新羅寄りよりも百済寄りですので、窓口の難波に多いのは、それはそれで理解できることかなと思います。博多湾沿岸に新羅土器が多いのは、これはもうやっぱり距離的に近いからというのが大きな要因だと思います。その一方で、あちこちの専門家にこんな特徴の土器（百済土器）はないかと聞いているんですが、現状ではまだ見出せていません。ひょっとしたら眠っているかもしれないとは、心の底ではちょっと思っています。

栄原　うんうん。そうであっても、やっぱり百済土器は少なくて新羅土器が多いという傾向は変わらないんですね。

寺井　はい。それは変わらないと思います。

新羅土器の出土傾向と外交の実態に差がある

栄原　ああ、わかりました。そうするとですね、新羅土器に焦点を合わせた話にしますと、新羅は先ほど統一新羅の話もありましたように、八世紀、九世紀とずっと続いていくわけですね。そうであるにもかかわらず、難波では七世紀の半ば頃を境に出土しなくなった。新羅土器は非常に見分けやすいから、出ないということはかなり確実に言える。それから九州でも似たような傾向がある。ところが飛鳥では七世紀以降も続いているということでした。そしてそれは外交のやり方が違うことと関係するということでした。最後のほうは時間が足りなくて申しわけなかったんですけども、要するに難波の外交的な地位が、最初はちゃんと儀式をやってた場所から、だんだん素通りされる場所に変わっていくんだと指摘しはりました。そのために難波の外交拠点としての地位が失われていくんで新羅土器も出なくなったというお話は、それはそれでわかったんです。

しかし、そうするとまたちょっと疑問が出てきます。八世紀の難波では新羅土器が全然出ないというお話でしたけども、たとえば一例を挙げますと、有名な話なんですけども、大仏開眼会のときに新羅の大使節団が日本に来るんです。新羅と日本の関係は、八世紀は非常にぎくしゃくするんですけども、そのときは新羅王子の金泰廉(きんたいれん)という人を中心とする二〇〇〇人ぐらいの大使節団がやってくるんですね。その使節団のなかに、新羅商人がたくさん入ってたというふうに言われていて、その新羅商人たちが、品物をいっぱい売買するんです。その売買関係の史料が正倉院に残っています。その売買の場所が難波なんですね。

寺井 そうですね。

栄原 そのときも、金泰廉は基本的には難波にあった館(むろつみ)を拠点にして奈良に行って天皇に謁見したり、大仏開眼会直後に大仏さんを見るんです。そして難波に帰ってくるんです。だから難波がそのときの新羅使節団の拠点なんですね。だから八世紀ではまだそうなんじゃないかなと思うんですよね。ですから、廣瀬憲雄さんの整理にもあるんですけれども、そう簡単に難波が通過点だけになってしまった、というふうにはどうもいえないなあというのが、私の感覚なんです。そうすると、八世紀の新羅土器は何で出ないのかという、自問自答のような話になるんですけども、何て言うんですかね、外交の実態と新羅土器の難波における在り方に食い違いがあるように、私には思えるんですけども、そのあたりはどういうふうな考えでしょうか。

寺井 そうですね。今日は八世紀のことはだいぶ省略させていただいたんですが、現象面でいいますと、一点だけ図6の22に載せている土器が新羅土器なんですね。また平城京内でも幾つも出ています。数的にいうと奈良に集中しています。土器から見たらそうはいえます。それよりもっと多いのは鴻臚館なんです。

栄原 ああ、九州の鴻臚館ですね、なるほど。

寺井 ええ。やはり商人が介在してますので、鴻臚館で荷降ろしをしたり売買することはやってそうです。大宰府も点々と出ていますが、やっぱりいちばん多いのは鴻臚館ですね。

栄原 そうですか。

寺井 難波から出土してしかるべきかなと私も思って注意はしているんですが、現象面だけの話でいいますと見当たらないんです。何故かいな、と思います。その具体的な解釈は、私のほうではなかなか思いつかないんです。じゃあ八世紀の日本の土器は難波で出てないのかというと、そんなことはなくって、わりと出土してるんです。そういうなかでもないということは、見分けられてないんではないかという心配もあるんですが、焼成とかが全然違いますので、あったら注意すると思うんです。何でなんでしょうね。ほかにもたとえば薬や布などのやりとりもしてたんですね。そういう物のやりとりは土器にあんまり反映しなかったということも考えられます。土器だけではやっぱり説明が不十分でして、ほかの物質文化もしくは文献記述も総合的に検討していかないといけない課題かなと思っています。

栄原 今の話はとても興味深いっていうか、ある意味で重要な話ですね。今日のお話はだいたい七世紀に限定されていたと思うんですけども、私が八世紀に引きこんでしまって申しわけありませんでした。しかし外交関係とそれを反映する物の文化というものとの関係は、よく考えるべき問題をはらんでるかなと思います。文献史学のほうからいったら、難波は八世紀でも外交の非常に重要な場所であったことは絶対動かないわけですね。ところが土器についていえば、なかなかそうは言いにくいという状況がある。明らかに食い違いがあって、そこを埋める何かミッシングリングがきっとあるんだと思うんですね。そこら辺の差をつなぐような何かがあると思うんです。それは今後、お互いに勉強していきましょう。

ターニングポイントは六五〇年頃

栄原　ちょっと話題を変えて時期の問題にしたいと思います。難波では七世紀の中頃から後は新羅土器も百済土器も出てこない。百済土器は百済の滅亡で作らなくなったということでした。新羅土器も出なくなるというお話でしたけども、この七世紀中頃というのは、私たち文献を扱うものにとってはすごく気になるんです。七世紀の中頃のどこかというのが大問題です。というのは、ご承知のように六四五年にクーデターがあって、その頃からしばらくの間、難波に難波長柄豊碕宮を中心とする大化の新政権があったわけです。今日の話では、その後の六六三年の白村江の戦いに注目されました。しかし、大化の改新を境にしてなくなるのか、白村江の戦いを境にしてなくなるのかで、ものすごく大きな違いです。それで、七世紀中頃ということの中身をもうちょっと教えてほしいんですけど。

寺井　はい、タイトルのほうは、冒頭でも申しましたように、象徴的な意味で白村江としたんですけども、七世紀の中頃から後半にかけて、日本はいろいろ揺らぎもありますけれども、一歩一歩、中央集権国家に近づいていく時期だと思います。難波遷都もそうですし、その後また飛鳥に戻ってしまったり、いろんな揺りもどしはありました。ターニングポイントはいろいろあるかもしれないんですが、白村江を据えたのは、そのあたりを仮定的に境とするという意味で、あまりきっちりとした線引きはしていません。

もう一つ難波に関してなんですけれども、ここは考古学的にはすごくわかりやすい出方をするところでして、難波宮をつくるときに、たとえばこの大阪歴史博物館の周囲もそうですし、難波宮公園の周りも、今は平地ですけども、じつは谷がいっぱいあったんです。それを埋める工事をしてるんです。この難波宮の造成工事のときの整地層からは百済土器が複数出ていますし、また、難波宮直前に埋められた穴からは新羅土器が出ています。造営時の整地層より以降の土器というのは、不思議なことなんですけども、少ないというのが実態です。ひょっとしたら新羅土器や百済土器が少ない点は、それに比例しているのかもしれません。絶対量として遺物量が多いのは六五〇年までの段階だと思います。ですから考古学では大化改新を境に変わりましたというのは、なかなか言いにくい資料的な限界がありまして、ぼんやりと、やはり六五〇年頃かなという理解をしています。

栄原　ああ、はい。わかりました。この時代は律令制の形成に向けて、本当に一年刻みでどんどん変わっていく時代なわけですね。ですから私たち文献で研究する人間は、数年刻みで勝負してるんです。一、二年の違いでどうやねんという議論をすごくするんで、七世紀中頃の何時であるかというのはすごく気になります。考古学の場合、土器の編年の限界もあって、年単位の話までは難しいということはよく承知してます。ですが、もうちょっと粘らせてもらいますけども、だいたいの傾向でいったら、どこら辺が境目になるのか、目安みたいなものはありますか。

寺井　どこで変わるかっていうことですね。

栄原　うん。そうそう。

寺井　やっぱり六五〇年頃じゃないかなと思っています。難波ではいちばん明瞭なので。あとは新羅の縦長連続文という模様が出てくる時期が、ちょうど統一時代のころなんですが、それが早良や難波では出ていないということもありますので、ちょっと幅をとるようですけども、六五〇年から六六〇年頃までに絞れるんじゃないかと思ってます。

栄原　うん、なるほど。

寺井　縦長連続文というのはすごく目安になるものなんです。それが難波や早良で出ていないというのは、年代的なことを考える上ですごく重要なことじゃないかと思うんです。

栄原　いやー、よくわかりました。六五〇から六六〇年というふうにレジュメにあったんで、その一〇年ほどがすごい問題なんで、思わず反応してしまいました。これ以上はもうやめておきたいと思います。それで、福岡に注目しますと、もう一回確認ですけども、福岡平野の場合には、六五〇年以降も新羅の土器が出ていますが、さらに七〇〇年以降も出てるっていうことですか。

寺井　図では省略してますけども、大宰府近辺とか鴻臚館の周辺で出ています。

栄原　ああ、そうですか。すると福岡は大和と似ているということになりますね。そうすると、難波で出なくなるっていうことが、やっぱりいちばん問題だということになるわけですね。

寺井　ええ、そうですね。

栄原　先ほども言いましたように、新羅という国はずっと続きますし、日本と新羅の関係は、ぎくしゃくしながらも七世紀、八世紀とずっと続いていきます。外交と土器が関係するというお話でいけば、大宰府周辺、鴻臚館周辺、あるいは大和の飛鳥のあたりでずっと新羅土器が出続けるというのは、当然のことです。すると逆に何で難波では六五〇年、六六〇年頃を境にして新羅土器が出なくなるのかということが、やっぱりいちばん問題だということになって来ますね。

寺井　そうです、はい。

栄原　はい。わかりました。そこが私にはどう考えたらいいのかよくわからないところです。文献のほうからいったら、難波でも六五〇年、六六〇年以降も新羅土器が出続けてしかるべきだと思うんですけども、そうではないということの意味を、今後、考えていかなければいけないなと思いました。

それではだいたい時間になってきました。私は考古学は素人なんで、十分お話を引き出すことができず申しわけありませんでしたが、新羅土器の出方にはかなり地域的な特色があることを教えていただきました。特に難波に集中するということは、難波という地域の外交的位置というものと、どこかで関係してるだろうということがわかってきて、問題点も非常にはっきりしたのではないかと思います。不十分な議論しかできませんでしたけども、今日はこれで終わらせていただきたいと思います。どうもありがとうございました。

（会場　拍手）

複都制と古代難波

村元健一

はじめに

「複都制」とはあまり聞きなれない言葉かもしれません。現在の私たちの感覚では「都は一つ」というのが一般的だと思いますが、歴史的に見れば複数の都が置かれることは珍しいことではありません。都が複数置かれる制度、それを「複都制」と呼び、首都だけの「単都制」と対になります。「複都制」という言葉は瀧川政次郎氏による造語で、氏は一九六七年に「複都制と太子監国の制」という論文を発表し、「複都制」について総合的に論じられたのですが、結論は、古代日本の複都制は単に中国の模倣にすぎず、日本には不要のものであった、という制度の評価としては否定的なものでした。

日本古代の複都制を振り返ると、七世紀末の天武天皇の時から、奈良時代の終わり、長岡遷都まで、およそ一〇〇年にわたって続きます(次頁表、図1)。果たして仇花(あだばな)のような制度が一〇〇年も断続的に用いられたのでしょうか。また、中国の制度を移入したものと言われつつも、中国でも複都制に関する研究はさほど進んでおらず、実態の不明な点が多くあります。今回の話は古代日本の複都制を、中国複都制の実態と比較しながら考えていくという主旨になりますが、なぜ複都制にこだわるのかを述べておく必要があるでしょう。古代の難波は飛鳥時代から奈

表:主な複都一覧

	大和・山城	難波	その他	備考
天武	飛鳥（藤原）	難波	信濃か	天武12年（683）複都制の詔
持統	藤原	・		
元明	平城	・		
聖武	平城	難波		
	恭仁	難波	紫香楽	天平15年（743）、甲賀郡の調庸を畿内に準じて納めさせる。天平16年（744）2月、難波を皇都とする。
	平城	難波		
淳仁	平城	・	保良（北京）	天平宝字五年（761）、平城宮を改築するために一時的に保良宮にうつる。ここに北京をつくろうとしたが、民が疲弊していたため、２郡を畿県として庸をなくし、京に準じて調を課す。
称徳	平城	・	由義（西京）	神護景雲三年（769）、由義宮を西京とし、河内国を河内職とし、藤原雄田麻呂(後の百川)を河内大夫とする。
桓武	長岡	廃止		

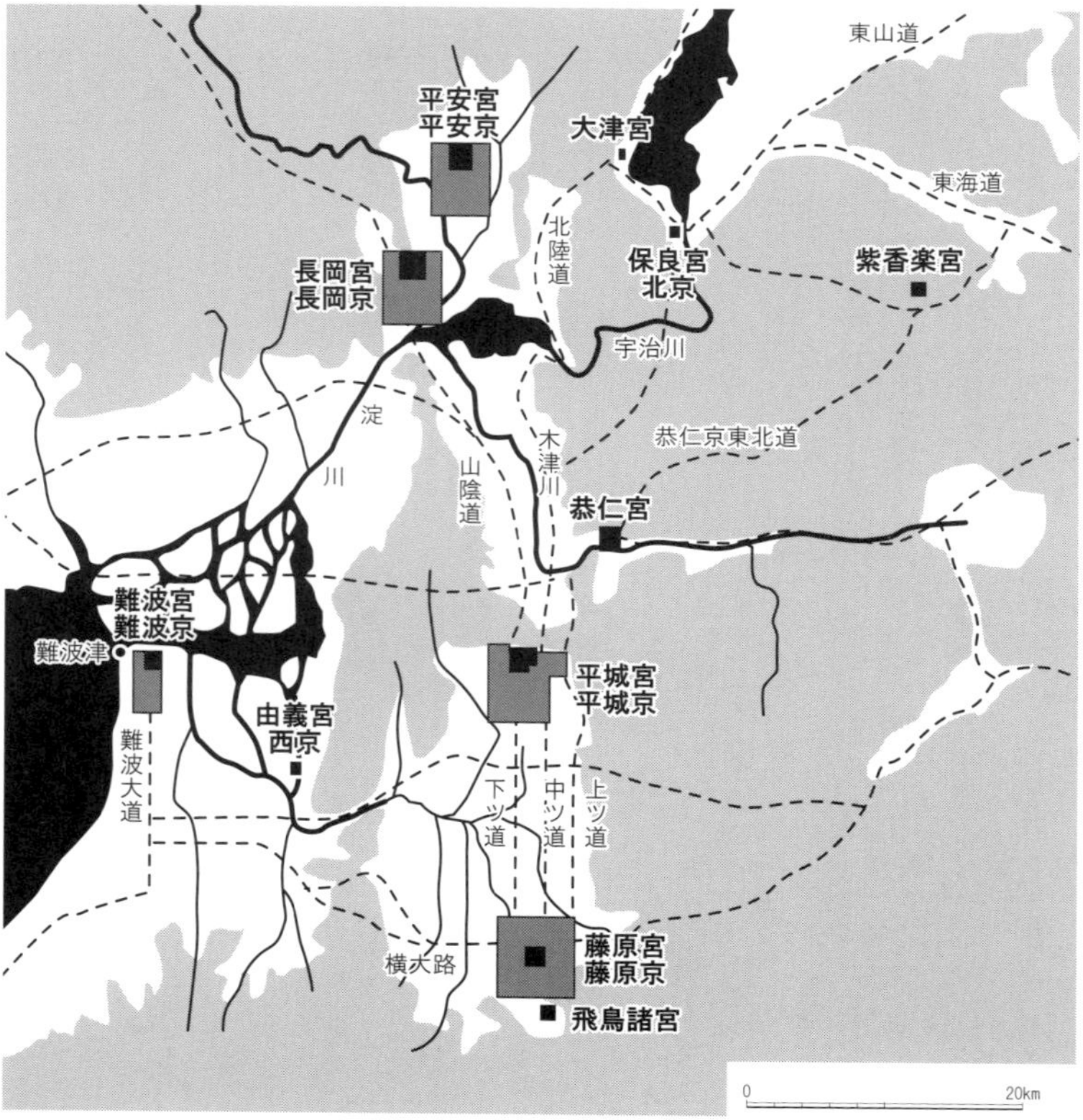

図１　日本古代の主な宮都（〔山田邦和 2016〕所掲図を基に作成）

良時代にかけて都が置かれていますが、同じ時期に飛鳥や平城にも都が置かれています。古代日本の複都制は難波を抜きに考えることはできず、この制度の実態解明が古代難波を考える上で重要なポイントになると思っているのです。

それでは少し駆け足になりますが、古代の中国の複都制を見た後、日本との比較を行い、複都制の役割について考えてみたいと思います。

一　天武天皇の複都制の詔と中国の複都制

『日本書紀』を読んでいますと、天武天皇一二年（六八三）一二月に次のような詔が登場します。現代語にして見てみましょう。

そもそも都城宮室は一か所ではなく、必ず二、三つくるべきだ。そこで、まずは難波に都しようと思う。官人達はそれぞれ行って家地を請求するように。

これが天武の複都制の詔と呼ばれるものですが、それまで歴代の天皇は複数の都をつくろうなどということは考えていません。それがなぜ、この時点で唐突に、しかも「必ずつくるべき」とされたのでしょうか？

まずは同時代の中国の様子を見ておきましょう。天武により複都制の詔が出された六八三年は唐の永淳二年にあたりますが、一二月四日に弘道と改元します。まさにこの改元の当日、唐の第三代高宗李治は、長安への帰還を切望しながら東都・洛陽で五六歳の生涯を閉じました。皇后武氏、すなわち則天武后に実権を奪われた中での崩御でした。天武への複都制の影響を考えるという点では、唐の高宗期までを対象にすればいいということになります。

では、少し時代を遡り、隋から唐の高宗までの中国の都城の変遷を見ておきましょう（図２）。

分裂していた中国をおよそ三〇〇年ぶりに統一した隋は二代で滅亡した短命の王朝です。しかしその短い期間で成し遂げた業績は大きく、後に続く唐の繁栄の基礎となりました。唐の都として名高い長安、洛陽という巨大都市も隋の遺産です。それでは時代順に見て行きましょう。隋の初代皇帝、文帝楊堅（ようけん）は、都である大興城を新たに築きます。東西九・七キロ、南北八・六キロの長方形でその北側中央に宮城を配置し、都城全体を碁盤目状に区画した巨大な計画都市です。整然とした都市がこれほどの大きさで築かれたことは、中国の歴史でもなく、まさに未曾有の都城でした。これがそのまま唐に引き継がれ、唐の長安として東アジア各地の都市に大きな影響を与えることにな

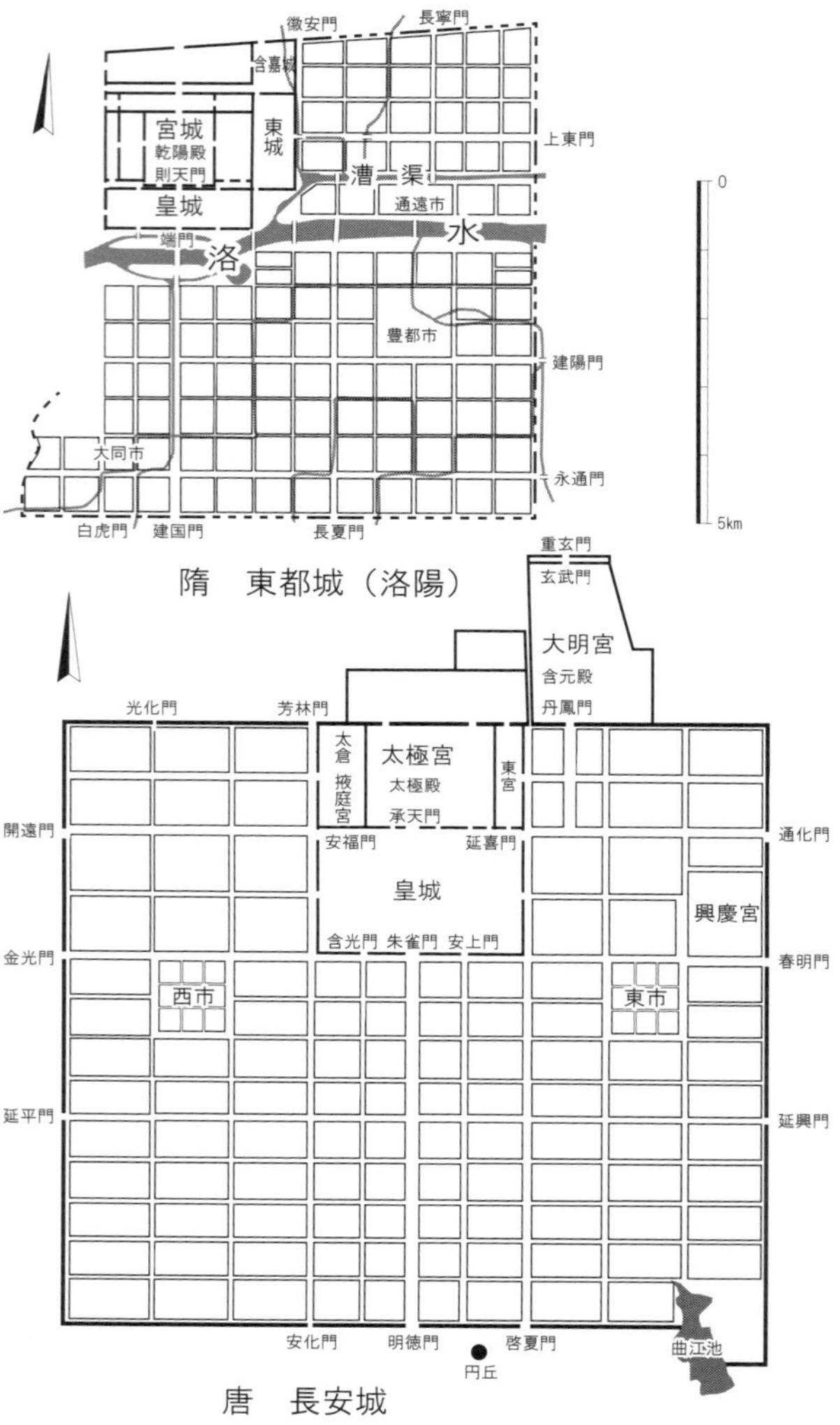

図２　隋唐の長安と洛陽
（長安は宿白「隋唐長安城和洛陽城」『考古』1978年6期所掲図、洛陽は李永強『隋唐大運河的中心――洛陽』中州古籍出版社、2011年所掲図を基に作成）

ります。

隋の文帝がこれほど巨大な都市を築いた理由は、これまで南北に分断されていた中国の統一が目前に迫っていたこと、様々な歴史や文化を有する多民族を支配する王朝であること、そして長い歴史を誇る中華帝国の正統な継承者であることを誇示するためであったと考えられます。一方で文帝には洛陽に都を置こうという考えはなかったようです。離宮としては大興城の北方にある仁寿宮（じんじゅきゅう）を好んで用いていますが、ここは山の中であり、広大な都をつくることはできません。したがって隋文帝の都城構想は、大興城だけの単都制ということができます。なお、中国では首都を表す言葉として「京師（けいし）」という熟語がありますので、以下はこの言葉を用いることにしましょう。

文帝を継いだのは暴君として名高い煬帝楊広です。実際には非常に積極性のある皇帝で、暴君というのは唐代につくられたイメージなのですが、即位にあたり皇太子であった兄を追い落としたという後ろめたさがあります。そうしたこともあってか、煬帝は父である文帝が築いた大興城とは別に、洛陽に自身の新たな都城をつくり始めます。当初は東の京師、「東京」と呼んでいましたが、「京」が二つあるのはまずい、という意見があり、「東都」と改めます。この城も唐に継承され、唐の東都洛陽となります。

煬帝の築いた東都城は大興城の設計を継承しますが、複雑な自然地形のため、いびつな形になっています。都城の中央を東西に洛水が貫き、その北側に宮城を築いています。都城や宮城の規模は大興に比べ少し小さいのですが、それでも大規模な都市でした。さらに宮城や門楼などの建築は江南に栄えた南朝文化に心酔していた煬帝の嗜好を反映し、非常に絢爛たるものだったと言われています。煬帝はこの洛陽を自身の拠点としますが、父のつくった大興城の京師としての地位を奪うことはありませんでした。ここに隋は京師・大興城と東都・洛陽が併存する壮大な複都制を採ることになったのです。

なお、洛陽は単に中国の中心という地理的な条件だけでなく、煬帝が築いた大運河の終着点ともなり、経済的な重要性を一気に高めています。煬帝の東都造営は、単なる都城の建設にとどまらず、帝国全体の物流や貢納体制を考慮したものであり、煬帝のスケールの大きさが分かる事業なのです。

さて、煬帝は隋と北東で国境を接する高句麗との戦争に失敗し、それが引き金となり、自身だけでなく王朝も破滅に追い込んでしまいます。かわりに新たな王朝を築いたのが、煬帝のイトコであり、隋の高官でもあった李淵（りえん）です。以後およそ三〇〇年にわたって続く大帝国・唐の初代皇帝で、高祖と呼ばれます。李淵は隋の大興城を無傷で手に入れ、長安と改名した上で、唐の京師とします。つづいて洛陽を攻略し、その占領後、煬帝の暴政の象徴として建国門、端門（たんもん）、則天門、乾陽殿（けんようでん）を破壊します。いずれも東都の中軸線上の建物で、日本の平城京に例えるならば、羅城門、朱雀門、大極殿を壊したことになります。贅沢の限りをつくした煬帝の政治を改めるというパフォーマンスの要素が強いのでしょう。

唐の高祖は長安を重視し、単都制をとります。東都だった洛陽は、地方都市として「洛州」に格下げされます。二代皇帝の太宗李世民は洛陽を復興し、「洛州」を「洛陽宮」と改めますが、都を置くまでには至りませんでした。洛陽を再び「東都」としたのは三代高宗李治の時です。高宗は即位八年後の顕慶（けんけい）二年（六五七）に洛陽を東都とし、以後、頻繁に洛陽に行幸するようになります。それに伴い失われていた正殿も再建され、乾元殿（けんげん）と号され、煬帝の時の威容を取り戻しました。高宗の洛陽重視は、長安の食糧不足という経済的な問題も大きいのですが、永徽（えいき）六年（六五五）に皇后となった則天武后の意向が強かったものと私は考えています。こうして高宗の時になって、唐では初めて長安、洛陽が東西にならぶ複都制が現われます。それぞれの都城の規模は隋の文帝、煬帝が自身の本拠地として築いたものを継承していますので、他都市から隔絶したものでした。

二　唐の複都制が日本に伝わった経緯

さて、七世紀後半には唐の複都制がつくられました。ではこの情報はどのように日本に伝わったのでしょうか。遣隋使が隋の文帝の下に派遣された時には東都は存在しませんし、煬帝の時の使節は東都の様子だけしか知り得ません。では長安、洛陽の双方を訪れた使節団はなかったのか、と『日本書紀』を探していきますと、斉明天皇の五年（六五九）に派遣され、同七年（六六一）になって帰国した第四次遣唐使が注目されます。この遣唐使は、ちょうど唐の百済侵攻直前に唐に渡ったため、情報漏洩を警戒した唐により幽閉されたことで有名ですが、何よりも『日本書紀』に使節の克明な記録が『伊吉連博徳書（いきのむらじはかとこのしょ）』として引用されて残っており、一四〇〇年近く前の遣唐使達の行動を具体的に知ることができます。彼らの行動をまとめてみましょう。

斉明五年七月、二隻の船で出発した遣唐使一行は、北九州から対馬海峡を渡り、朝鮮半島経由で唐に渡る予定でした。しかし、百済の南まで来たときに暴風に合い、はるか南に流されます。同年閏一〇月一日に越州（現在の浙江省紹興市。上海のさらに南）に到着した一行は、急ぎ京師長安を目指します。長安到着は同月一五日、駅馬を用いたといいますが、かなりの強行軍です。おそらく大運河を用いて揚州、洛陽を経由して東から長安に入る主要幹線ではなく、最短距離でいく行程をとったと考えられます。一一月の冬至に行われる祭祀へ参加するためと考えられますが、これが裏目に出ます。ちょうど遣唐使達が越州を慌てて出立したころ、高宗は長安から洛陽へと移動していたのです。長安に着いた遣唐使達は休む間もなく洛陽へ向かい、同月二九日洛陽へ到着し高宗への謁見、冬至の儀礼参加を果たすことができました。

ここで使命を終えたのですが、唐が翌年に日本の同盟国である百済の攻撃を予定していたため、計画に支障を来すことを警戒した唐により使者たちは長安に幽閉されます。翌年九月になり、ようやく解放され、長安を出発、洛陽に着いた時に、降伏した百済義慈王や太子扶余隆らが引き立てられ、洛陽宮城の門前で皇帝から大赦されるという歴史的な瞬間に立ち会います。こうして第四次遣唐使は長安、洛陽を二度も訪れるという波乱に富んだ使節行を終え、百済復興のため九州朝倉宮に滞在していた斉明天皇に帰朝報告を行います。崩御の二カ月前のことでした。最初から最後まで異例づくしの使節ですが、それも『伊吉連博徳書』という記録が残っていることから知ることができるのです。

注目したいのはこの記録の中で、長安、洛陽のことをそれぞれ「西京」「東京」と呼称していることです。当時の唐の制度的な呼称では「京師」「東都」とあるべきなのですが、遣唐使の認識も、また遣唐使が接した唐の人々の認識でも、長安、洛陽は対等な「京」というものだったのでしょう。この認識が、遣唐使の報告を通じて斉明朝の日本にもたらされ、為政者たちの共通認識になったと考えられます。つまり、天武の考えた複都制とは、対等の京が複数併存する姿であったと考えられるのです。唐の高宗期前後の歴史を知ることのできる現在の目から見れば、そうした状況は唐の都城制の中でも常態とは言い難く、複都のうちのどちらかの都が主となる実質的な単都制というべき状況が長く、高宗期は特異な時期と言えます。しかし現地を訪れた遣唐使達はそのようなことは知る由もなく、ありのままを報告したのです。

それでは、次に天武朝から奈良時代の複都制の様子を見て行きましょう。

三　日本の複都制──難波を中心に

まず天武の複都制を見て行きましょう（図3）。当時、天武は飛鳥を拠点としていました。宮は後に飛鳥浄御原宮と呼ばれるものです。宮の遺跡は現在、飛鳥宮Ⅲ-B期とされるもので、ほぼ構造が明らかとなっています。飛鳥を中心にその北西方向の平野部に新たに方格地割、いわゆる条坊を設置します。後の藤原京に相当する都市域ですが、『日本書紀』天武紀に「新城」と記されているものがこの条坊区画と考えられます。一方の難波には孝徳天皇の難波長柄豊碕宮がそのまま残っていました（前期難波宮）。当時、日本に存在する宮室としては、飛鳥宮を凌駕し、最も大規模かつ整然とした平面形を誇るもので、そのプランは後の藤原宮の原型と言うべきものです。また

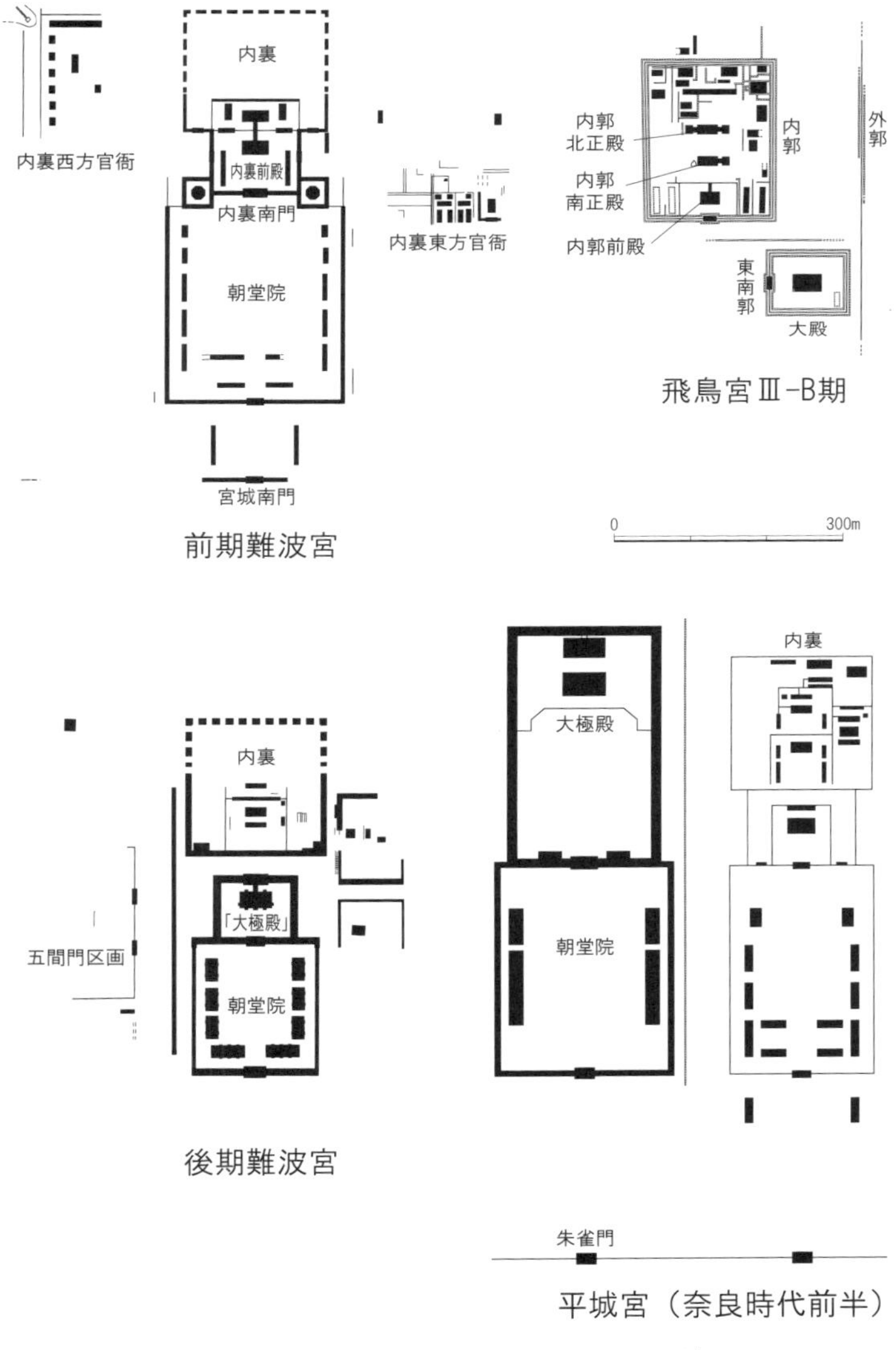

図3　古代日本の諸宮（筆者作成）

近年の研究では、難波宮の南方、四天王寺にかけての上町台地上に方格地割の施行が確認され、その始まりは天武期と考えられます（図４）。

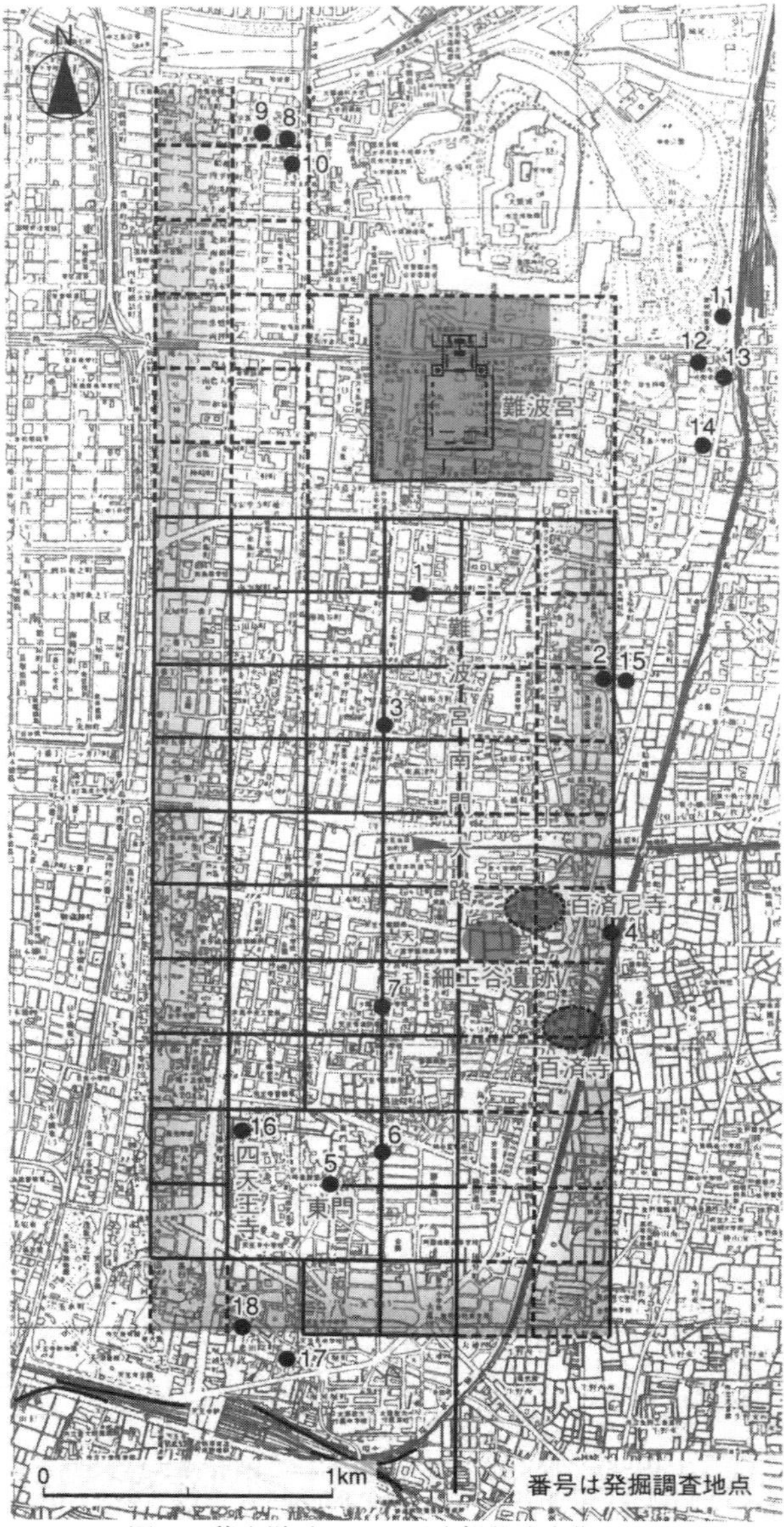

図４　積山洋氏による天武朝難波京復原図
（出典：積山洋『シリーズ「遺跡を学ぶ」95 東アジアに開かれた古代王宮 難波宮』新泉社　2014 年）

こうしたことから、天武天皇が構想した複都制とは、宮の周囲に方格地割を持つ京域を伴うものであったことが分かります。その目的は、天武の詔で書かれているように、官僚達を集住させることにあったのでしょう。

天武期は律令制への整備が進む時期ですが、制度的にも難波が京と対等ということが窺えます。天武が都を置く以前の天武六年（六七七）に難波の長官として摂津職大夫が置かれ、他の国とは異なる機構と体制をとっています。後に摂津大夫と呼ばれる官僚の初見ですが、行政組織の長官が大夫と呼ばれるのは京と同じであり、またその官位も京大夫と同等で、他の国の長官である守（かみ）よりも上位となっています。このように官僚制度の上からも京と難波がほぼ同格となり、他国とは明らかに異なる地域となっていたことが分かります。

天武の目指した複都制は、朱鳥元年（六八六）の難波宮焼亡により頓挫しますので、その全容は明らかでありません。しかし発掘された遺跡や官僚組織の上からは飛鳥と難波の双方がほぼ対等であり、唐の高宗期の長安、洛陽を彷彿とさせるものがあります。確証を欠きますが、天武の複都構想とは対等の都が併存するものだった可能性が高いと考えています。

朱鳥元年の難波宮炎上から奈良時代の聖武天皇による難波宮再建まで、難波の様子は良く分かっていません。ただ、この間も、文武、元正、聖武が「難波宮」に行幸した記録があり、天皇の行幸に使用できる「宮」が存在したことは明らかです。また、摂津大夫も継続して任命されていることから、難波の地位が下がっておらず、制度面では天武期と大きな変更はなかったことになります。

奈良時代に再建された後期難波宮は近年の研究により、一時的につくられたのではなく、複数の建設段階があったものと考えられています。このうち、内裏部分と五間門地区は、朝堂院や「大極殿院」に比べ時期が古くなる可能性があり、あるいはこうした地区や朱鳥元年の火災で焼失しなかった東方官衙地区の建物群が、文武、元正、聖武が行幸の際に用いた難波宮だった可能性も指摘されています。

聖武天皇の神亀三年（七二六）、藤原宇合（うまかい）が知造難波宮事に任命され、難波宮は姿を新たにします。天平四年（七三二）には宇合らに褒賞があったことから、この時点で工事は一段落したと考えられます。この後も工事は続くのですが、おそらくこの時に朝堂院、「大極殿」院が姿を表したのでしょう。この遺跡は後期難波宮と呼ばれています（図3）。八堂からなる朝堂院を有し、その北側に「大極殿」院、さらにその北側に内裏が配され、主要な構成は平城宮と共通するものとなっています。これは同じ聖武天皇の造営による恭仁宮や紫香楽宮と比べても非常に整然とした設計だったことが分かります。

しかし、平城と比べるとその差は歴然としています。朝堂の数、それぞれの殿舎の規模、そして宮城全体の面積のいずれもが明確に平城が難波のものを上回っています。このことから考えると、神亀三年の段階で、聖武の構想の中では平城と難波に明確に差を付けていたことになるでしょう。

これに関して述べておかなければならないのが大極殿のことです。現在、私たちは後期難波宮で最大の宮殿を「大極殿」と呼んでいます。しかし「大極」とは「太極」のことで、物事の根源、唯一のものであるということを考えると、平城宮や恭仁宮に大極殿がある段階で、難波宮にも「大極殿」が併存するとは考えられません。唐でも太極殿は長安だけにあり、同じ役割を持つ洛陽の宮殿は乾元殿という名前でした。後期難波宮の最大殿舎が何と呼ばれたかは不明ですが、すでに指摘されているように大極殿でないことは確かでしょう。したがって本稿では「大極殿」とカッコ付で呼んでおきます。

難波京のほうはどうでしょうか。発掘では条坊制の道路側溝と思われる正方位にのった八世紀の溝が、七世紀末のものよりも多く見つかるようになり、奈良時代には京域の整備が一層進んでいたことが分かります。ただし東西を湿地帯と海に挟まれた難波では、平城京のような広大な京域を設定することは不可能で、京の規模からも平城との差は歴然としていたのです。難波を統括する組織として摂津職が置かれ、摂津大夫が統括していたことは同じです。この時代、正式に難波京と呼ばれていたことは史料上も確認できます。『続日本紀』の記述から、主だったものを挙げておきましょう。

天平六年（七三四）九月一三日、難波京に宅地を班給した。三位以上は一町以下、五位以上は半町以下、六位以下四分一町以下とした。

難波宮再建工事が一段落した後のもので、「難波京」に官位に基づいて宅地が与えられたことが分かります。また平城から恭仁に遷都した後ですが、

天平十六年（七四四）閏正月一日。詔して百官を朝堂に集め下問した。「恭仁と難波の二京のいずれを都とすべきであろうか？」と。

この時は恭仁と難波の二つの「京」のうち、どちらを「都」とすべきかと問うています。ここでは恭仁と難波が同等に扱われていたことと、どちらか一方を「都」、この文脈に則して言うならば主たる都とするか、ということを問うていることに注目しておきたいと思います。また同年二月には、

二月庚申（二六日）、左大臣が勅を読み上げた「今、難波宮を皇都と定める。このことを理解するように。京戸の民は自身の意により往来するように」。

とあるように、難波が「皇都」、すなわち主たる都となっています。これは一時的なものでしたが、聖武朝では難波が京として認識されていたことは以上の史料からも明らかでしょう。

この後、難波には目立った記録はありませんが、桓武天皇の時に難波大宮が停廃され、摂津職も摂津国とされ、難波の都としての地位は実態としても制度上も失われます。しかし、飛鳥から奈良時代にかけての各都城の歴史を見ると、藤原京で一六年、平城京はいわゆる聖武彷徨の五年を挟んでおよそ七〇年です。平安京以前においてこれは極めて特殊な事例です。では次になぜ難波がこれほど重視されたのかを、複都設置の理由とからめて中国との比較の中で考えていきたいと思います。

四　日中複都制の比較

再度、中国、隋唐代の複都制を見てみましょう。すでに見たように、隋も唐も当初は大興城・長安城だけを京師とする単都制を採りました。この時、京師の周囲を畿内に設定します。畿内には王朝を支える貴族と言うべき重臣に与える土地があるだけでなく、全国から徴発された兵士たちの基地が多数置かれ、王朝の支配拠点となります。洛陽に新たな都を置いた際には洛陽の周辺を新たに畿内とし、同様の処置をとります。つまり隋唐で複数の都を置くことは、単に都を置くだけでなく、その周辺を含めて王朝の支配拠点を拡張するという意味がありました。これは複都制の実利的な目的の一つです。さらには煬帝により大運河と洛陽が一体のものとして設計されると、洛陽の経済都市としての役割は上昇します。有数の経済都市である洛陽を都としたことも実利的な役割と言うことができるでしょう。

ただ、都となるにはそうした実利的な役割だけでは不十分だったようです。王朝の正統性を示すために、何らかの象徴的な役割が期待されます。洛陽の場合は、周公旦(しゅうこうたん)との関係が注目されます。儒教は、かつて存在した西周を理想の王朝として描いていますが、その中で王朝の基礎をつくったとされる周公旦を理想化します。長安の附近の豊・鎬を都とする西周は黄河中・下流域（いわゆる関東。西周が滅ぼした旧の殷の領域）を統治する拠点として新たに成周という都城を築きます。これを築いたのが周公旦であり、その場所こそ洛陽だったとされています（正確には隋の東都のやや東方が成周の跡と伝承されています）。儒教を王朝支配の理論的支柱とする中華王朝にとっては、この「事実」は無視することはできず、何らかの形で洛陽に都を置こうとしたのです。この流れは後漢以降、北宋まで続いています。隋と唐が洛陽に都を置いたことは、この点を無視することはできません。

以上のように中国の複都設置には、実利的な役割のほかに象徴的な意味も重視していたことを述べました。この二点を日本の場合に当てはめて考えてみましょう。

まず実利的な意味ですが、難波は難波津という港があり、この港を王権が直接掌握するために都をおいたということは十分な理由になるでしょう。また壬申の乱の際、天武側の将として大和で活躍した大伴《おおともの》吹負《ふけい》は、河内方面から来攻する近江側の軍隊に悩まされます。これは難波を拠点として派兵された軍と考えられます。吹負は近江軍を破ったのち、難波小《お》郡《ごおり》に入り、そこから西国諸国に命令を出しますが、この時点で難波が西方支配の拠点の一つだったことが窺えます。難波を直接抑えることがどれだけ大事かを、天武天皇は乱を通じて痛感していたのです。

それでは象徴的な意味はどうでしょうか。『日本書紀』を読みますと、歴代の天皇の中で仁徳天皇の事績は非常に立派なものとされています。仁徳が実在したか否かはともかくとして、七、八世紀の段階で、理想化された仁徳天皇がいたとされたこと、その宮が難波高津宮《たかつのみや》とされていたことは注目されます。難波は歴代屈指の名君の都とされていたのです。この難波の歴史的象徴性は聖武天皇ではより具体性を帯びます。聖武が尊敬してやまなかった曾祖父の天武天皇が都を置いたのが難波であり、聖武はその天武の事績を再現しようとしたと考えられるのです。

このように、実利的、名目的な意味は日中の複都ともに共通すると言えます。一方で相違点もあります。難波は当初から畿内であり、中国のように新たな都の設置が畿内の拡張に結びつくということはありません。また、中国では数多くある都市の中から都とすべき町を選ぶのに対し、飛鳥、奈良時代の日本に都市はなく、いわば都づくりは都市づくりでもあったのです。そうした意味で、畿内に複数の都市を配することで畿内の強化と荘厳化、一言でいうならば「畿内の充実」ということを目的としたと言えるでしょう。

では、なぜ、難波に都が置かれたのかということを少し掘り下げて考えてみましょう。今述べたように難波のもつ実利的な意味、象徴的な意味はいずれも都とする上で重要な要素です。しかし果たしてそれだけでしょうか。「都の荘厳化」という視点で少し考えてみたいと思います。それは難波津を擁することで難波以西の諸国の畿内への表玄関であったことと同時に、中国や朝鮮諸国といった海外からの使節が来朝する場合も同じ役割を担ったということが鍵になると思います。

まずは海外から見て行きましょう。天武の末年に複都制が採られたのは中国の影響であることはすでに述べました。ただ、ほぼ同じ時期に日本のライバルともいえる新羅が五小京をつくり、新羅の複都制を完成させています。激しい外交上のさや当てを繰り返した新羅に対し、遜色のない複都制をとっていたことを表玄関である難波で示すことは意味のあることであったでしょう。

一方、国内に都市は存在しませんが、地域の中核となる国衙、郡衙などの官衙群の整備は七世紀末ごろから各地で本格化します。これらの官衙は中央の権威を地方に浸透させるものとしての役割を果たしますが、一方で、それらに対して著しく見劣りのする景観が王権の中枢にあっては都合がよくありません。こうした国内外双方への対応のため、表玄関である難波津に宮室を設けるだけでなく、京という都市をつくりあげることで畿内の入口の荘厳化を図ったと考えられるのです。

以上、難波を事例として都が置かれた原因となる要素を検討しました。その結果、①地域の実利的要因、②地域の象徴的・歴史的要因、そして③として①②を総合化して地域と王権の荘厳化という三つのポイントを挙げました。比較として同じく奈良時代に複都の一つがおかれた北京の保良(ほら)や西京の由義(ゆげ)を見ておきましょう。前者は藤原仲麻呂（恵美押勝(えみのおしかつ)）、後者は道鏡というように、時の実力者の拠点に近いという共通点があります。保良には②は決定的に不足します。由義にいたっては全ての要件で合致しません。こうしたことから、いずれの京も極めて短命に終わらざるをえなかったのではないかと考えています。

おわりに

古代難波を考える上で、重要な制度である複都制について、中国との比較をしながら考えてきました。中国との相違点として、①「畿内」の拡張が見られないこと、②都市をつくり上げる必要があったことの二点を指摘しました。これらの相違点から、日本の複都制は王権の中枢である畿内に新たに都市をつくり、畿内の充実を図ることが目的だとの見通しを立てました。

難波に複都の一つが置かれる理由としては、①地域の実利的な重要性、②地域の象徴性・歴史性に加え、③王権の荘厳化という三点を挙げました。これらの要素は時の権力者により設けられた北京の保良や西京の由義とは異なる点であり、難波が都として長期間存続したことの原因となると考えられるのです。

参考文献

栄原永遠男二〇〇三「天武天皇の複都制構想」『市大日本史』6
二〇一四『聖武天皇と紫香楽宮』敬文舎
二〇一五「聖武天皇の印南野行幸と難波宮の造営」『大阪歴史博物館研究紀要』第13号
積山洋二〇一三『古代の都城と東アジア――大極殿と難波京』清文堂
二〇一四『東アジアに開かれた古代王宮 難波宮』新泉社
瀧川政次郎 一九六七「複都制と太子監国の制」『法制史論叢 第二冊 京制並びに都城制の研究』角川書店
奈良女子大学古代学学術研究センター 二〇一〇『都城制研究（四）東アジアの複都制』
橋本義則二〇一一「日本の古代宮都――内裏の構造変遷と日本の古代権力」『古代宮都の内裏構造』吉川弘文館
山田邦和 二〇一六「日本古代都城における複都制の系譜」仁木宏編『日本古代・中世都市論』吉川弘文館

山元章代 二〇一五「古代日本の大極殿と『大安殿』」舘野和己編『日本古代のみやこを探る』勉誠出版
李陽浩 二〇一六「中期難波宮をめぐって――朱鳥火災後の整理作業と後期難波宮の造営過程」『ヒストリア』256号
利光三津夫 一九五九「摂津職の研究」『律令及び令制の研究』明治書院（のち名著普及会復刻）
拙稿 二〇一〇「中国複都制における洛陽」『都城制研究』四（のち二〇一六『漢魏晋南北朝時代の都城と陵墓の研究』汲古書院所収）
二〇一五「隋の大興、洛陽の二つの宮城」『郵政考古紀要 第62号 積山洋先生退職記念特集号』（のち『漢魏晋南北朝時代の都城と陵墓の研究』前掲所収）
二〇一七「隋唐初の複都制――七世紀複都制解明の手掛かりとして」『大阪歴史博物館研究紀要』第15号

＊　＊　＊

栄原　それでは、残りの時間、私のほうから質問させていただいて、いろいろ教えていただきたいと思います。実は、私、今回が今までのなかでいちばん緊張しております。なんでかというと、今回のお話は私の専門分野にかなり近く、専門分野やのに、あんなしょうもない質問しかでけへんのかと言われそうで、それがいちばん心配なんです（会場、笑い）。

複都と副都

栄原　じゃあ早速始めたいと思います。いちばん最初のところで、複都制という言葉について説明をしていただいたと思います。複都制というのは国家の制度で、複数の都があるということでした。天武朝から始まって、長岡京に行くときに、難波大宮を廃止して長岡京に一本化されたことで複都制は終わる。七世紀の終わりぐらいから、八世紀の終わり近くまでの約一〇〇年に限って存在していた都の制度だと、そういうお話だったと思います。
そこでまず、私のほうからお聞きしたいことがあります。ときどき複都制の「複」という字を正副の「副」という字で使っている方がいらっしゃいます。これは主たる都と副たる都をはっきりと区別する用語ですが、今日の村元さんのお話では、そういう軽重の差というか、主たる都と副たる都の区別は、どのように考えてはるんでしょうか。まずそのあたりからお聞きしたいと思います。

村元　都の主と副の違いということですが、今回、その点につきましては悩みました。当初の天武期の段階では、主・副の違いは、そんなに明確ではなかったと考えています。それが聖武天皇の時代になりますと、いろんな説があるところですけども、やはり主・副の違いはあったと考えていいんじゃないかと考えました。それは理屈としては非常に単純で申しわけないのですけれども、宮室の規模が違う。平城宮と後期難波宮を比べたときに、かなり規模が違うということで、主・副はあったんじゃないかと思ったのです。

栄原　そうすると、天武天皇が構想していた複都制と聖武天皇の時代の複都制とは、ちょっと違うところがあると理解されてるわけですね。

村元　ええ。複都制というのを、時代によって変化するものだと考えてみたらどうか、ということです。

栄原　そうですか。それは重要な視点ですね。天武天皇の時代、主たる都と副たる都という区別はあまりなかったんではないかというお話でした。それは、遣唐使の一員であった伊吉連博徳（いきのむらじはかとこ）という人の日記にも出てきますが、中国における行動を克明に記録をして、帰ってきて政府に報告書を提出しました。それが『日本書紀』に、かなりの分量で何か所かに納められています。それを見ると、この伊吉連博徳という人は長安と洛陽をあまり区別しないで、単に東京と西京という程度に理解していて、それを日本は受け継いだって理解でよろしいですか？

村元　そうです。

栄原　そうすると、質問ですけども、天武天皇のときに複都制があった。その複都制は、難波宮が燃えたあとも、どういう実態かわからないけども、ずっと維持されてきて、聖武天皇までつながっていく。燃えているのに、聖武天皇のお父さんの文武天皇や、それから元明天皇は難波宮に行ってる。摂津職という、難波全体を治める役所も存続している。そういうことから、燃えたあとにも、どうも複都制というものはあったらしい。それを受けて、聖武天皇が新たに都を作ったという話になると思うんですね。そうすると、聖武天皇がやったことというのは、複都制としてはずっとあるわけですから、複都制の復活じゃなくて、複都の一つの難波宮の機能が弱くなってるから、そこを充実させるという意図になりますね。そうすると、聖武天皇は最初から首都と副都の差を意識している。そのことは、最初の天武天皇までさかのぼるというふうに考えてはいけないですか？

村元　そうですね、天武がどう考えたか、もうすこしわかればいいんですけども、主・副の差がつけられるかどうか、正直悩ましいところです。最近復元されてます難波京を考えますと、天武朝の新城（藤原京の前身）と比べても、さほど遜色のない規模の都城が構想されていたようです。そういうことからいいますと、主、副をつけるのは、ちょっと躊躇するというところです。

栄原　そうすると、やっぱり首都は平城なんだと。難波宮は副のほうの都として位置づけるんだと。これは聖武天皇がそう位置づけたと理解したらいいんですね？

村元　そうですね。いちおうそういうふうに考えてます。

難波宮はなぜ廃止されたのか

栄原　なるほど、わかりました。それで、もう一つ大きなことをお聞きしたいんですけれども。なんで長岡京で、日本の複都制終わっちゃったのか、というのが私はずっと疑問です。さっきのお話だと、中国の制度が刺激になって、日本でも複都制が導入されたというお話だったと思います。中国の場合は、唐のあとも複都制はあるわけですよね。

村元　そうです。

栄原　おもしろいですね。日本では、要するに難波宮をやめるという形で複都制に終止符を打った。そこが中国とすごく違う点だと思うんですね。そこが、複都制を考える上で重要な点かと思います。なぜ難波宮をやめて長岡京に一本化したのか。長岡京の位置づけについては、いろいろな考えがありますけども、平城京と難波宮を、長岡京あるいは平安京に一本化したんだと私は思ってます。そうすると、唐や新羅などの周りの国々では複都制が続いているなかで、日本は複都制に終止符を打ったということになります。そこのところについて、どんなふうにお考えでしょうか？

村元　長岡遷都をどう捉えるかは、いま館長がおっしゃられたように、複都を一本化する、複数の都を一つにして単都制にするというふうに言われておりますけども、それがなぜ起こったのかは、私も考えてるところです。一つは難波京の機能低下ということが言われております。実際に、長岡京では淀川の港湾を京内に取り込むということで、港と都城の一本化が進んだといわれます。それはその通りだと思うんですが、それじゃあ、一本化するのなら、そもそも複都にする必要はなかったのではないか、という点はよくわからないですね。

　そもそも私が複都制に関心を持ったきっかけは、古代国家でも中央集権制への流れは当然あると思うんです。中央集権制を取るときに、当然都は一つのほうが考え方としてはすっと納得できるんですね。要はナンバー2はいらないわけで、それにもかかわらず、どうして複数の都を置くのか、複数の都にはどういう役割があるのか、というのがやっぱり疑問なんです。ちょっと話は逸れますけども、モンゴルが中国に入ってきたとき、遊牧民は夏の都、冬の都というのを作ります。王権が季節によって移り変わって、支配拠点をさっと入れ替えるというのは非常にわかりやすい。でも、バックアップのために複数の都を置く必要は、果たしてどれだけあるのかというのは、やっぱり解けない謎なんです。中国でもそのへんの研究は進んでいません。

栄原　本当にそうですね。

村元　唐の高宗朝のあとの都がどういうふうに変わっていくかということですが、唐はそのあと一度滅亡します。則天武后が高宗の死後に周という王朝を作りますが、そのときに洛陽を都にするんですね。高宗が長安と洛陽の二つの都を作りましたけども、実は洛陽を重要視するようになるのは、則天武后が皇后になってからで、私は、則天武后が主導した事業じゃないかと思っています。則天武后は洛陽を本拠地にしまして、長安は廃止しないんですけれども、実質的には洛陽の単都制になります。則天武后の死の直前に唐が復活しますけども、長安が重視される方向にもどってきます。洛陽は単なる経済都市になっていく。構想上は長安と洛陽はほぼ互角ですが、長安単都制といってもいいぐらいに変わっていく。ただ、形としては洛陽はずっと都として残り続けるということなんですね。名目的な都として残り続けます。日本の場合は、名目的な都も廃止するということですので、どういうふうに考えたらいいのか、今後の課題にしたいと思っております。

栄原　そこが私は、複都制を考えるすごく重要な点かなと、前々から思ってるんです。きょうのお話の最後のところで、難波が複都になった理由として三つ挙げられました。まず地域の重要性ですね、難波津が重要な経済的な機能を持っていました。それから地域の歴史性。これは象徴的なものですね。仁徳天皇の難波高津宮（たかつのみや）が置かれた。その前に応神天皇の大隅宮がありますけども。仁徳天皇が重要だと思うんですね。仁徳天皇の高津宮が置かれたという歴史的な由緒っていいますか、そういう地域です。以上の二つをさらに統合する形で、王権を飾るということがあります。これは外国からの玄関口であるというようなこともおっしゃられたと思います。この三つの要素が、難波をして複都たらしめた理由なんだというお話をされたと思います。これでいいですね。

村元　ええ、そうです。

栄原　このうち一、二は、難波という地域柄のことなんでずっと変わらないと思うんです。先ほどちょっとおっしゃいましたけども、奈良時代の終わりぐらいから難波の機能が低下していって、神崎川から淀川に入って、長岡京、平安京に行ってしまうんで、難波にはあまり人や船、ものが来なくなるんだというお話でしたけど。最近では、必ずしもそうではない、奈良時代の終わりから平安時代にかけて、難波はそれほど衰退したと考える必要はないという研究も出てきております。本当にそうかどうかは、今後、主として発掘調査によって明らかになっていくと思います。そのように考えると、若干強弱あるかもしれないけども、難波地域の重要性とか、歴史的な象徴性とかはずっと変わらないと思うんですね。それなのになんで難波宮は廃止されてしまうのか。建物は解体されて長岡京に運ばれたものもけっこうある。瓦も長岡京に運ばれて再利用されているということもわかってきているんです。そうすると最後の王権の荘厳化ということが問題なのかな、と思うんですが?。

国家の表玄関としての必要が薄まった

栄原　さっき、よくわからないとおっしゃったのに、追い打ちみたいな話なんですけども、難波が複都として果たしていた機能は後代どうなっていくのか。前だってそうなんですよね。天武天皇の前だって、難波の地域としての重要性はあったし、仁徳天皇の宮があるという伝承は当然ずっとあったわけですよね。そのなかのある時期だけ複都制になってるという、そこの説明がよくわかんないんですけども、いかがでしょうか?

村元　最も難しい問題ですので、私も悩んでるところです。今のご質問は二つあったと思うんですが、一つ目の天武天皇の前はどうなのかということなんですが。条件は当然変わらないのですが、孝徳天皇が難波に都を持ってきたのは、まさにそういった理由によるんだろうと思います。

もう一つの、長岡以降の難波の位置づけなんですけども、館長がおっしゃられたように、最近の研究では、平安期になっても難波周辺は、けっこう遺跡としては立派なものが存在しています。たとえば大川北岸の天満ですが、都で使われるような青磁がけっこう出てくるんですね。難波というのは決して衰退していないという説が出てまいります。ただ、神崎川の掘削によって、兵庫から難波を通らなくても京都に行けるルートができたということは、やっぱり重要だと思います。以前は必ず通らないといけなかったのが、必ずしも通らなくてもいいようになり、別のバイパスができたというのは、かなり重要なことではないかと考えています。

栄原　それはその通りですね。

村元　それと、国家的な港としての役割とその港の繁栄とは、切り離す必要があると思います。最近の研究では、難波津が中世の渡辺津に変わっていくと考えられていますけれども、国家の表玄関としての港の役割は、遣唐使もなくなっていますので、薄れていってるのではないか。外国からの船、大型船がこのあたりまで来ることがなくなった。だから、難波を荘厳化する必要が徐々に薄れてきてたんじゃないかと考えているところです。

栄原　だいぶわかってきました。国家の玄関口としての難波の重要性のお話だったと思います。その場合に、やっぱり大宰府とか博多の問題を併せて考える必要がありますね。外交使節がまず来るのは大宰府です、大宰府やその前身組織で外国の使節をいったん受け止めて、来日目的などをいろいろ調べて、初めて難波まで入ることを許されるんです。難波には大郡とか小郡とか、それから難波の客館ですね、外交使節に対応するような役所や施設があって、二段階になってます。その上でやっと都までいけるという、ある意味三段階です。これは中国がそうだと思うんです。遣唐使が到達した現地で、取り調べというか調査を受けて、やっと長安や洛陽に行くことが許される。そういう点はよく似てます。日本の場合、大宰府、難波、都という段階であったのが、今おっしゃったようにバイパスができて、難波は国家の玄関口としての必要性が薄まり、長岡京や平安京と博多、大宰府という二段階に切り替わったという理解になるんでしょうか?

村元　イメージとしてはそういうふうになるのかなと考えております。

栄原　そうすると、よくわからないんですけども、これまで三段階でやってたのが、なんで二段階でよくなったのか。それは難波の地形とか、いろいろな問題が絡むんでしょうけども、それやったら兵庫津もあるので、そこでもう一段階設けてもよかったんじゃないかなどと、いろいろ想像してしまいます。長岡京、平安京の段階になると、大宰府でいったん受け止めて、あとは平安京のなかにあった鴻臚館で受け継ぎ、次はもう天皇に謁見することでよくなったんですね。

村元　そういうイメージですね。

条坊を引くということ

栄原　わかりました。もう一つ、今日おっしゃられたことですごく重要な視点は、中国の複都制の場合には、ええと、これ、キデン（畿甸）と読んだらええんですか？

村元　キデンです、はい。日本の畿内にあたります。

栄原　洛陽は畿甸の外なんで、洛陽を複都にすることによって、日本でいう畿内の充実ということが考えられる。それに対して日本の場合は、難波宮はもともと畿内にありますから、そういうことは考えられない。で、中国の場合には畿甸の充実ということ以外に、もう一つ、すでに存在している都市を複都にしたらそれですんだ。ところが日本の場合には、難波がどの程度都市的な様相を持っていたか、すごく考えないといけません。碁盤の目の条坊制という点に限定していえば、難波には天武天皇のころには条坊制があった。それ以前の孝徳朝にあったかなかったか、大問題ですが、少なくとも天武天皇、それから聖武天皇のころには、碁盤の目の条坊制があった。今日のお話ではそれを都市とおっしゃって、それが増えたから畿内が充実したとされました。そこのところが中国とすごく違うんだという話でした。私はそこまで考えていませんでしたので、なるほどそうだなあと思いました。日本の場合、条坊を作るということの意味に関わってくると思うんですね。

村元 はい。そのとおりです。

栄原 条坊ができたからといって、そこに人がいっぱい住んで都市になるかどうかはまた別の話だと思います。貴族に宅地を賜っても、住まへんかもしれないし、いろんな問題があると思います。天武天皇以来、条坊的な区画を作り人を住まわせて、都市的なものを作ろうとしたんですね。

村元 ええ。

栄原 そのことはよくわかったんですけれども、そうすると、条坊的な区画をつくっていくことが畿内の充実になるのか。さっきも言いましたように、難波はすでに都市的な場所であって、そこを複都にしたということと、それに条坊を引いて複都にしたということは、ちょっと違うと思うんです。

村元 そうですね。

栄原 そうすると、条坊を引いた場所が増えるということが畿内の充実になるのかどうか、そのあたり教えてほしいんですが。

村元 このへんは考え方を整理しないといけないんですけども、都市を作るというのが重要だったと思います。日本では自然発生的な都市がありませんので、都市を作る場合どういうことをするかを考えると、土地区画を行って人を集住させるということをします。それで、方格の条坊地割を作るというのは、官人たちに屋敷地を与えるためのものだということもありますけども、日本の場合は、都というものに城壁というものを作りませんので、どこまでを都にするかという範囲確定の問題が出てくると思います。そういうことでいいますと、周りが田んぼですので、そういうなかで新たな人為的な区画を作って都の範囲を明確にさせる必要が出てくるという見通しを持っています。

栄原　そこのところは、実は私は前からよくわからない点なんです。何がわからないかというと、難波の都市という問題と、条坊制の区画という問題は、いちおう別個に考えるほうがよいと思います。難波で人がたくさんいて物資が集まり、船の出入りがあって、盛んに経済的な活動をしている地域は、上町台地上の条坊が引かれている場所よりも、もっと大川寄りだと思います。そういうのが一方でありながら、もう一方で条坊が引かれるのは、微妙にずれていると思うんです。

村元　そうですね、ええ。

難波での条坊と町の賑わいのズレ

栄原　そうすると、条坊を引くっていうことと、都市としての重要性に鑑みて複都にするという問題は、よく似ているんだけども、よくよく考えてみるとすこし別の要素が入っているんかなあって思います。洛陽は条坊のなかがもう都市で、条坊と都市がばっちり重なっているわけですね。難波の場合、都市と条坊が引かれている場所とは、ちょっとずれがあると思うんです。そこのところが、先ほどの地域の重要性という問題につながっていきます。そこのところをどう整理されていらっしゃいますか?

村元　そうですね、今ご指摘いただいたその問題については真剣に考えたことがあまりありませんでした。図4をご覧いただきたいのですが、これは積山洋さんが作られました難波京の復元図です。方位標識Nと書いているあたりが推定難波津になります。ここは、難波でいちばん重要な経済地域でございまして、条坊からすこし離れています。条坊が引かれているところは、だいたい上町台地の上ということになりまして、このへんのズレをどう考えるかということになるかと思います。都市をどう考えるかということは、官人たちを住まわせることがいちばん重要な問題なのかなと思ってます。港につきましては、取り込めれば本当はいちばんいいんでしょうけれども、条坊に近接する場所にこういったものを作るということに意味があったのかなと考えています。中国では、都市の場合、港を取り込むのは当然のことです。難波でこのズレがなぜできたかということを考えないといけないんですけれども、やっぱり台地の下にあるという地形的要因も考えないといけないのかなと思っております。

栄原　そうですね。難波京の条坊は上町台地の上面に引かれています。この図4では北のほうの大川のところまで条坊が延びてますけども、本当にそこまであったのかどうかは、すごく問題だと思います。条坊が仮に大川まで延びていたとしても、当時の町場の範囲をカバーしてないと私は思うんですね。

村元　たしかにしていないですね。

栄原　もうすこし東西に広い範囲で町としての賑わいがあったんじゃないかと思っています。そうすると、繰り返しになりますけど、条坊を引くという問題と、都市を複都にするという問題とは、重なるところもあるんだけども、すこしレベルが違う問題と思えます。そこはもう、昔からよくわからないことなんです。

五世紀頃の難波について

栄原　話をすこしもどしますと、当館のすぐ南側に復元倉庫が一棟建ってます。あの前の広場の下に五世紀の大倉庫群の遺跡が眠っています。あそこは遊び場として広くしているんではなくて（会場、笑い）、その遺構を地下で守るためにわざわざＮＨＫと当館は北側にずらして建ててるわけなんです。あの五世紀の倉庫群をどう評価するかについては、いろんな意見がありますが、一つの意見として、倉庫だから経済的な中心だという考え方があります。一方で、象徴的な意味で考える、つまり見せるためのものだという理解もあります。いずれにせよ、そういうものが五世紀ごろにできてきました。これは、北側の難波の堀江がいつごろ開削されたかという問題と関係しますが、通例は、大倉庫群の造営と連動して難波の堀江が掘られたのではないかと考えられています。そうすると、難波地域の経済的な重要性とか、あるいは権力の象徴の問題はだいたい五世紀段階ぐらいから始まったんではないか。そのころの都をどう評価するかは難しいですけども、主として奈良盆地のなかにあったので、奈良と難波を主都、副都の関係で考えるという話じゃないですね。

村元　そうですね、今回の話をする際に、最初にどう言おうか悩んだんですけども、何をもって「都」とするかというのがけっこう難しい問題で、都市的なものができてくる天武朝の難波から取り上げることにしました。五世紀の段階では、王権の直轄地という意味ではそうだったと思うんですけども、都に類するものはたぶんなかったと考えてます。

栄原　わかりました。孝徳天皇の難波長柄豊碕宮の前に難波宮下層遺跡というものが存在します。当館の下にも眠っているわけですけども、その段階は、まだ都市ではないですね。

村元　そうですね、最近は下層段階を都市として評価しようという意見もけっこう強くなってきていますけれども、複都制を論じるときには、やっぱり制度的に「都」として位置づけないといけません。しかし、下層遺跡の段階は、たぶんまだ制度にはなっていませんので、そういう意味ではまだ複都制については論じられないんじゃないかと考えています。

象徴性と経済的実態があって都となる

栄原　都市的な様相が展開して、その展開を前提にして、ある時期に国家の制度としての複都制というものが設定されたという話ですね。そういう展開だとすると、やっぱり国にとって、体面とか象徴性とか、そういうものがすごく重要視されて複都制が生まれてくるんじゃないかと、いつも思ってしまうんです。それを裏打ちするものとして、経済的な実態があるかもしれないけども、国家がその都の制度として複都制を打ち出していくのは、やっぱり象徴的というか、政治的というか、軍事的もあるかもしれませんが、そういう問題として複都制を捉えるべきであって、経済的な問題を入れてくると、話がややこしくなると思います。今日は、経済も入れんとあかん、象徴的な問題も考えなあかん、両方だというお話だったと思うんですけども、そのあたりはいかがでしょうか？

村元 王権にとって重要な象徴的な場所というのはいくつかあるかと思います。そういうところに全部都が置かれるかといいますと、必ずしもそうではありません。この時代ですと、吉野は大きな比較の対象になり得ると思うんですが、離宮はありますけども都は置かれていません。吉野と難波の違いはどこにあるか考えたときに、両地とも王権にとって重要な象徴性をもっています。では吉野に都が置かれないのは、やはり地理的な意味での重要性がなかったからだと思います。象徴性と地理的重要性の両方が揃って初めて都が置かれるんじゃないかなというふうに考えました。

栄原 なるほどなるほど。天武天皇にゆかりの深い吉野の問題を聞かせていただいてわかりました。たしかに吉野は、王権にとって、特に聖武天皇にとってはものすごく重要な場所だったわけです。聖武天皇は即位して、いちばん最初に吉野に行幸してるんです。即位して一カ月ぐらいでもう吉野に行ってる。非常に重要な場所として位置づけられている。王権にとっての象徴性はもう一〇〇パーセントある。しかし、そこには都市的な空間が展開していなかった。だから都としては置けなかった。そういうお話ですね。

村元 はい、そうですね。

栄原 そうすると、やっぱり都を置くためには、単なる象徴性だけではだめなんであって、象徴性を裏づける経済的、軍事的な実態があって初めて、都になっていくんだという理解ですね。

村元 はい、そういうふうに理解しています。

栄原　そうすると、保良宮は別として、今とても話題になっている由義宮、つまり西京の場合はどうでしょうか。道鏡の出身地で、称徳女帝にとってすごく重要な象徴性はありますが、経済的な実態は伴わないから、西京と称しているけれども、複都制として捉えるのはなかなかしんどいということになるんでしょうか。

村元　難しいですね。一度制度として置かれてしまいましたが、永続しなかった理由はそのへんにあるんじゃないかと思います。

栄原　ああ、なるほど。

村元　たとえば藤原京も短期間で終わっています。強権的に都城として作られても、やっぱり都市としての基礎がなければ、制度上、「都」でなくなると、都市として長続きできず短命で終わってしまうのではないかと考えています。

栄原　さきほど保良宮は別としてと申しましたが、保良京がどこにあったかは、まだバチッと押さえられていません。しかしまあだいたい今の大津から石山、瀬田、あのあたりのどこかだと思います。そこは、西京に比べて、かなり経済的な展開があった地域のように思えるんですけども。

村元　ええ、そうですね。

栄原　しかし、西京、保良宮は、経済的な実態を踏まえて置いたんではなくて、藤原仲麻呂が、いわば政治的に置いた都なので、長続きすることができなかったという話になりますね。

村元　そういうふうに理解しています。

栄原　わかりました。ちょっと時間が過ぎてしまって恐縮なんです。複都制っていう問題は、今、きょうのお話でもありましたように、経済的な実態の問題と、それから政治的にどう位置づけるかという、要するに権力側が自分の正当性とか、自分の王権の存続というようなことを考えて、政治的に置く側面と、さまざまな側面が絡まりあっているんで、どこに重点を置いてみるかによって意見が大きく変わってくるという、ややこしいというかすごく面白い問題を含んでいるテーマだと思うんですね。

今日は、私のほうがうまく質問できなくて、そのあたりの問題をどこまで引き出せたかわからないんですけども、いろんな問題が絡みながら展開していく複都制についてすこしでも関心をもっていただけたら、私としてはたいへんうれしいと思います。今日は、複都制ということをめぐって、いろいろ村元さんに教えていただきました。ここまでとさせていただきたいと思います。どうもありがとうございました。村元さん、どうもありがとうございました。

村元　ありがとうございました。

（会場　拍手）

なにわの油火——奈良時代の灯明と油

松本百合子

一　明かりのはじまり

遺跡からは発掘調査によって過去のさまざまな遺物が見つかります。けれどもそれらは幸運にも破壊をまぬがれ、腐らずに土中に残った事物の痕跡であり、過去の生活をすべて復元できるものではありません。古代に限らず、日常生活のありさまは文字で記録されることが少ないため、実はわからないことが多いのです。意外とわからないことの中に、「明かり」があります。古代の人々は何を燃料として、どのような明かりを灯していたのでしょうか。また、どのような場面で明かりを使用していたのでしょうか。

遺跡から見つかる明かりの痕跡は灯明皿です。灯明皿は焼物の小皿で、食器用の皿と形や大きさが似ていますが、口縁に煤(すす)の痕跡があることで見分けることができます。遺跡から見つかる遺物はすべて人間活動の産物ですが、特に灯明皿は夜間に本を読んだり書き物をしたり、明確な意図を持った人間の文化的な活動が透けて見える遺物です。そう思いながら灯明皿を手に取ると、衣食住だけでない精神的な歴史がより身近に感じられる気がします。

生活のなかで欠かせない明かり。しかし、電気やガスの明かりが普及するのは明治時代以降で、それ以前は木材や油を燃料とした火が唯一の明かりでした。人類が歴史上最初に得た火は、落雷や山火事など自然発生的なものです。やがて発火道具が発明され、人々は自由に火を使えるようになりますが、煮焚きと照明が分化しない「炉」の時代が長く続きました。炉から室内照明の火が独立したのは古墳時代頃と考えられます。中国や朝鮮半島ではすでに油を使う照明器具が普及しており、海外交流が本格化し大陸の文物がもたらされた古墳時代にそれらが日本へ伝えられたことは容易に想像できます。ただし、現在知られている最古の灯明皿は七世紀の飛鳥時代のもので、古墳時代の灯明皿は発見されていません。古墳時代には、まだ灯明の燃料となる油を安定的に得るための原料植物の栽培や絞油技術までは定着していなかったのだと考えられます。日本で本格的に油を使う灯明が用いられるのは飛鳥時代、仏教伝来以降のようです。

ここでは大阪市内で見つかった奈良時代の灯明皿を中心に、古代の難波に暮らした人々と明かりについて考えたいと思います

二　記録にみえる明かり

文芸のなかの明かり

古代の人々と明かりとの関わりについて、文学資料から見てゆきましょう。

『万葉集』巻十八　四〇八六

天平感宝元年（七四九）五月九日 大伴家持

油火の光に見ゆる我が縵(かづら)さ百合の花の笑まはしきかも

日本最古の和歌集である『万葉集』約四五〇〇首のなかで、明かりが出てくるものはわずか一六首。そのうち八首が漁火・葦火、七首が屋外の灯火で、油を使う室内照明である「油火」はここにあげた一首のみです。奈良時代

の日常を詠う『万葉集』は、作者が貴族や下級官人など比較的生活レベルの高い人々でしたが、それでも室内の明かりは縁遠いものであったと読み取れます。

九世紀前半に成立したとされる仏教説話集『日本霊異記』には、鬼退治の灯が一件、経文を読む灯火が一件、仏事供養の灯明が四件含まれます。仏事供養は中巻第二十八「極めて窮(せま)れる女、釈迦の丈六仏に福分を願ひ、奇(あや)しき表を示して以て現(うつつ)に大福を得る縁」に代表されるように、花・香・灯がセットで用いられます。ここでも灯明は日常生活ではなく、仏教や儀式にかかわる特別なものであったことがわかります。

灯明が描写された最古の絵画資料は、一二世紀に成立したとされる『信貴山縁起絵巻』です。「尼君の巻」に、弟を探すために大和へ旅する尼君が街道沿いの民家に投宿した際、灯明と火鉢のもてなしを受けるようすが描かれています。灯明は片手に乗るほどの小皿を二枚重ねて奉げられ、油が満たされた上皿から煙が黒く長くのびて明かりが灯されていることがわかります。煙の量が多いのは、当時の油の精製度合いが不十分であったことをリアルに表現しているのかもしれません。尼君を泊めた民家は立派な庇(ひさし)つきの母屋や使用人を持つ裕福な家ですが、平安時代中頃には、生活のための明かりが庶民の生活の中に普及しつつあったようです。

歴史書のなかの明かり

当時の記録として書かれた『日本書紀』『続日本紀』「正倉院文書」「平城木簡」などの史料から、明かりの利用について①仏事と②照明に分けて見てみましょう。

①仏事

仏事は儀式と常用に分けられます。儀式の明かりについては、燃灯・燃灯供養・万灯会・千灯悔過(けか)という言葉で出てきます。

『日本書紀』白雉二（六五一）冬十二月晦条

於味経宮請二千一百余僧尼、使読一切経。是夕、燃二千七百余灯於朝庭内、使読安宅・土側等経。於是、天皇従於大郡遷居新宮、号曰難波長柄豊碕宮。

『続日本紀』天平十六年（七四四）十二月丙申（八日）条

度一百人。此夜、於金鍾寺及朱雀路、燃灯一万坏。

同天平十八年（七四六）十月甲寅（六日）条

太上天皇・皇后行幸金鍾寺、燃灯供養盧舎那仏。仏前後灯一万五千七百余坏。夜至一更。使数千僧令擎脂燭、讃歎供養繞仏三匝。至三更而還宮。

同天平勝宝六年（七五四）正月辛丑（五日）条

行幸東大寺、燃灯二万。

これらの資料から、数千単位の燃灯供養が七世紀中頃に朝廷によって始まり、八世紀中頃にはさらに大規模な燃灯が国家的儀式として大寺院で行われていたことがわかります。考古資料では、東大寺法華堂（三月堂）前や平城京二条大路南側濠状遺構ＳＤ五一〇〇、木津川市馬場南遺跡から奈良時代の千〜数千枚単位の使用済み灯明皿が見つかっていることからも裏付けられます。

常用の明かりは、主に仏堂や御仏に対する日々の荘厳に用いられる灯明と考えられます。史料のなかでは大仏殿御灯・堂料・堂灯・菩薩御油という言葉で表わされます。

「聖武太上天皇施入御願文」東南院文書（五櫃三巻）（『大日本古文書』三－三五七〜八）（以下巻頁のみ示す）

御油陸斛陸斗町別壱斗内

壱斛漆斗弐升捌合

右、大仏殿御灯料

肆斛

右、十二月十四日万灯会料

弐斗

右、羂索院堂料

肆斗漆升弐合

右、安居国忌料

（中略）

天平勝宝二年二月廿二日

「上山寺悔過所解案」正倉院文書（続々修四十三帙十七裏、一六－四七六）天平宝字八年三月一日

胡麻油壱㪷二升六合「先請六升　今可請六升六合」

八升四合僧五十六口供養料別一合五勺

二升八合堂料夜別四合

一升四合僧房二宇灯料夜別二合

「聖武太上天皇施入御願文」は天平勝宝二年（七五〇）に聖武天皇が東大寺に油六斛六斗を寄進した記録で、そのうち一斛七斗二升八合は大仏殿の御灯料、四斛は十二月十四日の万灯会料、二斗を羂索院の堂料、四斗七升二合を安居国忌（あんごこき）料にあてています。大仏殿は巨大であるため灯明に使う油の量もほかの堂宇に比べて多いようですが、十二月十四日の万灯会一日に消費する油のほうが破格に多いことがわかります。

奈良時代の斛・斗・升・合は現在の単位に換算するとどのくらいの量だったのでしょうか。平城京から見つかっ

た枡とされる須恵器から計算すると、一合は約八〇ミリリットルで、一升は約八〇〇ミリリットルになるそうです。そうすると万灯会用に寄進した四斛は約三二〇リットルとなり、灯明皿一枚の油量を二〇～三〇ミリリットルとすれば、一〇〇〇～一五〇〇枚分の油になります。

「上山寺(じょうざんじ)悔過所解案(げあん)」は、天平宝字八年（七六四）に東大寺内におかれた上山寺悔過所が法会で必要な七夜分の胡麻油一斗二升六合を申請し、そのうち二升八合を堂灯料に、一升四合を僧房二宇分の灯料にあてた記録です。これによると、仏堂で使用する油は一夜四合（三二〇ミリリットル）、僧房一宇では一夜一合（八〇ミリリットル）になります。

②照明

照明とは仏事以外に使用するもので、作業と生活に分けられます。作業とは文書作成や写経など、今で言う役所の事務作業にあたるもので、御灯・御明料・灯料・曹司炬料などの言葉で出てきます。

「造仏所作物帳」正倉院文書（続修三十二、一－五五四）天平六年 五月一日

胡麻油一斗二升仏師経師画師等所灯并雑用料

「奉写一切経所告朔解」正倉院文書（続修別集十三、六－三二一）宝亀三年五月十五日

胡麻油一升月中請

用尽、経師等曹司炬料

「和気伊夜麻呂請油状」正倉院文書（続修四十八、二二－三八〇）宝亀五年二月十四日

下民和気伊夜麻呂誠恐誠惶死罪謹頓首

請油少々　「不用」

右、夜之間、依可検物在、請如件、今注状、誠恐誠惶死罪、謹頓首、

二月廿日

造仏所や写経所の仏師・経師・画師はその作業の特性ゆえ、灯明用の油を請求した記事がたくさん残っています。請求された油のうち具体的な種類が記されているのはほとんど胡麻油です。考古資料では平城宮内裏周辺から一括投棄された灯明皿が大量に見つかる例がいくつか知られ、造仏所や写経所以外の役所でも日常的に灯明が利用されていたことがわかります。

「和気伊夜麻呂請油状」は、和気伊夜麻呂が夜間作業用に灯明油少々を請求した事を記録しています。昔から日本人は几帳面で、少しの油でもいちいち文書を作成して請求し、その些細な記録が残っていることに驚かされます。また、一日単位で定められた量の油を請求し、詳細に記録していることは、油がいかに貴重であったかを物語っています。

闇を照らす唯一の明かりが灯明であった時代、電灯があたりまえにある現代人にはその雰囲気は想像しにくいのですが、東大寺二月堂修二会で当時のようすを体験することができます。修二会とは、天平勝宝四年（七五二）に東大寺実忠和尚が創始し、平成三〇年（二〇一八）に一二六七回目を数える仏教行事で、人類のさまざまな過ちを二月堂本尊の十一面観世音菩薩に懺悔する「十一面悔過」の行法です。三月十二日のお松明とお水取りが有名ですが、その前後の十四日間、二月堂内陣は菜種油の灯明だけで照らされます。大小さまざまな灯明が堂内を照らし、練行衆の観世音菩薩に捧げる声明が響くようすは奈良時代の仏事供養の姿を彷彿とさせます。

生活の明かりとは、日常生活で自室を照らす明かりで、灯料・常灯料といった言葉でできます。

『平城京木簡三』二条大路木簡（木簡番号五〇〇五）（表面のみ）

油二升一合　大殿常灯料日別三合七日料　油八合　膳所料三日料

油七合　文基息所灯料日一合　油六合　内坐所物備給灯料

油一升四合　天子大坐所灯料
油四合　召女豎息所灯料
合六升

これは、聖武天皇の吉野行幸にかかわって、藤原麻呂邸と推定されている平城左京三条二坊の邸宅内で使用された灯明油の七日分の使用簿です。屋敷の主要建物である大殿は一日三合、次いで天皇の御座所に一日二合、付き添いの僧や女官の部屋には一合以下が支給されています。天皇の行幸という特別な事態に、どれほどの油を使ったのかがわかる資料です。

三　明かりの材料

燃料

①油

古代の油は、『続日本紀』や「正倉院文書」に植物性の胡麻油・荏（え）油・蔓椒（ほそき）油・麻子（まし）油・海石榴（つばき）油・胡桃（くるみ）油・木（き）油、動物性の猪脂・猪油、鉱物性の燃土・燃水などが記録されています。油の用途は食用や薬用、工作用などさまざまですが、前後の文脈から灯明用とそれ以外の油を区別することができます。灯明用油の記述で最も多いのはただ「油」と書かれたものですが、具体名で多いのは圧倒的に「胡麻油」、ついで「荏油」です。動物性の油は燃やすと臭いがきつく、室内作業や殺生戒のある仏教儀式にはそぐわないため、灯明には専ら植物性の油が用いられたと考えられます。

奈良時代の油の価値は、天平十一年（七三九）「伊豆国正税帳」によると胡麻油一・〇八升（現在の約〇・九リットル）は稲九・七二束（白米に換算すると約三二リットル）と同等であったとされています。現在の白米と食用菜種油や灯油の価格と比べると、奈良時代の油がいかに高価な品物であったかがわかります。

②製油

油を得るためには、油分を多く含む植物の種子を大量に絞る必要があります。

「絞荏油雇人功食用銭等解」正倉院文書（続々修四十三帙二十二裏、一二ー一八〇）

雇人功并食用銭一千五百卌文売荢直銭者

絞荏一石人功食用一百十文

薪一駄直卌文　雇役単功三人功卅六文人別十二文

食米六升直卅文　塩六撮直一文　鰯十八隻直三文

以前、被今月二日牒、謹依牒旨、令絞荏油、具録之数如件、謹解、

天平勝宝三年十一月廿八日舎人正八位下尾張連男足

佑従六位上行六人部連「佐婆麻呂」

少疏高丘比良麻呂

「申令了（比良麻呂筆）」

これは天平勝宝三年（七五一）十一月二十八日に荏油一石を絞る三人の作業員への報酬を記したもので、銭の合計一一〇文の内訳が、功賃の三六文、燃料薪一駄に相当する四〇文、食料の米・塩・鰯に相当する三四文となっています。油を絞る作業は大変な重労働でしたが、功賃はほかの雑役の人件費と比べて特に高額ではなかったようです。驚くべきは奈良の都で荏胡麻油を絞り、賃金まで支給する組織体制があったことです。平城京では朝廷や寺院で日常的に大量の油を消費するため、地方から貢納された油だけでは足らず、京内でも組織的に油絞りが行われていたことがわかります。

絞油作業がどのようなものであったのか、『信貴山縁起絵巻』が最古の絵画資料として知られています。「山崎長

者の巻」の最後の場面に、荏胡麻を炒る大窯と「締め木」らしき木組みが描かれています。締め木とは近世では立木とも呼ばれ、鳥居形に組んだ頑丈な太い柱に横から楔を打ち込み、強力な圧力をかけて油を絞る装置です。油分を含んだ菜種・胡麻・荏胡麻などの種子は硬く、楔の打ち込みはたいへんな重労働でした。油の生産はこのような特殊な装置と労働力、大量の種子原料を必要としたため、だれもができるものではありませんでした。平安時代の山崎長者は独占的に油を絞り、京や大和の朝廷や寺院に供給し蓄財をとげていたのです。

道具

①灯火具

「造仏所作物帳」正倉院文書（続修三十四、一－五七三）天平六年（七三四）五月一日

造瓷鉢四口別口径八寸

瓷油坏三千一百口別口径四寸

「阿弥陀悔過料資財帳」東大寺文書（五－六七一）神護景雲元年（七六七）八月三十日

白銅灯坏一口口径三寸七分

白銅灯台一基高三寸六分 足三

「造仏所作物帳」は興福寺西金堂造営に係わる役所に関する帳簿で、焼物製の油坏の口径が四寸（約一二センチ）であったことがわかります。阿弥陀悔過所の財産目録からは、白銅製の灯坏の口径が三寸七分（約一一センチ）、白銅製の灯台の高さが三寸六分（約一一センチ）であったことがわかります。仮に深さを二センチとすれば容積は約一二〇ミリリットルになりますが、使い勝手と器のバランスから考えて、入れられた油の量は多くても五〇ミリリットルほどだったのではないでしょうか。

②**灯心**

「造石山院所用度帳」正倉院文書（続々修三十八帙九裏、一六－一二七一）天平勝宝六年

望陀布壱端 長四丈 広二尺六寸

三丈六尺五寸懸花実十九房并花枚五十三枚壌料

（中略）

三尺五寸読経時巾并灯心用料

『続日本紀』天平八年（七三六）五月辛卯（十二日）条

辛卯。諸国調布、長二丈八尺、闊一尺九寸。庸布、長一丈四尺、闊一尺九寸。為端貢之。常陸曝布・上総望陀細貲・安房細布及出絁郷庸布、依旧貢之。

「造石山院所用度帳」には、全長四丈の望陀（もうだ）布のうち三尺五寸を読経時の灯心用にあてるとあります。望陀布とは上総国望陀郡（千葉県袖ケ浦市・木更津市・君津市付近）で産出する麻布で、調として都に運ばれました。現物は残っていませんが、正倉院には近郊の上総国市原郡から運ばれた調布の紅赤布が納められています。天平勝宝四年（七五二）の大仏開眼会に使用されたもので、糸が通常の調布に比べて細く、織りも密で絹のような風合いをもつそうです。灯心は近世以降はイ草の髄を使っていましたが、奈良時代の灯心は記録を見る限り麻布製であったようです。

③**容器**

平城宮東方官衙地区出土木簡（『平城宮発掘調査出土木簡概報』三十九、八頁下）（表面のみ）

灯十三具　灯台五枚　副油瓶一口

□一合油受小瓱三口四束布者 豊川 所充

灯台五台には一つの油瓶が添えられ、油を受ける小瓶もあったことがわかります。

四　難波地域の灯火具

難波地域ではどのような明かりが使われていたのか、奈良時代の難波宮を中心とした遺跡から出土する灯明皿を見てみましょう。

大阪市内には京都や奈良に匹敵する難波宮や四天王寺を始めとする古代の遺跡があります。四〇年にわたる発掘調査により多くの遺物が見つかっていますが、これまで報告されている灯明皿はわずか三〇点ほどです（図１）。古代の灯明皿の多くは土師器や須恵器など素焼の皿を用い、食器用の皿とは灯心痕や煤の付着により比較的容易に区別できますが、難波地域では平城宮や平城京と比べて確認できる数が非常に少ないのが特徴です。出土地は奈良時代の寺院の存在が指摘されている天王寺区細工谷遺跡や同区上本町遺跡、中央区大坂城跡・大坂城下町跡など難波京周辺がほとんどで、官衙的な建物群が検出された平野区瓜破遺跡や集落跡である平野区加美遺跡・同長原遺跡からも僅かですが見つかっています（表１）。

七世紀の灯明皿

難波宮にかかわる記録は、六四五年難波遷都による六五〇年難波長柄豊崎宮（なにわながらとよさきのみや）（前期難波宮）造営に始まります。灯明については、白雉二年（六五一）に味経宮（あじふのみや）で二七〇〇余の燃灯供養が行われ、翌年にも内裏で燃灯が行われたとされています。飛鳥では朱鳥元年（六八七）に川原寺で燃灯供養が行われていることから、七世紀後半の飛鳥時代には大和や難波の周辺で一定量の油と灯明皿が消費されていたことがわかります。しかし難波地域の発掘調査で

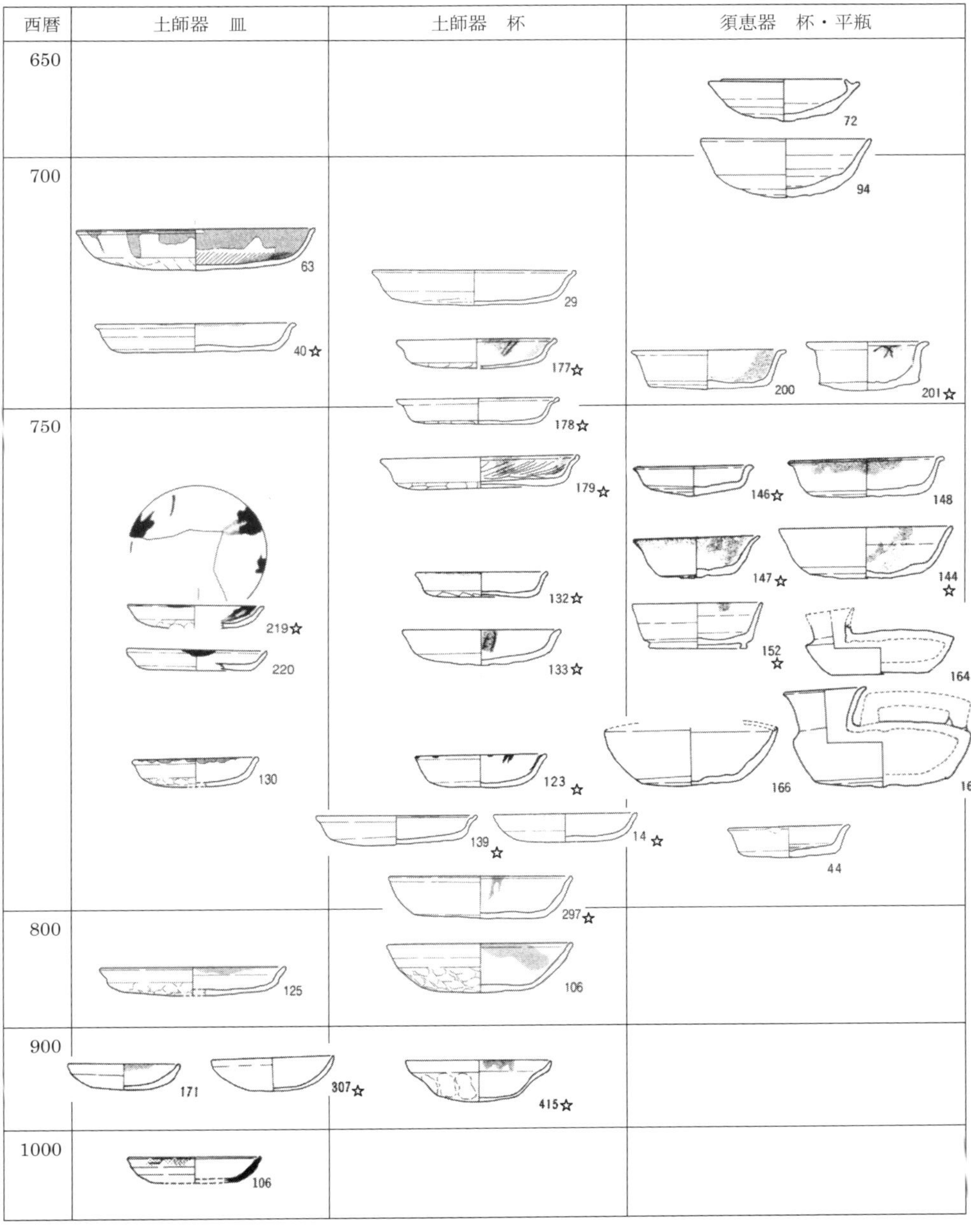

図１　難波地域の灯明皿（☆は灯心痕の幅が約 1cmのもの）

細工谷遺跡：72・94・132・133・144・146 ～ 148・152・177 ～ 179・200・201、平瓶 164 ～ 166、上本町遺跡：29・40・139・297、大坂城下町跡：64・130・123、瓜破遺跡：63、加美遺跡：219・220、長原遺跡：14・44・106

遺跡			報告番号	材質	器種	大きさ		灯心痕		遺構年代	文献
種類	名称	調査次数				直径	深	数	幅		
寺院？	細工谷遺跡	SD96-1	72	須恵器	杯H	9.1	2.8	？	？	7世紀中頃・飛鳥Ⅱ	大文協1999
			94	須恵器	杯A	12.8	3.9	？	？	7世紀末葉～8世紀初頭・飛鳥Ⅴ	
			132	土師器	皿C	9.8	1.5	5	1	8世紀後半	
			133	土師器	皿C	12	2.2	(2)	1	8世紀後半	
			144	須恵器	杯A	13	2.9	(1)	1	8世紀後半	
			146	須恵器	杯	9	1.5	6	1	8世紀後半	
			147	須恵器	杯	9.5	2.4	(4)	1	8世紀後半	
			148	須恵器	杯	11.5	2.4	全周	？	8世紀後半	
			152	須恵器	杯B	9.8	2.6	(1)	1	8世紀後半	
			177	土師器	杯AⅢ	11.8	1.6	3	1	8世紀前葉～中葉・平城宮Ⅲ	
			178	土師器	杯AⅢ	11.8	1.7	2	1	8世紀前葉～中葉・平城宮Ⅲ	
			179	土師器	杯AⅡ	14.6	1.8	(4)	1	8世紀前葉～中葉・平城宮Ⅲ	
			200	須恵器	杯	11.5	2.2	(2)	？	8世紀前葉～中葉・平城宮Ⅲ	
			201	須恵器	杯	9.4	3	2	1	8世紀前葉～中葉・平城宮Ⅲ	
			164	須恵器	平瓶	10.9	(3.8)			8世紀後半	
			165	須恵器	平瓶	13.4	7.8			8世紀後半	
			166	須恵器	平瓶	13	(4.3)			8世紀後半	
難波宮周辺	上本町遺跡	UH09-2	29	土師器	杯	15.2	2.3	(2)	？	8世紀前葉～中葉	大文研2010
			40	土師器	皿	14.8	1.6	(4)	1	8世紀前葉～中葉	
			139	土師器	杯	12.2	1.8	(2)	1	8世紀後葉～9世紀初頭	
			297	土師器	杯	13.5	2.7	1	1	8世紀末～9世紀初頭・難波Ⅴ新	
	大坂城跡	OS11-16	130	土師器	皿A	9	1.7	(2)	？	8世紀末	大文研2012a
	大坂城下町跡	OJ91-11	123	土師器	杯	9.8	2.7	(4)	1	8世紀末	大文協2004a
官衙？	瓜破遺跡	UR07-4	63	土師器	皿	17.5	3.2	(2)	？	8世紀前半	大文協2009
集落	加美遺跡	KM00-5	219	土師器	皿C	10.3	2	(3)	1	8世紀後半	大文協2004b
			220	土師器	皿C	10.4	1.7	(1)	？	8世紀後半	
	長原遺跡	NG00-30	14	土師器	杯A	10.7	2.2	(2)	1	8世紀末・平城宮Ⅵ	大文協2004c
			44	須恵器	灯明皿	9	2.4	(1)	1	8世紀末・平城宮Ⅴ～Ⅵ	
		NG10-1	106	土師器	椀A	13.9	3.8	1	？	平安京Ⅱ期古段階	大文研2012b
			125	土師器	皿B	13.8	2.3	全周	？	平安京Ⅱ期古～中段階	
		NG87-35	171	土師器	小皿	8.4	2	1	？	平安京Ⅲ期古段階	大文協1992
			307	土師器	小皿	9.1	2.5	1	1	平安京Ⅲ期	
			415	土師器	碗A	11	3.3	2	1	平安京Ⅲ期	
		NG81-10	106	土師器	灯明皿	10	2.1	(1)	？	11世紀	大文協1985

表１　難波地域の灯明皿集成　　（　）は現存値、器種・遺構年代は報告書による

は、難波宮南方約二キロメートルに所在する細工谷遺跡から須恵器杯身を転用した灯明皿が二点（72・94）見つかっているのみです。

八世紀の灯明皿

神亀三年（七二六）に難波宮（後期難波宮）の再建が始まり、難波は再び都として整備されます。天平十六年（七四四）には平城京の金鍾寺（こんしゅじ）と朱雀路で一万杯の燃灯が行われ、同年には難波遷都が行われます。天平十八年（七四六）と天平勝宝六年（七五四）年には平城京で一万五〇〇〇を超える燃灯が行われます。

難波地域では、細工谷遺跡・上本町遺跡・大坂城跡・大坂城下町跡・長原遺跡・瓜破遺跡・加美遺跡から土師器皿・杯や須恵器杯を用いた灯明皿が出土しています。土師器皿・杯の形は食器用のものと変わりませんが、ほとんど口径一〇～一二センチ、深さ二センチ前後の小型のものです。須恵器杯は口径九～一四センチ、深さ一・五～三センチで、これらは「造仏所作物帳」に記載される「瓷油坏」の大きさとほぼ重なります。特に須恵器の灯明皿は細工谷遺跡の146～148・200・201、長原遺跡の44に見られるように、通常の杯と比べて口縁端部が外側に屈曲し、短く鍔状に広がる共通点があります。灯心を器の内側にもたせかけたとき口縁から滑り落ちないように、あるいは油が外側に伝いにくいように工夫された灯明専用の器形と考えられます。

灯明皿の口縁には燃灯時に灯心を置いた場所に黒色の煤やタールが付着しますが、難波地域の灯明皿では七〇パーセント以上に約一センチの幅を持った灯心痕が確認できます（写真1）。これは灯心が「造石山院所用度帳」にある望陀布のような布製であったことと合致します。灯明皿一枚あたりの灯心痕は複数認められるものが多く、口縁全周に煤がつくものもあります。

麻布を灯心とした灯明がどのようなものであったか、幅一センチの麻布を使い、胡麻油を素焼の皿で燃焼させた

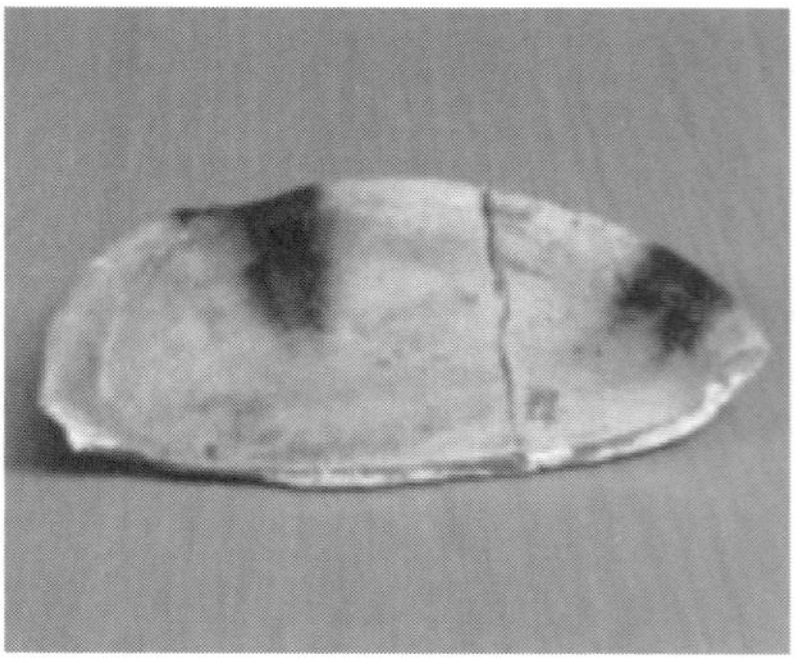
細工谷遺跡 133

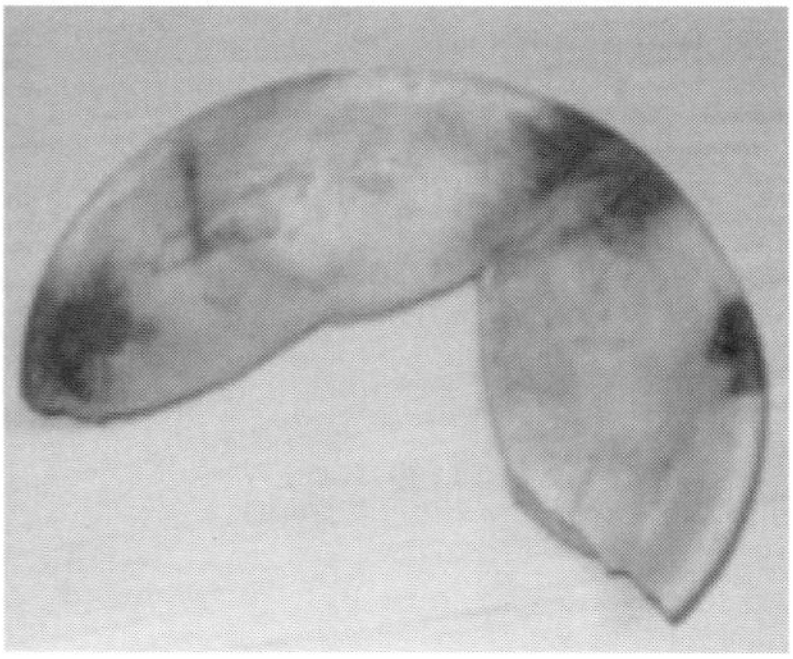
加美遺跡 219

細工谷遺跡 178

細工谷遺跡 201

上本町遺跡 297

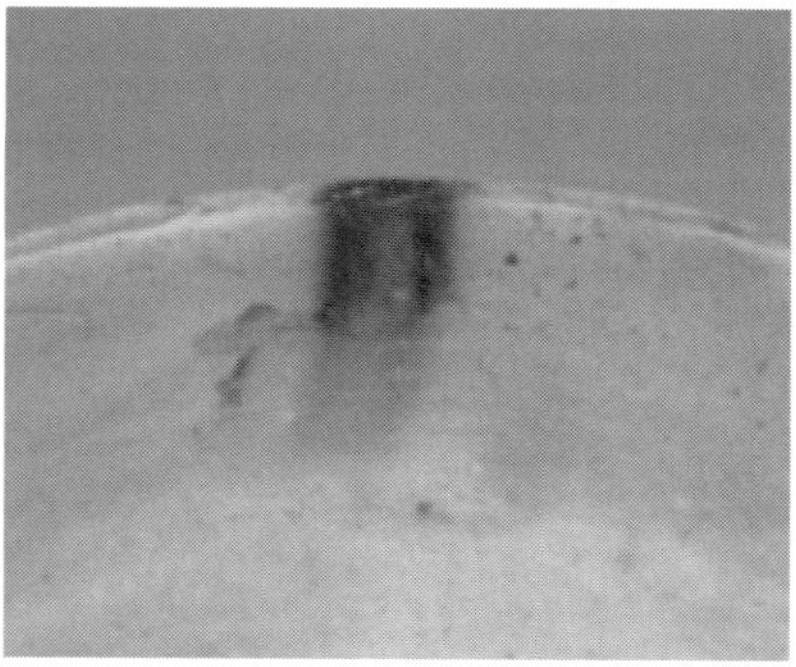
上本町遺跡 297 の部分

写真１　須恵器・土師器の灯心痕（写真協力：大阪文化財研究所）

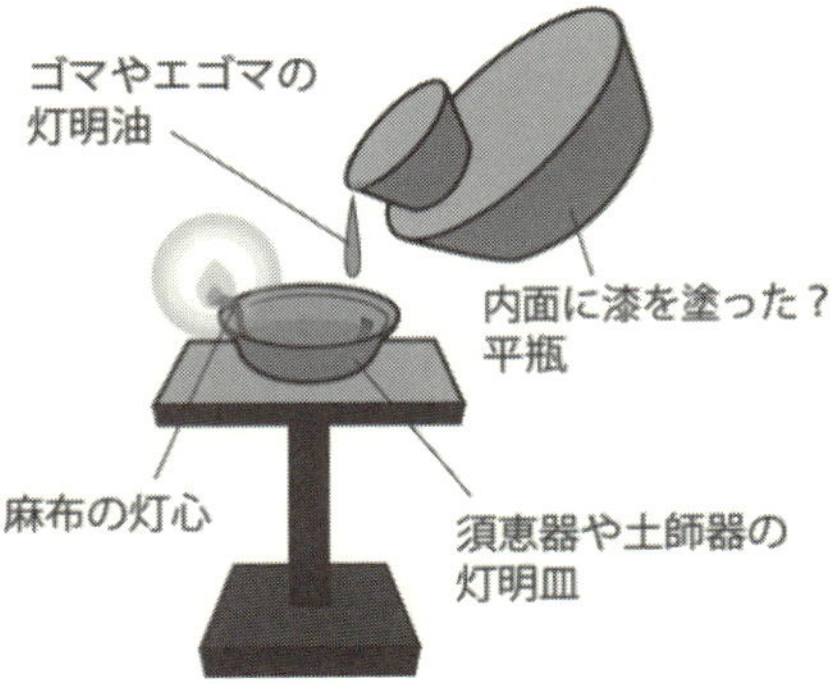

図２　奈良時代の灯明

写真２　平瓶内面の漆膜
細工谷遺跡 166
（写真協力：大阪文化財研究所）

ところ、灯心一本で三〇ミリリットルの油を燃焼し尽くすのに五時間かかりました。江戸時代風に菜種油三〇ミリリットルをイ草の灯心二本で燃やすと四時間半かかりました。麻布灯心の燃焼時間は糸の太さや織りの粗密により多少は変化しますが、五時間というのは一晩で使うのにちょうどいい時間ではないでしょうか。

油の容器

難波地域において最も多くの灯明皿が見つかった細工谷遺跡では、灯明皿が捨てられていた溝に和同開珎の鋳造に関わる資料などさまざまな遺物が捨てられていました。そのうち注目されるのは須恵器平瓶（へいへい）です。平瓶とは扁平な円形の体部の上面の端に朝顔形に開いた注ぎ口を付けたもので、体部の上面に把手が付けられるものもあります。溝からは小型の平瓶が三点（164〜166）見つかり、そのうち166の体部内面に薄い漆膜が残っていました（写真２）。須恵器は素焼きですから、液体を入れると外に染み出てしまいます。けれど漆の塗膜は防水性があるため、器の内面に漆を塗ると液体は器に染み込みません。当時の油は大変な貴重品で一滴も無駄にできないことを考えると、漆を塗った小型の平瓶は灯明皿に油を継ぐための卓上容器とは考えられないでしょうか（図２）。これまで漆が付着した須恵器は漆の容器として認識されていましたが、今後は特殊な液体を保管する防水機能を備えた容器の可能性も考える必要があるでしょう。

五　なにわの油火

文献や考古資料から奈良時代の灯明について、難波地域を中心に考えてみました。灯明皿が出土するのはほとんど難波京周辺ですが、平城京に比べて数がたいへん少なく、現状では難波地域では灯明があまり使われていなかったと言わざるをえません。灯明は燃灯供養や仏堂の荘厳以外は写経・文書作成など筆記を伴う作業に使われていたため、灯明皿が少ないということは、そのような作業を行う機会や場所が少なかったことを示します。前期・後期とも難波宮が都として機能したのは一年ほどでしたから、役人が文書を作成する役所的な活動や、都市の条件のひとつである夜間の活動も低調なままであったのではないでしょうか。奈良時代の難波地域は壮麗な難波宮や難波京が整備され、外国使節が往来する華やかで都市的な場所であったと想像しがちですが、灯明皿を見る限り生活自体は意外と地味だったのではないでしょうか。ただし今後、難波宮周辺で灯明皿の大量廃棄が見つかれば、地味なイメージを払拭できる可能性はもちろんあります。

奈良時代の難波地域の明かり事情は残念な結果になりましたが、中世末から近世にかけて大坂は日本一の油生産地となります。大坂の絞油屋が近郊で栽培された菜種や木綿の種子から油を絞り、油問屋が灯明油として全国に売りさばきました。大坂から下る油がなければ江戸の夜は闇となり、さまざまな娯楽や文芸が生まれることはありませんでした。少し時間はかかりましたが、なにわの油火は日本じゅうを照らす明かりとなったのです。

参考文献

伊野近富ほか二〇一〇「（1）馬場南遺跡第2次」『京都府遺跡調査報告集138冊』（財）京都府埋蔵文化財調査研究センター

大阪市文化財協会一九八五『長原遺跡発掘調査報告』Ⅲ

一九九二『長原遺跡発掘調査報告』Ⅴ

一九九九『細工谷遺跡発掘調査報告』Ⅰ

二〇〇四a『大坂城下町跡』Ⅱ

二〇〇四b『加美遺跡発掘調査報告』Ⅱ

二〇〇四c『長原遺跡発掘調査報告』ⅩⅠ

二〇〇九『瓜破遺跡発掘調査報告』Ⅵ

大阪文化財研究所二〇一〇『上本町遺跡発掘調査報告』Ⅰ

二〇一二a『大坂城跡』ⅩⅣ

二〇一二b『長原遺跡発掘調査報告』第24冊

巽淳一郎ほか一九九五『奈良国立文化財研究所学報　第54冊　平城京左京二条二坊・三条二坊発掘調査報告　長屋王邸・藤原麻呂邸の調査』

巽淳一郎二〇〇四「陶製の枡・油杯」『古代の官衙遺跡　Ⅱ遺物・遺跡編』奈良文化財研究所

奈良県教育委員会編二〇〇〇『東大寺防災施設工事・発掘調査報告書　発掘調査編』東大寺

奈良国立博物館編二〇一〇『第六二回　正倉院展』

平松良雄二〇〇七「八世紀の燃灯供養と灯明器」『シリーズ歩く大和Ⅰ　古代中世史の探求』大和を歩く会編　法蔵館

堀池春峰一九九六『東大寺お水取り――二月堂修二会の記録と研究』小学館

松本百合子二〇〇九『大坂の水油　江戸時代の油流通』大阪市立海洋博物館なにわの海の時空館

王強二〇〇九『流光溢彩――中国古代灯具設計研究』江蘇大学出版社

＊　＊　＊

栄原　どうもありがとうございました。今日のお話は、古代の灯明とか灯火についてのお話でした。まとまった史料がないんですけど、古代の史料に出てくる油、灯明について整理をして、その全体を明らかにされたという点で、私はとても興味深く聞かせていただきました。それでは残りの時間、いろいろ教えていただきたいと思います。

松本　よろしくお願いします。

栄原　お話をまとめることはないのかもしれませんけども、古代の文献史料、それから絵画史料もあったと思いますが、灯りについていろいろ見てみると、やっぱり多くは仏教行事ですね。仏事に関する史料が多い。仏事に灯明というのは、今でもそうですけども、不可欠の存在として古代にはあったのだと思います。それから、その油については、史料に見える限りではほとんど胡麻油という高級な油を使っていたらしいというお話をされたと思います。灯すときの道具の話もしていただいたと思います。種類としては胡麻油、荏胡麻の油とか蔓椒油・麻子油、その他いっぱい種類があって、今でも椿油なんてなじみの油類だと思います。

それから油搾りの絵が『信貴山縁起絵巻』にあるということで紹介していただいたと思います。とても有名なものですけども、油を搾る様子が分かる非常に貴重な史料だと思います。道具について、今日特に教えていただいたのは灯心ですね、灯心に望陀(もうだ)布を使ってるということですね。これは正倉院文書の史料で、私の専門のところなのに、あまり注意してなかったなと思いながら聞きました。望陀布というのは、さっきもありましたように、かなり目の詰まった上等の布なんです。そういうものをおそらく幅一センチぐらいに切って、灯明皿に入れて灯りをともすということを知って、びっくりしました。毛細管現象の関係で目の詰まったもののほうが灯心に向いてるんだろうなと思った次第です。

後半のところで、難波の地域で出土している灯明皿をすべてあげていただいて、そこから読み取れることについてお話をされたと思います。今日のお話の一つのポイントは、須恵器の平瓶(へいへい)ですね。上が半分ぽんと欠けてるものの内側が漆塗りになっていて、油の容器なんじゃないかというお話でした。本日の講座のチラシにある松本さんの頭の上に電気がぽっと付いているのは、それを思い付いたときのことだと聞いて、ちょっと笑いました。たしかにたくさんの灯明皿に油をついでいかないといけないわけですよね。そうすると、そのための容器が必ずいるはずです。それでこういう取っ手が付いた容器でつぎ足していくと教えてもらって、とても面白かったです。

松本　内面に漆が付いた須恵器は今までは単純に漆の容器と理解されていましたけれど、ひとつの可能性として考えておく必要はありそうですね。

灯明皿が出土する場所にいた人たち

栄原　だいたいそんな話だったと思いますが、いくつか教えてください。普通の人たちは、日の出とともに起きて、日の入りとともに寝てしまうという、そういう生活が基本だったと思うんですね。ですから、そもそも灯明を使うのは特殊な生活だと思うんですね。あるいは、特殊な場合にしか使わないと思うんです。そこで、まず最初に難波地域で細工谷遺跡だとか瓜破遺跡で灯明皿が出てくるという話をお聞きしました。難波の宮域からは見つかっていないというのも意外な話でしたけども、私が興味を引いたのは、集落から灯明皿が出てるということです。たとえば図1で言いますと、奈良時代後半頃の加美遺跡で見つかった土師器皿の219とか220とかですね。この遺跡は集落という範疇で語られていますけれども、一般の人々が住んでるような集落でしたら逆に灯明皿が出てくるのはおかしいと思うんですよね。ところが加美遺跡でこういうものが出てきたというのは、一体どういう性格の集落と考えたらよろしいんでしょうか？

松本　遺跡の性格を考えるとき、大型の建物がなくて単に耕作地や土器などの遺物が見つかる場合、一般的に集落跡と分類しがちです。一つの遺跡全体を発掘調査することはなかなかできませんので、どこか一部分を調査することになります。そこで人間の生活の痕跡があれば集落跡とするのです。ですから、本来的には全体を調査するまで不明とすべきなのかもしれませんが、官衙でもない、宮域でもない、お寺でもない、でも人は住んでいたという意味で集落というふうに分けています。

栄原　なるほど、そうすると、集落とおっしゃられた意味は分かったんですけども、そうすると、この土師器皿の219・220が出てきたあたりは、一般の民衆が住んでるような場所じゃないと考えたらよろしいんですか？

松本　そうですね、今のところは集落と考えていますが、灯明皿の出土地から少し離れたところから掘立柱建物が見つかっているので、将来的には官衙的なものとか遺跡の位置づけが変わるかもしれません。長原遺跡でも水田以外に掘立柱建物跡が見つかっていますから、ちゃんと家もあって人が暮らしていたことが分かりますが……。

栄原　長原遺跡から出土したというのは14とか44のことで、奈良時代末頃のものですよね？　こういうのが出てきてますが、これも分類としては集落なわけですね？

松本　そうです。けれども灯明皿は特別な日用品ですから、油が買えるだけの裕福な人が住んでいたと言えると思います。

栄原　そこら辺がもっと分かるといいんですけども、今の話でいくと、ごく普通の庶民に関わるような灯明皿は、たぶん出ていないというふうに理解してよろしいですか？

松本　古代に関してはそう考えます。

栄原　灯明皿が出てくる遺跡というのは、油が買えるような、たとえば胡麻油なんて相当高いと思うんですけども、そういうものが買えるような人たちがいる場所だと考えてもいいということになりますね。

松本　そうですね。夜に文化的な活動をする人たちがいたところ、と言えると思います。

栄原　分かりました。一般の庶民がどんな生活していたのかは、とても興味深いところですね。今の話では灯りがないような生活だった可能性もある。暗くなったら寝てしまうというのが一般庶民だったんだろう。もう少しお金を持っていると、夜に何かしている、何をしているのか分かりませんけども、そういう感じだったんですね。

二条大路木簡の場合

栄原　次に、灯明が一番よく使われてたのは仏事関係だということでしたけども、正倉院文書も実は仏教関係の史料ですので、仏事関係の史料がたくさん出てくるというのは当然なんですね。『日本霊異記』も仏教説話集ですので、花・香・油、花とお香と灯明の油というのはセットで出てくることもよく分かります。現在残っている古代の史料の偏りから、仏教関係の事例がたくさん残ってるということだと思うんですね。しかし、それ以外に、二条大路木簡の史料（木簡番号五〇〇五）をお出しになられて、奈良時代の貴族たちの生活で灯明がどう使われたか、油がどれだけ消費されたか、そういう話をされたと思うんですけども、こういう史料は、実はほとんど残らないわけです。貴族の日常生活に関わる史料なんていうのは、まず残らない。長屋王家木簡とか、今言った二条大路木簡が稀有の史料として残っている。で、そういうところに灯明の話が出てくるので、全体として見渡すと、やっぱり仏事だけじゃなくて、貴族たちの生活でもけっこう、夜の活動があったんだろうと。そういうふうに見通しといてよろしいですかね?

松本　そうですね。でも、二条大路木簡の場合は屋敷の主がより天皇家に近いという意味で、他の貴族より特別な地位にあって、灯明の利用も特別多かったとも考えられますね。活動の中身まではわからないですけど。

二月堂お水取りにおける灯明

栄原　具体的に灯明の使われ方がよく分かるのは、結局仏事だということになるわけですね。ですが、仏事っていうのはやっぱり非日常の世界なので、どこまで古代の人々の生活に一般化できるかどうかで、すごく注意しないといけないんですけども、とにかくそこに迫るためには、仏事についてどういうふうに灯明が使われてたかということを考える必要があります。

お話のなかで、ちょっとお水取り（修二会）におふれになったと思うんですけども、私もお水取りの話を今日しようかなと思って来ました。

三月一日から本行に入りますよね。本行に入る前に「別火」という期間があるんです。別の火というのは俗世間の火とは違う聖なる火で使ったものでしか生活をしないという、その期間が別火なんですね。それは、実は二月二〇日から始まっていて、今も別火の最中なんです。別火を行うことによって、だんだん俗世間から清い体になっていって、それで本行に入っていくというんですね。

その別火に入る前々日の二月の一八日に「油はかり」というものをやるんです。油の壺が三つあって、それに桶で油を、今はブリキ缶みたいなものに入った白絞油、これは菜種油を精製したものですけども、それを入れるんです。壺に目盛りの付いた棒を立てて油の量を測ります。その壺は三つあって、一斗壺とか、一斗三升壺とか、けっこう大きな壺です。それを二月堂の片隅に置いといて、お水取りの行事の間、灯明皿に油を継ぎ足していくわけです。

二月堂のなかはたくさんの灯明があるんですけども、さっき聞いていて、あっと思ったのは、たしかに壺と灯明をつなぐもの、つまり油を運ぶものが必要だと思いました。今どうしてるのか、今度調べてみたいと思います。灯心については「灯心揃え」という行事もあって、長さを決めて灯心を切って灯心箱というのに入れるんです。今はイ草の芯を使ってるようです。

こういうふうに、実は修二会では灯明というものが非常に重要な意味を持ってるということが分かるわけです。他の仏事でもたぶんいっしょなんじゃないかと思うんですね。仏教の仏事では、灯りというものがとても大事だということになります。仏教行事の重要なところは夜やるんですね。この難波で出てきたさまざまな灯明関係の遺物は、仏事関係のものだと考えてよろしいんですか？

灯心の痕跡から考えられること

松本　可能性は高いですが、数がとても少ないので万灯会に使ったものではないと思います。それよりも日常のなかで、僧坊などで作業をするための個人の灯りだと考えています。

栄原　なるほど。仏教の儀式で使われるものというよりも、むしろお坊さんたちが日常に使ったものではないかということですね。

松本　はい。でも灯心の痕跡が灯明皿一枚について二～三カ所しかなくて、そんなに長期間使っていないようです。同じところに灯心を重ねて置いている可能性もありますが、一枚のお皿を何日もしぶとく使っていたという感じではないんですね。だから、何か一時的に特別な作業をするときだけ使っていたもののようです。仏様の前に常に置いておく灯明というわけではなく、やっぱり個別の作業用に個人が使っていたのではないかなというふうに考えます。

栄原　はい。常に灯し続ける灯明ってありますよね？　たとえば比叡山のずっと燃え続ける灯明。そういうのは「常灯」という言葉を使いますけども、実は二月堂でも常灯があって、これはもう年中絶やすことなく、ずっと燃やし続けるんですね。そういうものは、今日のお話の土師皿とは違う容器なんじゃないかと思います。二月堂のはどういうものか、調べたいと思います。

松本　常灯というのは、きっと金属製じゃないでしょうか？

栄原　ああ、そうですね、金属製ですね。お椀型のものが多いと思います。それで、さっき灯心の数が二つ三つぐらいしかないとおっしゃったのではっと思ったんですが、なんで引っ掛かったかと言うと、灯明皿と言ったらまず思い出すのは馬場南遺跡です。これは木津川市にある遺跡なんですが、山間に小さなお堂と塔がある寺院で、そこから膨大な量の灯明皿が見つかってるんです。全体で五千数百というふうに言われています。そのうち三〜四〇〇〇はほぼまとまって出てまして、私の記憶では六カ所ぐらいにまとまっていたと思います。溝の横が台地になっていて、そのうえで灯明を焚いて、それを溝に放り込んで捨てたんですね。おびただしい量の灯明皿です。

その馬場南遺跡の報告書を見ると、灯心の数は一から三でそれを超すことはないようなんです。台地の上に灯明皿をいっぱい並べて燃灯供養をやって、終わったらそれを捨てるんです。だいたい一回で一五〇枚ぐらいだそうです。一五〇個ぐらいの灯明皿で燃やして、済んだら捨てるということを何回も繰り返してると、四〇〇〇という膨大な数になるわけです。そこでよく分からなかったのは、灯心が複数あるというのはどういうことを意味するんですか？

松本　灯心が燃え尽きるごとに場所を変えて新しい灯心を置くということもあるでしょうし、一度に灯心を複数置いて、じゃんじゃん火を灯したという可能性もあると思います。残念ながら灯心痕の観察では、燃焼の時間差は分かりません。ただ、近世の灯明皿になりますと灯心一本では暗いので、通常二本とか、贅沢なときには三本ぐらいを置いて燃やしました。だから同じように灯明を明るくするために、いっぺんに灯心を三本置いて燃やした可能性もあります。

栄原　ああ、なるほど。そこが知りたかったんです。一万何千杯で燃灯会をやったと史料に出てくるんですが、これはお皿の数なのか、燃えてる灯心の数なのか、そこが前からすごく気になってました。暗いなかで灯明をつけますから、ちょっと離れたところからは個々のお皿は見えないと思うんです。明かりだけが見えてる、そういう状態だと思うんです。そうすると、一枚のお皿に灯心をいくつか置いていっぺんに灯せば、油の消費量はそれだけ増えますけども、灯明の数は増えます。灯明の数が多いのは供養になりますから、そういうことだったのかな。つまり同時の灯心の跡なのか、それとも時間差がある灯心の跡なのか、それ知りたいと思ってお聞きしたんです。

松本 時間差は分かりませんが、灯心痕が九〇度や一八〇度離れた位置にあるものは同時に燃やした可能性があるかもしれません。

油の消費量から時間を推測できるか

栄原 そうですか。そこが分かるととても面白いんですけども。一つの灯明皿を何回も使い続けたのか、それとも一気に使ってぽんと捨てたのか、その差ということになるんじゃないかと思います。あともう一つ油の消費量ですが、一部屋で一晩でだいたい一合ぐらい使ったのではないかということでしたね。

松本 はい。

栄原 ここもすごく知りたくて、灯明皿の大きさはだいたい直径十数センチぐらい、深さも一センチから二センチぐらいで二〇～三〇ミリリットルほど入るということでした。そうすると、一晩で八〇ミリリットル使うんだったら、やっぱり継ぎ足しをしてるんですね。

松本 ただし灯明皿を複数枚使って八〇ミリリットルを四枚に分ければ、一度に使えてしまいます。

栄原 なるほど、そうですね。分かりました。実は私が知りたかったのは、八〇ミリリットルでどれくらい時間がもつのかということです。

松本 これはですね、昔ちょっと実験したんですが……。

栄原 ああ、そうですか、うんうん。

松本 イ草の灯心一本を土師質の皿を使って胡麻油七五ミリリットルを継ぎ足しながら燃やしたときは六時間で

燃えつきました。布製の灯心だと油を吸う量が増えますから、もっと炎が大きくなって早く燃えつきるでしょう。

栄原　ああ、そうですか。何でそんなことを聞いたかというと、正倉院文書に「上山寺悔過所解（案）」（天平宝字八年三月一日）というのがあるんです。実は私、今これを使って一生懸命論文を書いてる最中なんですけども、胡麻油を灯明の油として使っていて、お坊さん四九人分の供養料で「別一合五勺」と書かれてあります。これは僧七人で七晩という意味なんですが、一晩で一合五勺使っているんです。当時の一合が今の何ミリリットルかというのは実はよく分かってないんですけども、通説的に今の四割と考えますとだいたい一〇〇ミリリットルちょっとぐらいなんです。先ほどのお水取りの例では、お坊さん一人に灯明皿一個でした。そういう状態かどうか分かりませんけども、最低七つぐらいの灯明皿があるとして、ひょっとしたらその倍、一人に当たり二つぐらい並べてるかもしれないですが、仮に一合五勺を一〇〇ミリリットルだとすると八時間ぐらいになりますから、深夜まで明かりがついていたことになります。

松本　一人一〇〇ミリリットルで一皿燃やすとすると、そうなりますね。あと灯心の太さがどれくらいかが問題ですね。イ草の灯心と布の灯心では太さが全然違いますので、二倍ぐらいは早くなくなるんじゃないかと思います。

栄原　ああ、そうですか。そうすると約四時間ですね。それはちょっとがっかりです。なぜ時間のことにこだわるかというと、「上山寺悔過所解（案）」は悔過（けか）の史料なんです。悔過は懺悔（ざんげ）のことで、夜中にお坊さんたちが、本尊に対して民衆の罪を懺悔するという儀式なんです。それは夜やるんですが、どれくらいの時間をかけてやるのか分からないかなと思ったんです。灯明の油の量から、悔過はいったい何時間ぐらいかけてやるものなのか分からへんかなと思ったんですけども、なかなか決まらないわけですね。

松本　そうですね。やっぱり灯心の太さ、本数、お皿の数にもよりますし……。二月堂お水取りの十一面悔過は未明までやってますけども。

胡麻油とそれ以外の油

栄原　うん。そうですか。なかなか決まらないのは残念ですね。ちょっと話題を変えますけども、古代の灯明の燃料はほとんど胡麻油でしたが、それ以外に荏胡麻を搾る史料があるというお話だったと思うんですけども、荏胡麻の油を灯明に使ったという史料はありますか？

松本　ありません。『続日本紀』や正倉院文書など主だった史料を見る限り、明らかに灯明用として荏胡麻油を搾ったとか支給したとか、そのような記録はないです。

栄原　正倉院文書の「天平勝宝三年十一月二十八日　絞荏油雇人功食用銭等解」は荏胡麻の油を搾るというとても貴重な史料ですね。こんな珍しい史料ほかにはありませんね。これで搾るところまでは分かるわけですが、その搾った油を何に使ったかというところまでは、ここからは分からないのはとても残念です。

松本　そうですね。食用かもしれませんし、皮なめしなどの作業用に使ったのかもしれません。

栄原　荏胡麻一石というのは相当な量で、それを搾って何に使ったのか、そこまで書いてくれたら、とってもいい史料になったんですけど、残念ですね。

松本　灯明用の油は近世になると菜種油が普及するのですが、私はそれ以前は荏胡麻油が一般的だと思っていました。でも正倉院文書を見ると灯明油として名前が出てくるのは胡麻油しかないので、最初は胡麻油を使っていたのか、と考えなおしました。

栄原　結局は史料の問題で、仏事関係はたしかに胡麻油で、単に油と出てきてもそれは胡麻油がほとんどだと思います。同じものについて、ある場所では胡麻油と出てきて、別の個所では単に油としか出てこない例がいくつもありますので、仏事関係はもっぱら胡麻油を使っていたと思います。しかし仏事以外では、それ以外ではひょっとしたら別の油使ってたかもしれない。

松本　やっぱり香りとか、そういうことが関係するんでしょうか？

栄原　そうかもしれませんね。胡麻油はいいにおいするんですか。

松本　おいしいにおい、しますね。

栄原　そういうことが何か関係するのかもしれません。使い道によって油の種類が違うのかどうか。そのあたりも実はよく分かっていません。仏事はほぼ胡麻油だろうと言える。しかしそれ以外の、たとえば貴族の生活のレベルで本当に胡麻油ばかりなのかどうか。そこら辺はまだ分からない。油の種類とそれをどういう場面で使っていたかということは、詰めて考えていくと面白いんじゃないかなと思います。そこで、ちょっと笑われるような質問かもしれないんですけども、土師器の皿だったら油がしみ込んでますよね。それを分析してなにか分かりませんか？

松本　分析したことはありません。灯明皿そのものは見た目は普通の食器用の皿と全然変わりませんし、油のしみが残っているものもありません。けれど、煤やタール状の黒い付着物は分析したほうがいいですね。

栄原　さっきの馬場南遺跡で、油の痕跡が残ってる事例があれば、それを分析する価値はありますね。ただし、私はよく知りませんけど、胡麻油と荏胡麻の油とは分析して区別できるのかどうかもわかりません。

松本　それはどうでしょうかね。分かるんでしょうか。

栄原　そういうことがもし分かれば、物自体から攻めていく道がまだあるかもしれないという気はしますね。それから、いくつか油の例を挙げられたと思うんですけども、胡麻油、荏胡麻油以外に蔓椒油と記されている犬山椒（いぬざんしょう）もけっこう史料に出てくるんで、そのあたりまではわりと使ってたかなって気はします。

松本　そうですね。個別の名前が記されるということは、一般的に知られていた植物だと思います。

栄原　使途あるいは使う人間と、油の種類とが対応関係があるのかどうかという点は、今のところ全然分かってないので、考えていく価値があるんじゃないかと思います。それで、油というと動物性の脂もすぐ思いつきますけど、これは灯明には使いますか？

松本　文書などの記録からいいますと、灯明にはまず使っていないようですね。髪に塗る整髪油とか、皮膚や皮革製品の乾燥を防ぐ薬剤のような使い方をしていたようです。『日本霊異記』には、行基が明日香の元興寺で法会を行おうとしたところ、髪に猪油を塗った女性を見付け、その法会から退席させたという話があります。法会は仏事ですし、動物性の脂はにおいがきつくて好まれなかったのではないかと思います。

栄原　動物性の脂を燃やしたら、どんなにおいするのかよく分からないんですけども、けっこう臭いんじゃないでしょうか。

松本　焼き肉のにおいになるでしょうね。

栄原　ああ、焼き肉のにおいね。それをいいにおいと思うかどうかですね。焼き肉のにおいを毎日かいでたら相当たいへんだと思いますけどね。

松本　古代の文書では動物性の脂として猪がよく出てきますが、江戸時代になると庶民は灯明油に鰯を煮て抽出した油を使っていました。鰯油、これは菜種油に比べて価格が安いんですけど、ものすごく臭かったそうです。それこそ家のなかで鰯を焼くにおいですね。一晩中それをかぎながら作業をするのはきついでしょうね。

栄原　それはしんどいですね。

松本　室内ではやっぱり植物性の油が一番ふさわしいと思います。

栄原　あと椿油なんかも使ってたと思うんですけども、これはお化粧用とか、別の用途なんでしょうね。

松本　そうですね。特に香りが良いですから。

栄原　もう一つ考えなければならない点は、松本さんもおっしゃったんですけども、どれくらいの時間火が灯ってるかということを考えるためには、度量衡、特に量の問題が重要です。古代の史料では、みな一升とか五合などと出てくるんですが、それが今の量でどれぐらいになるのか。そこがはっきりしないと、灯明皿に二〇ミリリットル、三〇ミリリットル入るといっても、それは昔の何合になるのか分かりません。これは実は灯明の問題だけじゃなくて、古代の史料を今の時代に置きかえて考えるときにいつもネックになるんです。量はもちろん、重さもそうだし長さもそうなんですね。これは非常に難しいんですけども、先ほど松本さんがおっしゃったのは、だいたいどれくらいの換算率で話をされたんですか。

松本　一合が何ミリリットルかというのは諸説ありますが、考古学の資料では平城京から須恵器の枡が出土しています。それには「三合一勺」とか「二合半」のような墨書があって、実際に水を入れて計ったところ三合一勺と墨書された碗Aは二五二ミリリットル入ったそうです。これだと一升が八〇〇ミリリットル前後になります。もちろん一つひとつ手作りの焼物ですから、焼けひずみやばらつきがあるでしょうが、私はそれぐらいだと考えています。

栄原　ああ、分かりました、正倉院の宝物のなかにもう一つ事例があります。容器に同じように量が書いてあるんです。正倉院の宝物のなかに水を入れるわけにいかないんで、細かいヒエの粒を入れてはかったという事例があるんです。それでだいたい約四割だと言われているんです。今の一升が一・八リットル、一八〇〇ミリリットルだとしますと、その四割ですから、一升が七二〇ミリリットルぐらいになるということです。この七二〇ミリリットルというのは長い間通説だったんですけども、松本さんの示された平城京の例はすこし多くて八〇〇ミリリットル前後でした。つまり一升あたり八〇ミリリットル違うわけです。これはけっこうな違いです。基本的な作業としてそのあたりをはっきりさせる必要が実はあります。これは灯明とか油の話だけじゃなくて、あらゆることに関わる話で、お米一石はどれくらいか、水一斗はどれくらいの量かとか、さまざまな量に関わってくる問題なんです。実はそういう基本的なことが分かってないのです。

松本　本当にそうですね。考古学は実物で歴史を語る強みがあります。日常生活のささいなことでも明らかにできたら、古代史はもっと立体的に復元できると思います。

栄原　もうだいぶ時間が過ぎてしまいましたけども、今日は主として奈良時代を中心に、古代の灯明というのは一体どういうものであるかというとても興味深い話を聞かせていただいたと思います。長野の小布施というところに「日本のあかり博物館」というのがあるんですけども、昔そこに行った記憶があります。そこはだいたい江戸時代以後の話で、古い時代の展示はほとんどない。いろんな論文を見ても、奈良時代の明かりとか灯明はどうだったのか、ほとんど研究がないんです。今日の松本さんの話は、難波に重点を置きながら、その点を明らかにしていただいた貴重なお話だったと思います。史料の関係で、仏事については分かるけれども、それ以外はどうであるのか、階層によって灯明の使い方に違いがあるんじゃないか、油の種類によって使い方が違うかもしれないとか、興味が尽きません。今日はほとんどお話しできませんでしたけども、地域差があるのかもしれないとも思います。今日は平城と難波の話でしたけども、別のところではどうだったのか。灯明を巡って、まだ解明されてない問題がいっぱいあるということがお分かりいただけたんじゃないかと思います。時間が過ぎましたので、今日はここまでにさせていただきたいと思います。どうもありがとうございました。

（会場　拍手）

朝鮮と琉球

木土博成

はじめに

現在の世界には二百近くもの国があるそうです。もちろん、それぞれの国と日本の関わりは一様ではありません。たとえばアルバニアやモザンビークに比べると、韓国・中国・アメリカの方が日本との経済的結び付きは強く、人的交流も盛んです。国境を越えた人の移動が当たり前となった今日において、韓国人や中国人、アメリカ人を見たことがない、という日本人は少ないのではないでしょうか。それでは海外旅行が禁止されていた江戸時代の日本人にとって、もっとも身近で、実際に見たことがあるのは、どの国のどういう人だったでしょうか。もちろん、住んでいる場所や時期によって差はあるでしょうが、多くの人が挙げるのは、朝鮮と琉球からやってきた使節、すなわち朝鮮通信使・琉球使節であったと考えられます。

江戸時代の作家に、唐来参和（とうらいさんな）（一七四四〜一八一〇）という人がいました。彼はその作中で、「万国」という言葉に繋げる枕に、「てうせん（朝鮮）・りうきう（琉球）ハいふニおよハず」と書きました。朝鮮・琉球は言うに及ばない、というわけですから、もっとも身近な「異国」が朝鮮・琉球であるという了解が、前提として作者・読者に共有されていたことがうかがえます。ただしこの二ヶ国が、日本との関係においてまったく同じ立ち位置にあったかというと、そうではありませんでした。豊臣秀吉の出兵により、朝鮮とは一旦は関係が破綻しましたが、江戸時代に入ってからは隣国として交流が続けられました。このような交流は、朝鮮通信使としてよく知られています。

一方の琉球はというと、少し説明が必要かもしれません。今日、沖縄県が日本国の一部であることを否定する人はほとんどいないと思いますが、明治期以前の琉球国は、日本から見て「異国」でした。十五世紀以降、中国の冊封国として独自の歴史を歩んできた琉球は、徳川家康が大御所として君臨した慶長十四年（一六〇九）、薩摩島津氏の軍事侵攻を受け、敗北を喫します。これにより、島津氏の「附庸」（属国）となりますが、一方で従来通り王国としての実態を温存することが許されました。要するに、日本にとって「異国」でありながら、島津氏の「附庸」でもあるという稀な地位に置かれたのが、近世期の琉球なのです。その近世琉球の国王から江戸の将軍のもとに送られたのが、琉球使節です。

本章では近世期、とりわけ豊臣秀吉の時代から江戸幕府の前・中期のおよそ二百年間を対象に、それぞれの時代を生きた日本人が、朝鮮と琉球という二ヶ国にどのような眼差しを向けたかについて、外交文書や、大坂とも関わりの深い朝鮮通信使や琉球使節に注目し、述べたいと思います。

さっそく時系列にそって見ていきましょう。

一　室町期

まず前提として、近世以前、すなわち室町期の日本人にとって、朝鮮と琉球がそれぞれどのような相手に映ったかを確認しておきましょう。絶好の検討材料を提供してくれるのが、手紙（外交文書）です。ここに一例として、室町幕府四代将軍・足利義持が朝鮮国王に宛てた国書を示します。

日本国源義持、朝鮮国王殿下に拝覆す……是より先釈氏の蔵経を需めしに、皆願いの如きを得たり。銘佩(めいはい)の至りに勝(た)えることなし。今復尽きざるの求めあり。重ねて一蔵を請う。此の方の人をして福を現当に植えしめんと欲するなり。苟(いやしく)も其の善に与して、頒つに七千巻全備の典を以てせば、則ち利宝を以て付せらると雖も、未だ此を為すに足らず……

応永二十九年(一四二二)五月日

読み下して掲げたのですが、原文は京都五山の禅僧が気合いを入れて仕上げたものと見え、難解な漢文で書かれています。漢文は当時の東アジアの共通語であったわけですから、これはれっきとした外交文書といえるでしょう。かいつまんで現代語に訳すと、「日本国の源（足利）義持から朝鮮国王殿下に対しつつしんでお返事いたします。先にお願いしていた大蔵経をお送りいただきありがとうございました。重ねて、大蔵経一部七千巻を頂戴できたら、これほど嬉しいことはありません」といった内容です。

一方、琉球宛ての手紙はどうでしょうか。同じ義持が琉球国王に宛てたものは次の通りです。

御文くハしく見申候、しん上の物ともたしかにうけとり候ぬ、

応永廿一年(一四一四)十一月廿五日

りうきう国のよのぬしへ

内容は「（琉球からの）お手紙くわしく見ました。進上のものはたしかに受けとりました」というもので、いわゆる受取状と見なせます。様式は候文で書かれており、完全な外交文書というよりは、将軍が国内の家臣に宛てた手紙、すなわち「御内書(ごないしょ)」に似た形をとっていることがわかります。宛先を「琉球国王」とせずに「りうきう国のよのぬし（琉球国世主）」としている点も、琉球を朝鮮のような「異国」とは見なさなかったことを示します。

このように、室町期においては外交の朝鮮、内政の延長上の琉球というように、日本から見て両国は同列視され

るものではありませんでした。このようなあり方が変わるのは、秀吉の治世下です。

二　豊臣秀吉期

織田信長が朝鮮・琉球についてどのような情報を持ち、いかなる構想を持っていたかは定かではありませんが、跡を継いだ秀吉の場合はわかっています。秀吉は天下を固めるのと同時並行で、様々な「異国」に対してもみずからのもとへ「御礼」（挨拶）に来るよう要求します。朝鮮や琉球は様子見も兼ねてでしょうか、外交使節を秀吉のもとに派遣し、国王の手紙（国書）を秀吉に届けています。秀吉はこれに返信する形で両国王に対し、天正十八年（一五九〇）に手紙を送ろうとします。ちょうど小田原の後北条氏を攻める年のことです。雰囲気を味わえるように、あえて一部を原文のままで掲げ、その上で、現代語で意訳をつけることにします。

〈朝鮮国王宛て〉

日本国関白秀吉、奉書朝鮮国王閣下、雁書薫読、巻舒再三、抑本朝雖為六十余州、此年諸国分離、乱国綱、廃世礼而不聴朝政、故予不堪感激、三四年之間、伐叛臣討賊徒、及異域遠島、悉帰掌握……貴国先駆而入朝……予入大明之日、将士卒臨軍営、則弥可修隣盟也、予願無他、只顕佳名於三国而已、方物如目録、領納、珍重保嗇、不宣、

天正十八年仲冬

（意訳）日本国の関白である秀吉から、朝鮮国王閣下にお手紙を差し上げます。（朝鮮国王からの）お手紙を拝見しました。さて、我が国（日本）は六十余州あるのですが、近年は戦国の世のためばらばらで、国としてまとまった政治を執りおこなうことができていませんでした。わたし（秀吉）はこのことに堪えられず、わずか

三四年の内に敵対勢力を討伐し、全国を統一しました……「貴国」（朝鮮）は先に明（中国）に朝貢しなさい……わたしが明に攻め入る時、軍隊を率いて行くので、そのときに盟約を結びましょう。私の願いはただ一つ、その名を三国に轟かせることです。こちらからの贈り物は別紙の通りなので、受け取ってください。

＜琉球国王宛て＞

日本国関白秀吉、奉書琉球国王閣下、玉章披閲、再三薫読、如同殿閣而聴芳言、抑本朝六十余州之中、撫兆民施慈恵、而不遺尺土寸地、悉帰掌握也、雖然与異域不講交、則為遺憾、祗今得貴国之奇物……自是当国方物聊投贈之、目録備于別紙、余蘊分付島津義久・天龍寺桃菴東堂之口実也、恐懼不宣、

天正十八年龍集庚寅仲春二十有八日

関白

琉球国王

（意訳）日本国の関白である秀吉から、琉球国王閣下にお手紙を差し上げます。（琉球国王からの）お手紙を拝見しました。日本国の六十余州については、万民に善政を施し、すべて統一することができました。日本以外の異域とも交わりたいと思っていたところ、「貴国」（琉球）から珍しい物をいただきました……こちらからも贈り物をいたします。詳しくは島津義久らから伝えさせます。

内容を原文のまま読みとくのはかなり難しく、それはこれらがれっきとした漢文で書かれているから、つまり外交文書だからです。ここで大事なのは、秀吉が「琉球国王」に宛てて外交文書を送ろうとしている点です。室町時代の「御文くハしく見申候……」と比べてなんたる違いでしょう。天正十八年（一五九〇）段階の秀吉は、朝鮮と琉球を同じような「異国」と認識したようなのです。

ただしこのようなあり方は長くは続きません。直後に、朝鮮と琉球の立場を決定的に異ならせる出来事が発生し

たからです。それは朝鮮出兵（文禄・朝鮮の役）です。出兵を間近に控えた天正二十年（一五九二）、秀吉は琉球を島津氏の与力（配下）と位置づけ、朝鮮出兵の軍役を琉球にまで課したのです。ここに、秀吉により攻められる朝鮮と、攻め手に協力させられる琉球という構図が生まれ、朝鮮と琉球を同じような「異国」と見るあり方は、途絶しました。

三　徳川家康・秀忠期

なかなか一筋縄で展開していかないのが歴史の難しさであり、かつ面白さでもあります。つぎの画期は、徳川家康の時代に訪れます。関ヶ原合戦を経て秀吉の後継として地位を固めた家康は、十を超える国々との積極外交を展開します。その中でも家康にとって最重要課題であったのが、朝鮮出兵によって関係が悪化した明（中国）と国交を回復することでした。その際、家康は明の伝統的な冊封国である朝鮮・琉球という二ヶ国に、仲介の労をとらせようとします。家康は関ヶ原の合戦が終わった直後から琉球国王に対し、自らのもとへ「御礼」（挨拶）に来るように求め、慶長十二年（一六〇七）には朝鮮からやってきた外交使節（のちの朝鮮通信使）を引見します。これらは、明との講和を視野に入れた動きでした。

このような中、事態は動きを見せます。慶長十四年（一六〇九）の「島津の琉球入り」と呼ばれる軍事侵攻が発生したのです。三千人ともいわれる島津軍は首里城に迫り、琉球国・尚寧（しょうねい）王はこれに降伏する道を選びました。琉球侵攻について、島津氏は事前に天下人・家康に許可を得ていました。ということは、家康は明との講和を望みながら、一方で明の冊封国である琉球への実力行使を許したというわけです。現代の我々からすれば矛盾しているようにも見えますが、おそらく明との講和仲介を琉球に強制させる意図があったのでしょう。

尚寧王は翌慶長十五年（一六一〇）、薩摩藩主・島津家久に引きつれられ、駿府の家康、江戸の秀忠のもとに参上します。敗軍の将ですので、捕虜のような立場にあったわけですが、このとき家康は側近を通じて「尚寧王が江戸に下る際、伏見から江戸までの道中でのお宿や人馬の馳走は、これ以前に朝鮮からの勅使がお越しの時と同じように馳走する」と表明しています。尚寧王の待遇は三年前の朝鮮使節に準じられていて、家康が丁重に王を迎えたことが分かり、王への期待値の高さがうかがえます。

ただしその後、大坂の陣を経て徳川家の覇権が確定し、国内が安定化に向かう中で、秀忠は明との講和にこだわらなくなっていきます。自分に自信が持てるようになると、他人との関係性にそれほど気をつかわなくなる、といったところでしょうか。琉球が島津氏に服したこともあり、朝鮮と琉球を同じような「異国」と見る認識は、幕府の中で薄らいでいくのです。

四　徳川家光期

さてここまで、室町期、秀吉期、家康・秀忠期と順を追って、朝鮮と琉球それぞれに対し、日本の中央政権がどのような眼差しを向けていたかを見てきました。このような紆余曲折を経て、朝鮮と琉球という枠組みを考える上での最大の画期が訪れます。それは寛永末年（一六四〇年代）、三代将軍家光の治世下のことでした。

寛永九年（一六三二）に父・秀忠を亡くし、親政を開始した家光は、前代までの対外関係の再編に乗り出します。秀吉や家康・秀忠の時期は、朱印船貿易といって東南アジア諸国へ出向いての貿易が盛んでしたが、家光はこれを禁じます。また、ポルトガル勢力を国内から追放し、キリシタン禁制を徹底する中で、日本国に上陸できる「異国人」は次の人々に限られるようになりました。まず朝鮮から国書をもたらす通信使。そして長崎での商いのみが許されたオランダ人・唐人。さらには、薩摩藩が江戸まで引率してくる琉球使節です。

この琉球使節は慶賀使（賀慶使）・謝恩使（恩謝使）と呼ばれ、いずれも薩摩藩の指導のもと琉球国王が派遣したもので、前者は将軍家の代替わりなどの際に、後者は国王の代替わりの際に、それぞれ江戸の将軍のもとに上りました。かつて秀吉・家康の時代は、天下人自らが統一事業や対外構想を実現する上で、琉球国王に使節を派遣させることに積極的な意味を見出していました。しかし、この時に琉球から使節を上らせることに躍起になり、琉球使節を成立させたのは、将軍家光ではなく薩摩藩なのでした。薩摩藩は、琉球がたんに自身の属国（「附庸」）であるだけでなく、幕府が関係を持ってくれる「異国」でもあることを確認する機会を欲していました。そのため、「異国」からの使節＝琉球使節という絶好の切り札を切ったのです。

さて、寛永二十一年（一六四四）の琉球使節の派遣にあたり、薩摩藩はすでに恒例行事となっていた朝鮮通信使の存在を念頭に置き、色々と通信使に準拠しようとします。たとえば、家康を祀る日光に琉球使節が奉納する物について、薩摩藩は朝鮮通信使が先に奉納したものを調べ、同じようなものを奉納しようとします。関連して、薩摩藩の江戸詰の家老が鹿児島に宛てた申し送り状には、次のような記述があります。

琉球人の人数については、百二十人ほど召し連れるということですが、朝鮮人と違って、少ない人数で参ったならば、世間の噂も良くないと思われます。せめて三百人ほど参ったらどうかと、江戸で懇意にしている方々も仰っているので、今となっては手遅れかもしれませんが、あと百人ほど追加で招集し、合わせて二百四、五十人も参ったら良いと思います。思いのほか大人数で参ったならば、将軍家光さまのお耳にもよく入りお喜びになるかと思います。

このように、薩摩藩では朝鮮通信使の先例を強く意識し、そこに近づけることを目指していました。朝鮮は当時の幕府外交の最重要相手国でしたので、薩摩藩にしてみれば、そこに準拠しておけば間違いないと思ったのでしょう。また朝鮮だけでなく、琉球に対しても同じくらいの関心を幕府に払ってほしい、というのが薩摩藩の本音だったのかもしれません。

このようにして、薩摩藩が画策した琉球使節を幕府が受け入れることで、江戸時代にもっとも身近な「異国人」といえば朝鮮人・琉球人である、と人々が思うだけの環境は整ったのです。

五　朝鮮と琉球の序列

つづいて朝鮮通信使と琉球使節の序列に話を進めます。江戸幕府は朝鮮と琉球という二つの「異国」と正式に関係を持ったわけですが、この二ヶ国を完全に対等に扱ったわけではありませんでした。このことを以下、色々な面から確認したいと思います。

名目

まずは基本的な事柄を確認しておきます。朝鮮使節と琉球使節は、江戸時代を通じてそれぞれ十二回、十七回派遣されました（次頁表）。その名目は、琉球使節についてはすでに述べたように、将軍家の代替わりなどの際に派遣される慶賀使、琉球国王の代替わりの際に派遣される謝恩使、という二種類から成りました。いってみれば、前者は「おめでとうございます」という祝意、後者は「相続を認めていただきありがとうございます」という謝意を伝えるための使節です。

一方、朝鮮通信使の名目は何かというと、江戸時代の最初の三回は回答兼刷還使といって、日本側からの手紙に「回答」するとともに、朝鮮出兵によって日本に連れて行かれた人々を「刷還（さっかん）」する、すなわち取り戻すための使節で

朝鮮・琉球からの使節一覧

回数	年（和暦）	種類	名目
①	1607（慶長12）	回答兼刷還使	
②	1617（元和3）	回答兼刷還使	
③	1624（寛永元）	回答兼刷還使	
④	1636（寛永13）	朝鮮通信使	太平の賀
⑤	1643（寛永20）	朝鮮通信使	徳川家綱の生誕
❶	1644（寛永21）	慶賀使・謝恩使	徳川家綱の生誕と尚賢王の襲封
❷	1649（慶安2）	謝恩使	尚質王の襲封
❸	1653（承応2）	慶賀使	徳川家綱の襲職
⑥	1655（明暦元）	朝鮮通信使	徳川家綱の襲職
❹	1671（寛文11）	謝恩使	尚貞王の襲封
❺	1682（天和2）	慶賀使	徳川綱吉の襲職
⑦	1682（天和2）	朝鮮通信使	徳川綱吉の襲職
❻	1710（宝永7）	慶賀使・謝恩使	徳川家宣の襲職・尚益王の襲封
⑧	1711（正徳元）	朝鮮通信使	徳川家宣の襲職
❼	1714（正徳4）	慶賀使・謝恩使	徳川家継の襲職・尚敬王の襲封
❽	1718（享保3）	慶賀使	徳川吉宗の襲職
⑨	1719（享保4）	朝鮮通信使	徳川吉宗の襲職
⑩	1748（延享5）	朝鮮通信使	徳川家重の襲職
❾	1748（寛延元）	慶賀使	徳川家重の襲職
❿	1752（宝暦2）	謝恩使	尚穆王の襲封
⑪	1764（宝暦14）	朝鮮通信使	徳川家治の襲職
⓫	1764（明和元）	慶賀使	徳川家治の襲職
⓬	1790（寛政2）	慶賀使	徳川家斉の襲職
⓭	1796（寛政8）	謝恩使	尚温王の襲封
⓮	1806（文化3）	謝恩使	尚灝王の襲封
⑫	1811（文化8）	朝鮮通信使	徳川家斉の襲職　※対馬止まり
⓯	1832（天保3）	謝恩使	尚育王の襲封
⓰	1842（天保13）	慶賀使	徳川家慶の襲職
⓱	1850（嘉永3）	謝恩使	尚泰王の襲封

①～⑫は朝鮮通信使、❶～⓱は琉球使節

した。そしてその後の朝鮮通信使は、琉球使節でいうところの慶賀使、つまり将軍家の代替わりなどを祝うための使節のみが派遣されたのです。

この差は、本質をついています。琉球は自国の王が替わる際、形式的であっても将軍の許可が必要で、だからこそ謝意を伝える謝恩使もあったのです。他方、朝鮮から謝恩使にあたるような使節は派遣されません。それもそのはずで、朝鮮国王と徳川将軍は家臣と主君の関係にあったわけではなく、対等な関係でありました。なので、朝鮮は自国の王の代替わりについて、将軍に云々してもらう立場にはなかったのです。とすれば、謝恩使を送らなければならなかった分、相対的にいって、琉球は朝鮮の下位にあったとみなせるでしょう。

手紙

このような格差は、文通の内容にも表れています。寛永二十一（一六四四）年の琉球使節は、国王からの手紙を持参していました。これに対し、幕府から返信したものを次に原文のまま掲げ、意訳を付します。

〈琉球国王宛て〉

珍書披覧欣抃之至也、若君様御誕生之儀、於其国被聞及、使者金武到来、為祝儀進献之土産如目録遂被露于両上様之処、御前エ金武被召出、御機嫌不少候、委細使者可有演達者也、不宣、

寛永二十一年（一六四四）甲申七月十二日

従四位下対馬守阿部朝臣重次

従四位下豊後守阿部朝臣忠秋

従四位下侍従兼伊豆守源朝臣信綱

報復　中山国王

館前

（意訳）珍しいお手紙の到来を喜んでおります。さて若君様（家綱）がご誕生になったことを、「其国」（琉球）でも聞き及び、使者として金武（きむ）（王子）が到来しました。祝儀として持参してきた土産物を両上様（家光・家綱）に披露したところ、上様は金武を召し出し、たいそうお喜びになりました。

つぎに、前年に家綱生誕のお祝いのために派遣された朝鮮通信使に対し、日本側が朝鮮側に送った手紙を掲げま

す。

〈朝鮮国王宛て〉

日本国源（家光）敬復朝鮮国王殿下、専价云到旧好益深、省書具審、賀我有祚胤之慶、遠修嘉儀、其所遣方物如数収之、礼意之至、欣歓猶甚、且自撰祭文、遣价于日光山、敬祀東照大権現、呈親筆之大字、備宝鐘瓶炉之供、何不答其欵誠、亦可以感謝其交際恭敬之志、永以為好、則不亦善乎、价還附土物、当依別幅被検取、余希亮鑒、不宣、

寛永二十年（一六四三）八月三日

日本国源

（意訳）日本国の源（徳川）家光から朝鮮国王殿下に対し、お返事申し上げます。家綱公が誕生したことにつき、贈り物をいただきありがとうございました。また、日光東照宮に朝鮮国王のご親筆などをいただき、ありがとうございます。こちらからも贈り物をいたします。

両者を見比べたときの最大の違いは、差し出し人です。琉球国王に返事をしているのは将軍家光ではなく、江戸幕府老中の面々ですが、朝鮮国王に対しては、家光が自ら返信しています。「異国」の中でも、朝鮮と琉球の国王のみと幕府は文通するという点で、両国は同じ位相にあったのですが、これらは同等の扱いを受けたわけではなかったのです。家光が自ら差し出し人となる点もまた、朝鮮が琉球よりも上位に置かれたことを示します。

迎接行為

朝鮮が上位であることは、江戸幕府が両使節に対し、道中で行った迎接行為からも確認できます。まず朝鮮通信使に対しては、九州～大坂の瀬戸内海を通航する際、各地の大名らによって七五三膳などの馳走がなされました。

図１　朝鮮通信使に提供された幕府の御座船『朝鮮通信使御楼船図屏風』（大阪歴史博物館蔵、辛基秀コレクション）

たつの市立室津海駅館（兵庫県たつの市）に行けば、朝鮮通信使をもてなした時の料理が復元されています。朝鮮人は各地でこのような接待攻めにあったわけです。淀〜江戸の陸路においても、幕府は大名に命じて、朝鮮人が通行しやすいよう人馬や荷馬を提供するとともに、各地で馳走を命じました。

一方の琉球使節については、陸路の馬は同様に幕府が手配してくれるのですが、瀬戸内海や陸路において馳走は無用とされ、朝鮮通信使ほどは厚遇されなかったことがわかります。

大坂の宿泊地でいえば、朝鮮通信使は幕府がわざわざ津村別院（北御堂）を宿泊場所として手配してくれますが、琉球使節の場合は薩摩藩が自ら手配し、土佐堀にあった佐土原（さどわら）藩（宮崎県、薩摩藩島津氏の親戚大名）の蔵屋敷に宿泊させています。このような格差は淀川通航時にも見てとれます。両使節は京都方面に向かって淀川を遡る際、川御座船（かわござぶね）という馳走船に乗って上りました。その船は、幕府が各大名に命じて提供させます。朝鮮通信使に対しては大名船だけでなく、幕府は公儀船といって、幕府が所有する船も提供するのですが（図１）、琉球使節は大名の船のみで済まされました（図２）。

このように、どの局面においても、江戸幕府は朝鮮を琉球より厚遇するという点で、一貫していたのです。

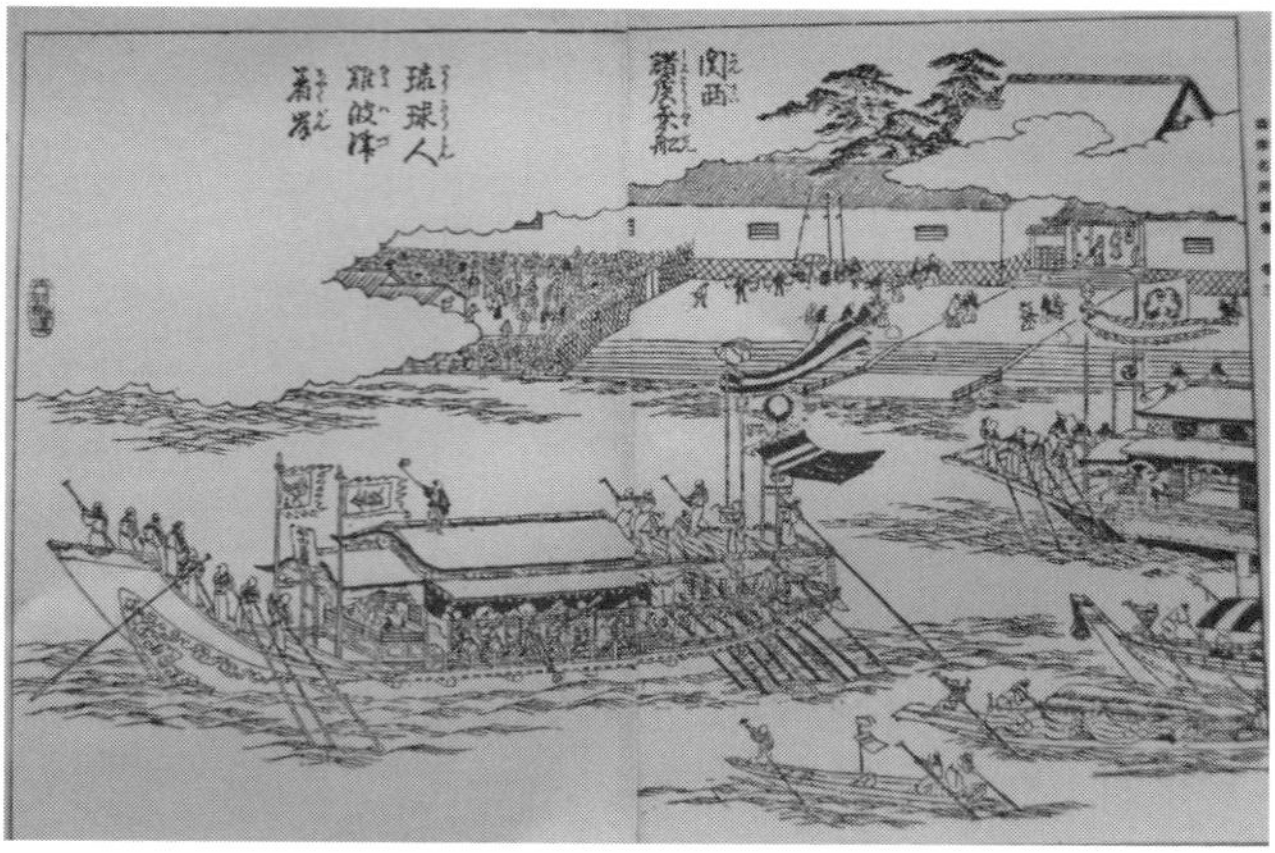

図２　琉球使節に提供された大名の御座船
（『摂津名所図会』大阪歴史博物館蔵）

六　淀川で見る朝鮮人と琉球人

以上、室町期から話を始めて、江戸時代の三代将軍家光の時代に、朝鮮と琉球が近世国家と関係を持つというあり方が最終的に確定し、このときの両国の序列も朝鮮上位で確定したことを述べてきました。

ここまでの話は、やや頭でっかちといいますか、天下人や大名の理屈の中で、朝鮮と琉球がどのような立ち位置にあったか、という点に重心を置いた話でした。最後に趣向を変えて、実際に淀川沿岸に住み、朝鮮通信使や琉球使節の通航を目の当たりにした人物の声に耳を傾けてみましょう。その人物の名は渡辺善右衛門（一七〇一〜一七六二）です。この人は武士で、淀藩稲葉家の中級家臣です。文芸に才があった人で、多くの記録や絵を残しています。延享五年（改元により寛延元年、一七四八年）という年は珍しい年で、朝鮮通信使、琉球使節がともに派遣されてきました。好奇心旺盛な渡辺はこの時宜を逃すはずはなく、それぞれ『朝鮮人来聘記』と『入来琉球記』という書物を残しています。

『入来琉球記』の冒頭には、「大君の御めぐみ（恵み）」により一年の内に二度も「異国人」を見る事が出来た喜びが書かれています。この本の中で彼がとったのが、「くらへ見（比べ見）」の視点です。すなわち先に見た朝鮮通信使と、後の琉球使節を比較しようという視点です。

彼の感想を見てみましょう。まず管弦について。両使節は淀川を遡る際、音楽を奏でながら上りました。朝鮮通信使の音楽について、渡辺は「てうす(上手)」「おもしろし(面白し)」「音のてうし(調子)宜」しと肯定的な感想を述べる一方、「道具ハ殊外(ことのほか)麁抹(そまつ)ニしてきたなし(汚し)」と彼らの道具をけなします。他方、琉球使節の方は、「なり(鳴)物すくなく(少なく)してへた(下手)」「唐人ふへ(笛)・ほらかい(法螺貝)・太鼓是まで(迄)也」「殊外ふひやう(不評)」「こく(極)へた(下手)」と否定的評価を並べ、「くわけん(管弦)斗(ばかり)ハ琉球人も朝鮮人ニをよばさる(及ばざる)也」と評しています。

つぎに見た目などについて。朝鮮人に対しての渡辺の感想は厳しいです。「そのさま(その様)いやしく(卑しく)してかたち(形)さなか(さなが)ら乞食にひとし(等し)」「装束迄(まで)もさま〱(様々)にして至極のそふく(粗服)なり」「諸道具てんふ(田夫)にしてきたなし(汚し)」「荷物とう(等)迄(まで)さま〱(様々)成事」「官人通りし跡暫の内青くさき(臭き)にほひ(匂)不止、皆人むね(胸)をそんさし(損ざし)なんきせし(難儀)也」「取分(とりわけ)小童なと(等)ハ髪をちらセしゆへ(散らせし故)、一入(ひとしお)乱心もの(者)ゝことし(如し)」、このように、渡辺は通信使の見た目や臭いといった五感に関わる点について、否定的評価を書き並べます。他方、琉球人については、「生付きれい(綺麗)にして装束あたらしく(新しく)りつぱ(立派)」「そのうへ(上)諸道具迄(まで)結構ニして美成り」「小童なと(等)ハ別而(べっして)うるわしき(麗しき)もの(者)也」「荷物とう(等)もりつぱ(立派)したる也」と肯定的に評価します。

さらに礼儀について、朝鮮人は「さ法(作法)迄(まで)あしく(悪しく)不礼のふるまい(振舞)おゝし(多し)」とけなす一方、琉球人は「朝鮮人とハ違て殊外(ことのほか)たゝ敷者にて」「正使駕籠より出ル〔と〕惣官人共あたま(頭)をさけ(下げ)て、一切通終迄(まで)ハへいふく(平伏)同前也」と評価します。

生まれ替わるならば、という観点でいえば、「朝鮮国へいや(嫌)成ル事そ(ぞ)」とする一方、「皆人言しハ重而うまれ(生まれ)替ならば琉球国へセう(生)をかへたし(替えたし)」といいます。

このように、渡辺は視覚・聴覚・嗅覚といった評価基準で、管弦以外は総じて琉球に高評価を与えている点に特徴があります。実に生々しい江戸時代の人の肉声といえるでしょう。

ここから、先ほど見たあり方、つまり江戸幕府が琉球よりも朝鮮を厚遇したというあり方とは、まったく別次元の評価が、両使節を見た者にあったことが分かります。むろん、渡辺が近世日本人を代表しているとは限りません。ただ、渡辺もまた近世日本人の一員であったことは間違いありません。幕府が設定した序列、そして渡辺が感じた両国の差、このように、「異国」をめぐる複数のまなざしが、近世という時代においても併存していた。教訓めいた話はできませんが、最後にこのことを確認して私の話を終え、あとは皆さんの評価に委ねたいと思います。

参考文献・史料

跡部信「豊臣政権の対外構想と秩序観」（同『豊臣政権の権力構造と天皇』戎光祥出版、二〇一六年）
紙屋敦之「琉球支配と幕藩体制」（同『幕藩制国家の琉球支配』校倉書房、一九九〇年）
木土博成「琉球使節の成立――幕・薩・琉関係史の視座から」（『史林』九九－四、二〇一六年）
木土博成「朝鮮・琉球国の地位の変遷と確定――幕末「通信国」観の前史として」（『歴史評論』八二〇、二〇一八年）
高木昭作「秀吉・家康の対外文書にみられる「御礼」の論理」（同『将軍権力と天皇――秀吉・家康の神国観』青木書店、二〇〇三年）
田中健夫「文書の様式より見た足利将軍と琉球国王の関係」（同『対外関係と文化交流』思文閣出版、一九九一年）
豊見山和行「江戸幕府外交と琉球」（同『琉球王国の外交と王権』吉川弘文館、二〇〇四年）
仲尾宏「慶長度回答兼刷還使と国交回復」（同『朝鮮通信使と江戸幕府』明石書房、一九九七年）
藤井讓治「一七世紀の日本」（『岩波講座　日本通史』一二、岩波書店、一九九四年）
真栄平房昭「幕藩制国家の外交儀礼と琉球」（『歴史学研究』六二〇、一九九一年）
『善隣国宝記　新訂続善隣国宝記』（田中健夫編、集英社、一九九五年）
「入来琉球記」（平山敏治郎翻刻、『民俗学研究所紀要』三、一九七八年）
「朝鮮人来聘記」（『淀渡辺家所蔵朝鮮通信使関係文書』京都市歴史資料館、二〇一〇年）

栄原　木士学芸員と私は、二年前にいっしょに着任しました。ほかにも事務方で、一緒に着任した人がいます。それで、同期の会と称しまして、時々一緒に飲みに行っている間柄でございます。今日は、朝鮮と琉球ということで、とっても興味深い話をしていただきました。私も知らないことばっかりで、どういう議論になるのかわかりませんけれども、頑張って質問したいと思います。

＊　　＊　　＊

琉球の位置づけと複雑な立場

栄原　お話の最後に、全体をまとめていただいたと思うんですけども、基本的なことから、聞きたいんです。今日は、朝鮮とか琉球とか中国とか南蛮など、みんな国とおっしゃいました。この国ですが、江戸時代で国といったらどういうことなのか、現在は国というと、国連に入るとか、一定の定義があると思いますけども、この当時、国というのはどういう概念だったんでしょうか。

木土　ありがとうございます。いまのは早速、本質に関わるご質問だったと思います。人間、自分のことを見てしか人のことは言えませんので、一六世紀とか一七世紀の近世人が、国として一番最初にイメージするとき、日本と同じように王様や政治を担う人がトップにいて、奉行とか老中とか行政機構のようなものがある、といったことを、まずは想定したのはないでしょうか。中国には皇帝がいて、その下に官僚がいると、朝鮮もそう、琉球もそうと。やはり、そういった国に限られている面があると思います。その点、たとえば、アイヌについては、江戸時代の人は国・国家とは認識していなかったようです。

栄原　わかりました。次にお聞きしようと思ったことが、いま出ました。じゃあ、アイヌは国なんですかって、聞こうと思っていました。これについては、江戸時代の日本の人たちは、アイヌは国とは認めていなかったということですね。したがって、今日のお話は国と国との関係の話で、国家の公式レベルの外交の話と、それから、その外交レベルの枠のなかで、民衆あるいは一般の人々が、朝鮮通信使あるいは琉球使節をどう感じたかという二重構造のお話だったというふうに思います。

そこの話に入る前に、朝鮮・琉球と日本との関係を、室町時代から、ずっと時系列に沿って順次お話をしていただいたんですが、そこでお聞きしてて、あれっと思ったのは、室町期には、御内書(ごないしょ)といって、琉球を国内に準じた扱いとして位置づけていた。ところが秀吉期になると、純然たる外国として位置づけ直されてるっていうことになりますね。そうすると、室町時代から秀吉期のあいだで、琉球の位置づけが転換したととらえてよろしいわけですか?

木土　客観的に転換しているのは、間違いないと思います。客観的にというのは、日本側が出したもの、つまり国書・外交文書で見る限りにおいてはここには大きな転換があります。問題なのは、その要因ですね。その一〇〇年ぐらいの間に、何があったかということなんですけれども、これは二つの面から考える必要がありそうです。

まず一つは、琉球の国際的地位が、この一六世紀に上昇してきているということを、秀吉のブレーンが察知しているということですね。当時中継貿易で、琉球が東シナ海・南シナ海で活躍していたということを、秀吉のブレーンである禅僧が知った上で、こういう扱いをしたということです。

もう一つは、やはり秀吉側の問題もあるかなと思います。秀吉にしてみたら、一ヶ国でも多く、「異国」から自分が支持を得ている、「異国」からも御礼が来るぐらい、自分がすごいんだということを示したい。そのためには、琉球には二面性は持っているかもしれないんですけれども、完全なる外国の王様であることにした方が都合がよかった、という風にも説明できると思います。

栄原　非常に複雑ですね。逆にいうと琉球の方が、そこら辺をうまく読んでいたのかもしれないなと思います。琉球は非常に複雑な状況に置かれていた、あるいはそれをうまく利用していたということになるのかな、というふうにお聞きしました。

いま（二〇一六年）ＮＨＫ大河ドラマで、「真田丸」をやってますね。秋から当館でその特別展をやりますので、皆さんお越し下さるとありがたいのですが、それで館長として勉強せなあかんと思って、実はいま、池波正太郎の『真田太平記』を一生懸命読んでいるんです。とても長くて、読んでも読んでも終わらないんですけども。そこに文禄・慶長の役の話が出てくるんですが、琉球の話は全然出てきませんでした。ところが今日のお話で、琉球は攻める側に加わっていた、秀吉の意向に従って、兵糧米を供出するという形で攻める側にあったんだということをお聞きして、ああそうだったのかと驚きました。そこでお聞きしたいのですが、お米の供出にとどまってたんですか？ それとも兵員を送るとか、武器を提供するとかはなかったのか。琉球がどの程度、文禄・慶長の役に関わっていたのか、そのあたりを教えていただけますでしょうか？

木土　これは、現実にはやはりお米の供出でとどまっていたと思います。秀吉にしてみたら、琉球からも軍勢が出たらよかったのかもしれませんが、現実的には島津軍の食糧を後方支援するという程度の関与だったようです。このときの琉球の立場はなかなか厳しくて、一歩対応を間違えれば、琉球も攻められる側になってしまう可能性が高かったわけです。ですので、秀吉の要求を断ることはできないが、一方であまり深入りすることもできませんでした。これは琉球が抱える矛盾でして、秀吉は最終的には中国まで視野にいれていますが、琉球にとって中国は親ともいうべき宗主国にあたるわけですので、その親攻めに加担することにもなりかねません。琉球は中小国として非常に苦しい立場にあって、それこそ「真田丸」の真田安房守並みに、なんとかやり過ごしたっていうのが、実態ではないでしょうか。

家康の積極外交と島津の琉球攻め

栄原　いやあ、そうですか。全然知らなかったので、とても面白いと思いました。秀吉が国際関係をグジャグジャにして、家康はそれを復興しよう、もう一回立て直そうとしました。そのときに、最初は朝鮮、琉球というルート、チャンネルを使って、明との講和関係を取り結ぼうとしたということでした。また家康は、約一〇ヶ国と積極外交を進めようとしたとおっしゃいました。これはとても興味深いお話で、当時の家康から見た国際世界というのが、この一〇ヶ国なんだと思います。どういう国々ですか、一〇ヶ国というのは？

木土　家康は、いろんな外交文書を、漢文で出していきます。ヨーロッパ勢力にも一定程度出してまして、イギリス、オランダ、ポルトガル、そういったヨーロッパ勢力の国々。それ以外へは、主に東南アジアの国々です。今のベトナムにあった国々ですとか、カンボジア、タイ、フィリピンとかですね。そういった東南アジアの諸国と外交関係を結びました。当時は日本人が各地に出向く朱印船貿易が盛んにおこなわれ、各地に日本人町が出来ていた時代ですので、家康は朱印船貿易を保護する意味合いで、自分が出した朱印状を見たら、ちゃんとその船を保護してくださいということで、東南アジア諸国に対して、いろんな手紙を出していることが知られています。

栄原　一〇ヶ国、ヨーロッパ諸国については置くとして、東南アジアについて積極外交をするという、その積極外交の中身が、どういう関係を取り結ぼうとしていたのかがいまひとつわかりません。朱印船の話はわかりましたけれども、島津氏の話はあとにして、家康が最初に考えていた国際秩序というのは、どんな秩序を構想していたのか、わかっていたら教えてほしいのですが？

木土　家康の政権というのは、関ヶ原で勝ったわけですけれども、そこから一五年間、最終的に大坂の陣を経るまでは、中途半端な位置にありました。豊臣氏がまだいるなかで、新しく江戸に開いた自分の政権を確たるものにするため、有効であったのが、自らが代表となって外国と通じるということでした。そのことが国内に跳ね返って意味を持ってきますので、こういった積極外交を展開したといえるかと思います。

栄原　なるほど。よくわかりました。家康としては、外国との国際関係を通じて、自らの地位をいわば外から支えるというか、外から地位を確立していこうという構想だったというお話で、それは、ああそうかなあとよくわかったんですけども、その後、島津の琉球攻めがありましたね。琉球王を捕らえたっていう話がありましたけれども、この段階、つまり慶長一四年段階というのは、まだ家康の立場は少し不安定な段階で、島津が琉球に攻め込んだのは、島津の立場からみたら、家康の立場を見越してのことだという話になるんでしょうか？

木土　この島津の琉球入りをどう考えるかについては、やはり島津の意図と、幕府・家康の意図の両方を見る必要があります。家康はこの段階では、中国との講和ルートとして、琉球に期待している面があります。ここが武家政権が持つ矛盾なんですけれども、講和しようとするがゆえに出兵するんですね。平和と軍事侵攻っていうのは、我々の感覚では対極にあるようなんですけれども、家康は、中国と講和する上で琉球ルートを使うためにも、琉球に軍勢を入れることを許可したわけです。それで、琉球国王を捕らえて、実際、琉球国王に中国との仲介の労をとらせるということを家康は考えていました。

一方、島津氏は島津氏でまた別の意図がありました。やはり、領土の問題があると思います。鹿児島の南の方の領土を拡大したいということです。このような家康側の意図と島津側の意図が、合わさる形で慶長一四年の琉球入りが発生したととらえていいのではないでしょうか。

島津にとっての琉球の価値

栄原　思惑が入り乱れる非常に複雑な状況のなかで、島津の琉球入りがあったことがよくわかりました。その後、今日のお話では、家康の地位が大坂の陣を経て確立するのに伴って、もう中国と講和しなくてもいいという関係になってくる。そのなかで、講和のチャンネルとしての琉球の位置が低くなってくる。そうすると、島津氏の「附庸」（属国）の面が増してくるという状況だそうですが、そういう状況のなかで、島津の思惑と、幕府は島津・琉球をどう見ていたのか、その辺りを解説していただけますでしょうか。

木土　そうですね、江戸幕府にしてみたら、朝鮮と琉球を通して、中国と講和しようとしていたその情熱が急速に失われていくというのが、大坂の陣以降の動きです。そこで琉球は、ほとんど忘れられていたんじゃないかなあと私は思っています。表を見ていただければわかるように、朝鮮からは、元和三年、寛永元年と使節を受け入れ、関係を引き続き持っていくのですが、琉球というのは、この表に出てこないんですね。ということで、琉球というのはやはり忘れられているというのが、家康の死（元和二年、一六一六年）以降の動きではないでしょうか。なのでその後、徳川家光の時期、寛永期にもう一度島津氏は琉球の存在をアピールしていく、そういう動きかなあと思っています。

栄原　いまおっしゃった島津氏の「アピール」とはどういうことですか。もうちょっと言っていただけます？

木土　外交文書がポイントですね。たとえば家光以前、家康の時期に、家康と琉球の王様・尚寧王の間で、何らかの文書が交わされたかというと、そういうことはなく、家康の家臣も琉球国王に対して手紙を出していなかったんです。そこで家光時代、島津氏のアピールは、幕府に対し、琉球と手紙をやりとりするような通信関係・外交関係を持ってくれ、というようなアピールなんです。島津氏の思惑通り、江戸幕府老中は琉球国王に対し、手紙を返信し、その中には、朝鮮に対する文書で出てくる「大君」という将軍の呼称が出てくるわけです。その意味で、島津氏のアピールは成功したといえると思います。ただ、あくまで琉球は朝鮮の下位であるという限界はあったのですが。

栄原　とってもよくわかりました。もうちょっとだけ、聞きたいんです。島津はなんで、そういうことを幕府に対して要求していったんですか?

木土　島津の意図というのはなかなか、難しいんですけども、いくつか想定はできるかと思います。

一つは、島津にとっては、琉球が一〇〇パーセント自分の「附庸」になっては困るという面があるわけです。一〇〇パーセント「附庸」だと、かえってよいように皆さんは思われるかもしれません。完全なる属国として支配がどんどん確立していくという面においてはいいんです。けれども、島津氏が琉球を支配することのうま味というのは、琉球が中国との関係を持っているところなんですね。つまり、完全なる属国になってしまうんではなくて、琉球が「異国」のまま、今後とも中国にも朝貢し続け、そこで得た貿易の利益を吸い上げる、という構図を島津氏は目指しているわけなんです。鹿児島はシラス台地で生産力が低いだけに、財政面において、琉球が担う中国貿易を非常に重視しているわけです。

もう一つ留意しておきたいのは、琉球が「異国」のほうが、単純に島津のステータスが上がるという側面なんですね。たとえば、加賀前田氏というのは三ヶ国持っており、徳川氏以外では一番大きい一〇〇万石超えなんです。島津氏は、薩摩国と大隅国と日向国の一部も持っており、合わせると六〇万石を超え、前田氏につぐ規模です。それに加えて、「異国」の琉球も持っているとなると、四ヶ国になるんです。しかもその中には「異国」も入っている、これはやはり大変なステータスであるといえます。

このような、貿易という実利の面、そしてステータスの面、双方からいって、琉球が「異国」であることのメリットがあったため、島津氏は江戸幕府に対し、琉球が外交関係を取り持つような「異国」であることを認めてくれるよう、働きかけたんだと思います。

視点をかえて朝鮮から見ると？

栄原　お話を聞けば聞くほど、琉球というものの置かれていた非常に微妙な立場が浮かび上がってきました。私の知らなかったこと、本当にワアッて思うようなことをたくさん聞かせていただきました。次は、朝鮮通信使と琉球使節の序列とか、それから両方の外交使節を見た日本人の感覚とか、そういうところに話を移していきたいと思います。ちょっと初歩的な質問になるんですが、日本は、朝鮮通信使を琉球使節よりは上に位置づけた、使節の人数からしても格段の差があるっていうことだったと思うんですけども、逆に朝鮮国にとって、朝鮮をめぐる国際関係の中で、日本はどういう位置にあったのか。同じように、琉球から島津、あるいは日本はどういうふうに位置づけられていたのか。その辺りがわかると、日本からの視点だけではなくて、向こうからの視点というのもわかって、理解が深まるんじゃないかと思うんですが、いかがでしょうか？

木土　なかなか複雑なところに差しかかってきています。まず朝鮮から見て、どういうふうに周りの国が見えていたか。朝鮮は中国から冊封されているという関係にありますので、朝鮮にとって基本的に重要なのは明との関係、明清交替という王朝交替があって以降は清との関係です。常にそこが最重要課題としてあるわけです。ただ、常に中国を見ながら、チラチラと日本も見ておかないといけないんです。というのも、文禄・慶長の役で侵略を受けているので、またこういうことがないか、通信使に託して、日本の事情を二〇年にいっぺんくらいはチェックさせているという側面があります。

次に、朝鮮から琉球を見たらどう見えるか、これはこれで複雑な問題です。いちおう、両国とも江戸時代に入って以降も、中国に冊封された国々であることに間違いはないです。中国が親だとすれば、兄貴分は朝鮮で、弟分は琉球なので、兄弟同士、仲良くしたらいいんですけれども、かならずしもそうはいかないんです。彼らの使節は北京で会ったりするわけですが、そこで両者は非常によそよそしかったようです。というのは、朝鮮側にしてみると、あまり琉球と関わりたくないわけです。琉球に関わりすぎると、非常に大きな問題にぶち当たるからです。どういうことかというと、中国は琉球を守れなかった面があるわけですね。冊封国であった琉球が、島津氏によって併合されていくのを、みすみす何もできなかったという現実があるので、朝鮮側としてはあまり琉球に深入りすると、結局それが中国批判にも繋がりかねないというジレンマがあるわけです。そこで朝鮮側は、基本は琉球には過度に接触しないという、無難な対応をとりました。

琉球から見た中国・日本・朝鮮

木土 もう一点は、琉球から見たらどうかということですね。実は古い研究で琉球を扱う歴史像というのは、基本、「かわいそうな琉球」という文脈でふれることが多かったと思います。中国と日本という両大国の間にあって、自主性が発揮できないというような文脈で。ただ今世紀に入って、新しい研究が進展を見せており、琉球国の自意識について、新たな面に注目が集まってきました。つまり琉球は、父母の国として日中をとらえていたということです。琉球という国が江戸時代を通して存立していく上では、中国も欠かせない、日本も欠かせない、父母である両者を欠いては、琉球は存立できないんだ、というようなことが、琉球の官僚のなかで内面化されていることがわかってきました。

視点を変えるっていうのは重要で、今日のお話は、幕府・島津氏から見てこういうふうに見えるというお話だったんですけれども、朝鮮から見て、琉球から見てと、また、それをトータルで評価したときに、どういう像が見えるかというのは、やはり今後の課題だと思います。

栄原 一つだけ。琉球は朝鮮をどう見てたんでしょうか？

木土 この点を考える上で面白いのは、漂流の問題です。日本・朝鮮・琉球の周りは、海流の問題があって、漂流民が各地に流れ着くことがあるわけです。朝鮮人が日本に流れてきた場合は、長崎にいる幕府の奉行の管轄のもと、対馬経由で朝鮮に送り返されます。一方で朝鮮人が琉球に流れ着いた場合、江戸時代の最初の頃はやはり長崎経由ですが、中期以降、琉球は日本の長崎を介さずに、中国福建経由で朝鮮に送り返すようになります。琉球は背後にある日本の存在を朝鮮に覚らせないよう努力しているわけです。そういった努力の跡が見えるということで、やはり朝鮮と琉球の関係は、江戸時代はよそよそしかったというような言い方が、一番ふさわしいと思います。どっちもお互いのことは認識しているんだけれども、あまり深入りせず、距離を取っていたということですね。お互い、背後にある日本であったり、中国であったりを気づかいながら、そういった関係にあったということです。

栄原　ありがとうございます。江戸時代は鎖国の時代と言われてましたけども。実は、朝鮮、琉球、中国、日本をめぐって、非常に複雑な国際関係があったということが、とてもよくわかってきたなと思って、感動してます。

大坂は使節が通過する最初の幕府直轄地

栄原　ではここで、朝鮮通信使あるいは琉球使節に目を向けていきたいと思います。九州から瀬戸内海を通って大坂まで海路、大坂からは川で京都方面に向かって、後は陸路で江戸に行くということでした。朝鮮通信使や琉球使節のルートのなかで、大坂は大事な位置にあったんじゃないかと思うんですけど。大坂というのは、道中にあって特別の位置に置かれているような気がします。どういう位置づけで大坂を考えたらいいのか、ちょっとそこを教えてほしいです。

木土　おっしゃるように、琉球使節、朝鮮通信使を考える上で、大坂は独特な位置にあります。まずゴールではないというのが大前提なんですね。彼らは江戸の将軍に用があるので、通過点ですね。行程の真ん中ぐらいにある大坂が重要なのは、地理的な話として、海上交通と河川交通・陸上交通の結節点にあるということがあります。大坂までは海船でやってきて、ここ大坂から京都まで川船で行くんですね。今日も川御座船について少し紹介しましたけども、この乗り換えの際に、様々な問題が生じるわけです。たとえば、川御座船を誰が調達するかですとか。大坂には、そういう地理的な特性があります。

もう一つ忘れてはいけないのは、大坂が最初の幕府直轄地であるということです。ちょっと頭のなかで日本地図を思い浮かべていただくと、九州にはいろんな大名がいて、瀬戸内にも毛利・浅野といった大名がいるわけなんです。この大名が朝鮮人に対してご馳走したりしてるわけなんですけども、大坂に来ると、はじめての幕府直轄型都市ですので、まさしく幕府の威信に関わる場所なんです。それで、大坂では非常に気をつかっているといえます。

琉球使節には大勢の薩摩藩士がついて来た

栄原　朝鮮通信使は北御堂、琉球使節は佐土原藩邸に入ったということですが、佐土原藩邸というのは、土佐堀のどの辺りかわかります?

木土　西のほうで、今の三井倉庫の跡地に薩摩藩邸があったんですけれども、その横に佐土原藩邸があったようです。なぜ薩摩藩邸に泊まらないのかというご質問を、以前、受けたことがあるんですけども。

栄原　それ、次に聞こうと思ってたんです。

木土　以前、古文書講座でこのお話したときに、ご質問がありました。薩摩藩邸は薩摩藩士が泊まるため、スペースに余裕がないから隣の佐土原藩邸に泊める、ということだと思うんです。琉球人はせいぜい一〇〇人程度しか来ないんですけど、その数倍の薩摩藩士が引率係として来てるわけです。当然、藩主も来ています。ということで、やっぱり藩主・藩士は薩摩藩邸に泊まって、その隣の親戚筋の大名の藩邸を空けさせて、そこに琉球人を泊めていました。薩摩藩の場合は、自弁で宿泊地を手配しなければならない苦労があるんですね。

栄原　単純なことですけど、それでは琉球人はあんまりじゃないかと思うんですけども。これは、琉球と薩摩の関係が反映されているっていうことなんでしょうか？　薩摩藩邸は薩摩藩士のために使うから、そこは駄目。だから親戚筋の藩邸にっていうことなのか？　薩摩藩としては琉球は「附庸国」ですから、佐土原藩でいいわっていうことなのか。そこらへん、いかがでしょうか？

木土　ところが、薩摩藩は薩摩藩で、琉球国王に対して大変気をつかってるんです。たとえば、琉球国の王子に接するときには、失礼がないように、丁重に扱おうとしています。というのは、たとえば琉球使節を軽々しく扱ってると、あまり見栄えがよくないわけです。琉球は手の届かないぐらいの大きな「異国」であるというふうに周りに思わせたほうが、それを従えている薩摩がさらに浮上していくという構図があるわけなので、薩摩藩は普段よりも大分良い扱いを琉球人に対してしています。よそ向きの扱いですね。ですので、佐土原藩に押し込めているというよりは、そこは物理的に本当に仕方ないんだと思います。多くの藩士が、いま薩摩からやってきてるので、すみませんけど佐土原藩邸にお泊まりください、というニュアンスが近いと思います。

栄原　なるほど。薩摩藩士がいっぱいついてきてるというのは、たくさんついてくればくるほど薩摩にとってはいいわけですね。立派な使節団に、これだけの従者がついてきてるってことを見せればいいんですね。なるほど、とてもよくわかってまいりました。

渡辺善右衛門の記録をどう読むか

栄原　もう時間がなくなってきたんですが、渡辺善右衛門さんていう人の書き残した記録は、はじめて教えてもらいました。この人は、淀藩のどれくらいの階層の人ですか？　上のほうですか、下のほうなんですか？

木土　中級ぐらいの家臣でして、別に家老をやるような家ではありません。中級藩士ぐらいです。

栄原　とても好奇心旺盛な人のような気がいたしました。いろんな感想を述べていて、すごく面白いなと思いながら聞いてました。朝鮮はやっぱり「異国」で、琉球は日本と近いところにあって親近感がある、生まれ変わるならそっち行きたいとか、そういうことを書いていました。その中で私が気になったのは、朝鮮国の通信使に対して「その様は卑しく、形はさながら乞食に等しい」とか、「装束も様々で、至極の粗服である」とか、「諸道具田夫にして汚い」とか、めちゃくちゃ書いているわけですね。これがちょっとよくわからなかったんです。

これは、朝鮮国がどの程度の使者を日本に差し向けようとしてるかという位置づけに関わってくる話じゃないかなと、私、思ったんです。朝鮮国側がこの朝鮮通信使を非常に重視していたら、もっとちゃんとした身なりで、ちゃんとした使節団を送り込んでくると思うんです。これ渡辺さんの見た目というフィルターがかかってますから、簡単には言えないかもしれませんが。しかし、渡辺さんだけじゃなくて、ほかの人も朝鮮国へ生まれるのは嫌だとか言ってるらしい、というようなことも書いてあります。そうすると、朝鮮通信使を送った朝鮮国側の意図は、先ほど、ときどきチラチラと日本の様子を見ておく、もう一回攻めてこないかチェックするぐらいなんだというお話でしたが、そういうことと、この見た目は関わってくるのでしょうか?

木土　前提として、これは渡辺さんの意見で、どこまで一般化できるかは注意を要します。このあたりの評価が、たいへん難しいわけなんです。

それでも、朝鮮側があえて粗服を着せているということは、恐らくないんだと思います。たとえば辛基秀（しんぎす）コレクションで、あとで皆さんご覧いただけたらと思うんですけど、朝鮮通信使の人物図鑑に、大変カラフルで綺麗な身なりをした人たちの絵が描かれています。ただ、朝鮮人は四〇〇人もきているんですね。使節の上の人と、世話係などの下の人で、全然、服装が違うということじゃないでしょうか。朝鮮も朝鮮で国の威信をかけてやってきているので、わざとランクを落としてるとかいうことはないんだと思います。

もう一つ考えたいのは、渡辺さんの美的センス、ないし江戸時代の日本人の美的センスの問題です。「装束も様々で、至極の粗服である」、「荷物等まで様々なる事」といった表現の「様々」という点に注目したいです。つまり統一性がとれてるかどうかっていうことが、渡辺さんの美的基準なんですね。今でも日本人は横並びで個性に乏しい、といったようなことが外国人によって指摘されることがあるわけですけれども、そういったことから察するに、朝鮮以上に均一性にこだわる文化が江戸時代の日本にはあったのかもしれません。ただ、こればっかりは渡辺さんの感想から、どこまで言えるかという……。

栄原　この渡辺善右衛門の書き残した資料は、恐らく非常に貴重な資料なんだと思うんです。その貴重な資料をいかに読むかということがすごく大事なんですね。私は書いてある通り、そのままとったんですけども、もっといろいろ裏っていうか背景とか、そういうものを慎重に読みとっていかないと間違った判断をしてしまうということを感じました。資料の読み方というのは、とても大事だなっていうことを思いました。

毎回、アンケートで時間が短すぎるっていうお叱りを受けるんですけども、実は木土さんもそうだと思うんだけど、私ももう限界です。次にどういう質問をしようかなと一生懸命考えています。木土さんのほうも、どんな質問が飛んでくるかわからないので、ずっと身がまえておられたと思います。そんなわけで、本日はここまでとさせていただきたいと思います。

なお、辛基秀コレクションですが、私は世界に誇っていい朝鮮通信使の一大コレクションだと思います。これが、当館に入ってるんです。八階で展示してます。とてもいい機会だと思いますので、ぜひご覧いただけたらと思います。それでは、長時間でございました。どうもありがとうございました。

（会場　拍手）

大坂にとって蔵屋敷とは何だったか？

豆谷浩之

はじめに

大阪歴史博物館の九階、近世の展示コーナーには、「天下の台所の時代」というコーナー名がつけられています。そして、「天下の台所」大坂を代表する施設が蔵屋敷でした。大坂の蔵屋敷は、「江戸時代に諸藩が年貢米や特産物を販売するために設けた施設」と定義される場合が多いです。実際には旗本や公家が設けた蔵屋敷もあったのですが、今回の話の中では、煩雑になるので、すべて「藩」「大名」という呼び方で通します。

ところで、当館の解説文の英語訳をご覧になったことがあるでしょうか。そこでは、"Warehouse Complex"という訳語をあてています。"Warehouse"は「倉庫」なので、これは分かるとして、問題は"Complex"です。普段「コンプレックス」というと、あまりいいイメージがありませんが、これには「複合体」という意味があります。つまり、"Warehouse Complex"とは、「倉庫のある複合施設」ということで、蔵屋敷がさまざまな機能を持っていたことに注目して、あえてこの訳語を選びました。実は、展示場の解説文には、「経済的機能だけでなく政治的・文化的機能も持っていた」ということを書いています。今回は、この「政治的・文化的機能」が具体的にどのようなものだったのかを紹介していきたいと思います。

一　蔵屋敷は「武家屋敷」である

住まいとしての蔵屋敷

「蔵屋敷」という言葉は、「蔵」と「屋敷」が合わさったものです。つまり、蔵屋敷には「蔵」＝流通・貯蔵のための施設という側面とともに、「屋敷」＝「住まい」という側面がありました。

大坂の蔵屋敷は、「藩」が設置したものですから、その主人は「藩主」＝「大名」ということになります。ただし、藩主は参勤交代の途中に数日滞在する程度で、長期間いるわけでありませんでした。とはいえ、藩主が滞在するからには、それに見合った施設が必要だったので、大坂の蔵屋敷には「御殿」が設けられていた場合がありました。わざわざ「場合がありました」と言ったのは、参勤交代で大坂を経由しない東国の大名など、「御殿」のない蔵屋敷もあったからです。

大阪歴史博物館の展示場に模型で復元されている広島藩蔵屋敷（図1）にも「御殿」がありました。屋敷地の中央に位置し、結構なスペースを占めていたことがわかります（図2）。日常的に使われることは多くなかったはずですが、それだけの規模の建物が用意されていたということです。ついでながら、展示場の模型は、この蔵屋敷の特徴である「船入」が手前に来るように設置されていますが、本来の屋敷の表は、模型では奥に当たる南側で、表門を入った正面に御殿が建てられていました。

日常的に蔵屋敷に住んでいるのは、藩から派遣されてきた蔵役人でした。藩によって違いがあるようですが、多くてもせいぜい一〇人程度と考えられています。兵庫県立歴史博物館館長の薮田貫（ゆたか）さんによれば、江戸時代の大坂の武士は八〇〇〇人強で、このうち蔵屋敷詰めの武士が九〇〇人程度と推定されています。大坂の人口は、一八世紀後半ごろのピーク時で約四〇万人と言われていますから、割合としてはごくわずかでした。ただし、町屋敷に比

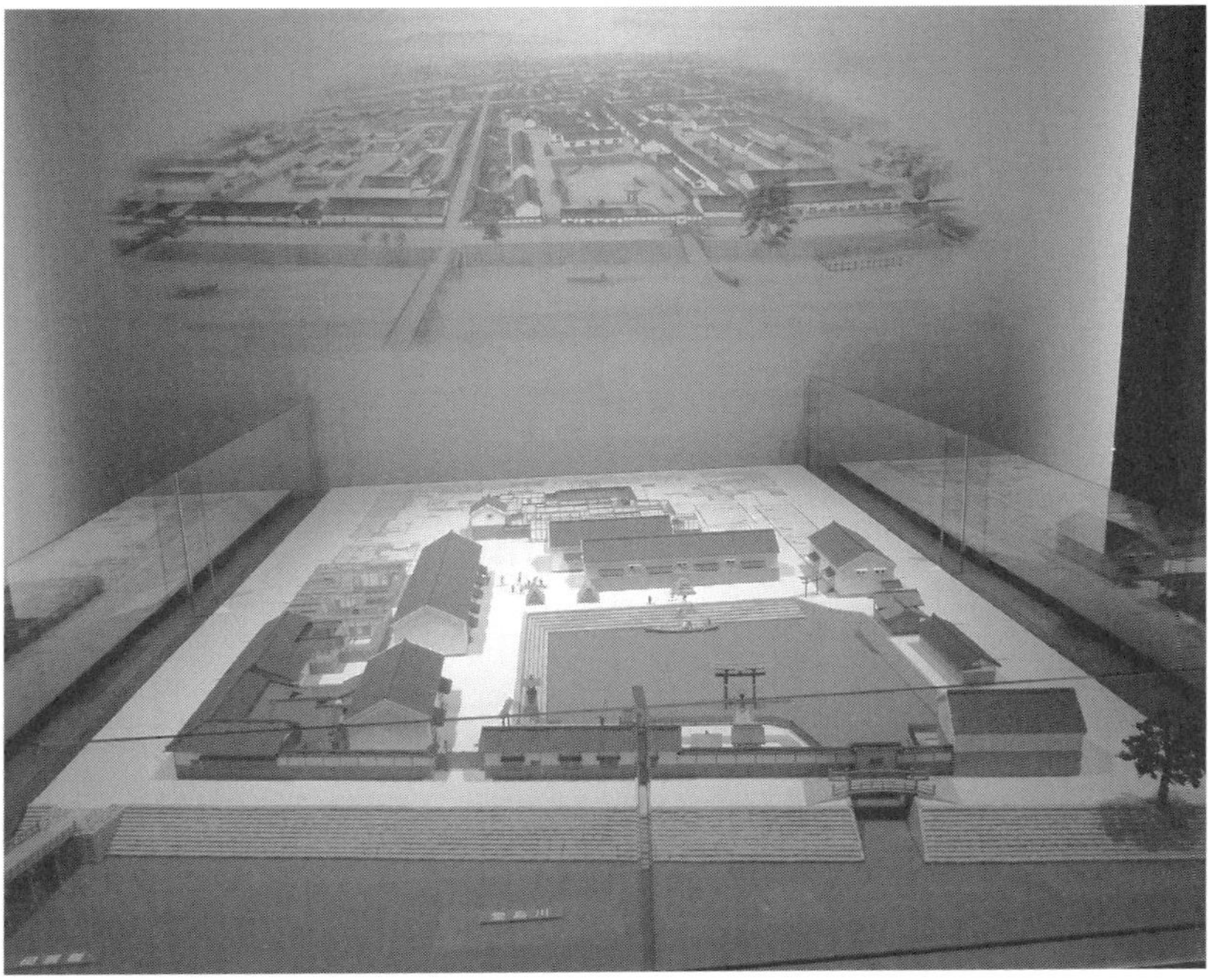

図１　広島藩蔵屋敷模型

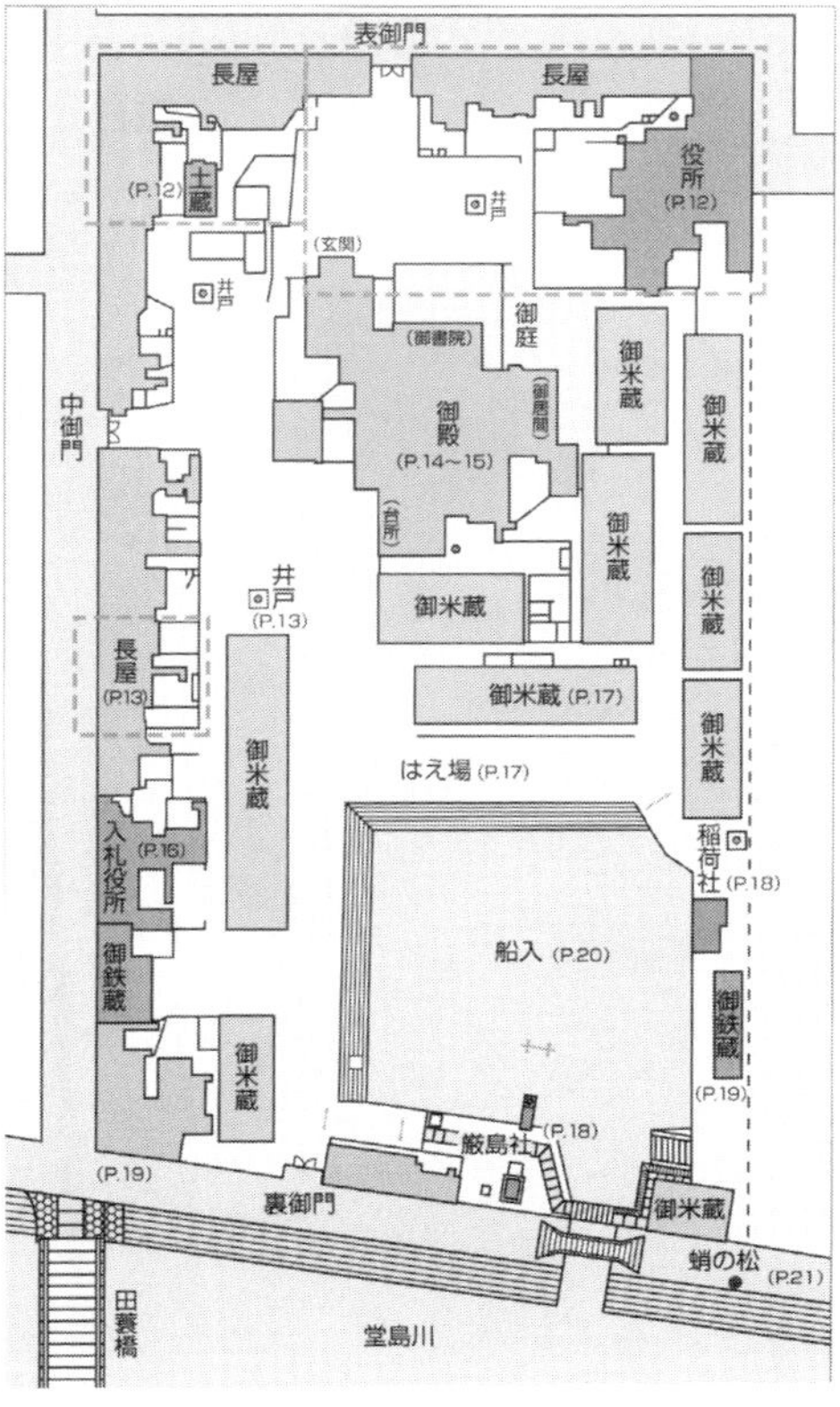

図２　広島藩蔵屋敷模式図
（大阪歴史博物館発行の
『展示の見所 14　浪花ま
ちめぐり 蔵屋敷』より）

べれば、個々の蔵屋敷の規模は大きく、かつ一定の地区に集中していたので、町の景観の中では存在感があったと考えられます。

蔵屋敷のある風景

蔵屋敷の多くは、水運の便の良い水辺に立地していました。とりわけ、中之島と川を挟んだ両岸の堂島、西天満、および土佐堀に集中していたことが知られています。武家屋敷であった蔵屋敷は、敷地の外周に長屋や蔵が配置されていました。町屋敷が建てこんだ市街地とは異なり白壁が長く続く蔵屋敷周辺の景観は、水辺という立地も手伝って都市の中の景勝地という意味を有していたのです。

現代にあっても、大川周辺の水辺では、遊歩道が整備されたり、さまざまな施設がつくられるなど、市民の憩いの場となっていますが、江戸時代においても同じような役割を果たしていたと考えられます。たとえば、中之島の東端（現在よりもかなり西にありました）には、備中成羽（なりわ）藩・山崎家の蔵屋敷があったので、「山崎の鼻」（「鼻」は「端」と同じ意味）と呼ばれた名所でした（図3）。江戸時代中期の明和年間には、その先で埋め立て造成が行われ、そこに料理屋なども開かれたといいます。

大坂の夏の風物詩である天神祭の時には、川岸は多くの人出でにぎわいました。天神祭の船渡御は、現在では天満橋周辺が中心となっていますが、もとは蔵屋敷が建ち並ぶ中之島周辺が主な舞台となっていました。また、この一帯は、祭りの日に限らず、夕涼みのために多くの住民が行きかっていました。特に、西天満、現在の高等裁判所の位置にあった佐賀藩・鍋島家の蔵屋敷あたりは、「鍋島の浜」と呼ばれ、夕涼みの名所として知られていました。「澱（よど）川両岸勝景図会」という江戸時代の出版物には、難波橋の上を埋め尽くすほどの夕涼み客の姿が挿絵として掲載されています。この書物の挿絵は、場所の移動と季節の変化が連動しているので、「鍋島浜」あたりは秋の景

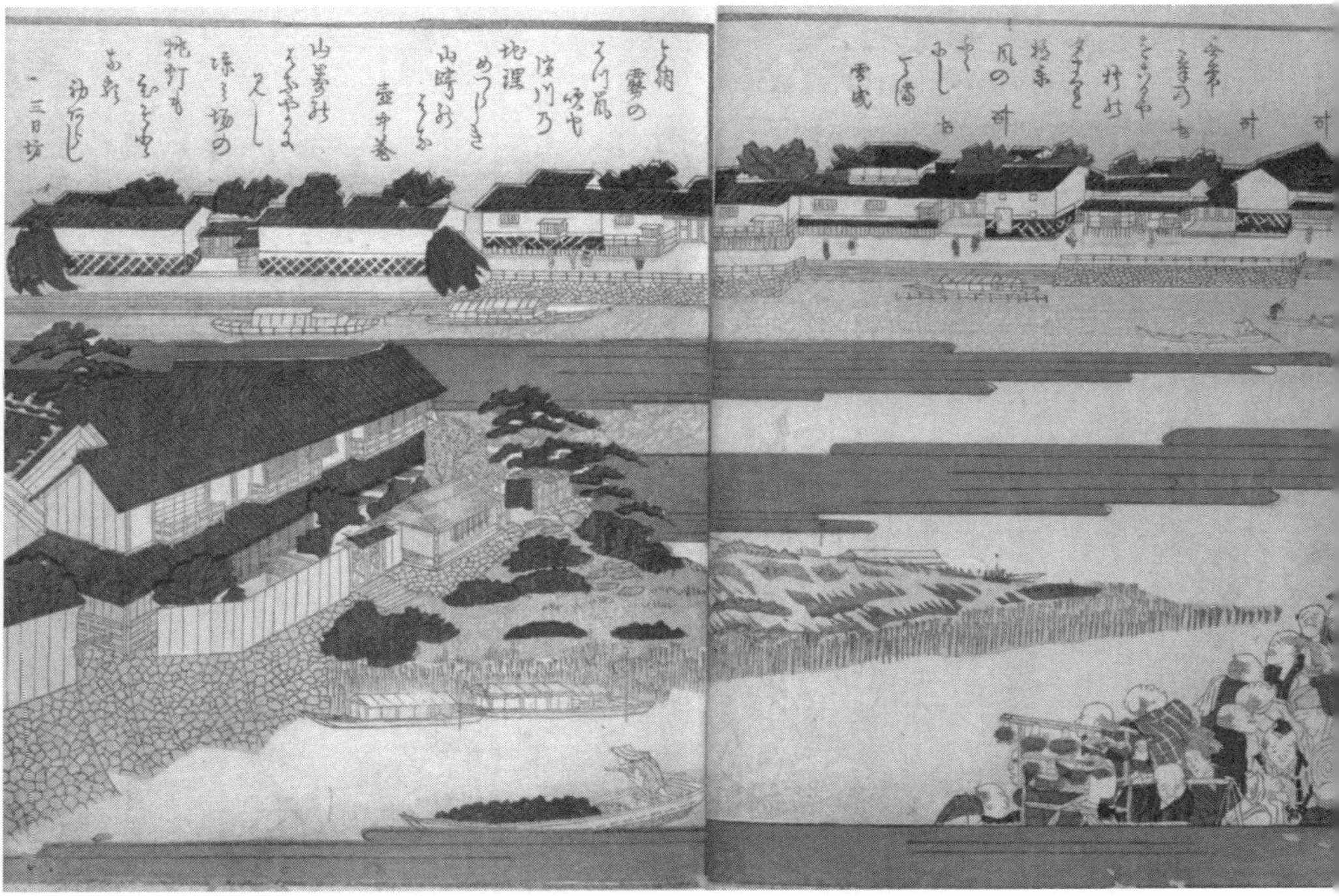

図３　錦絵「山崎鼻」（『澱川両岸勝景図会』大阪歴史博物館蔵）

観として描かれていますが、トンボが飛び交って、これはこれで水辺の名所としてのようすを表しているのではないかと思います。

このように、蔵屋敷のある水辺は、季節によって多くの人が訪れる場所という一面を持っていましたが、普段は人通りも少なく、夜には暗くてさびしい場所、ということでも知られていたようです。

蔵屋敷内に祀られた神社

天神祭の時には、蔵屋敷のある水辺には多くの人出がありましたが、蔵屋敷が積極的に祭りに関わっていたわけではありません。その代わり、というわけではありませんが、蔵屋敷自体が祭りの場となることもありました。大坂の蔵屋敷には、それぞれの国元にゆかりのある神社が祀られることがありました。この点については、大阪くらしの今昔館館長の谷直樹さんが詳しく研究されています。

広島藩蔵屋敷では、領内にある厳島神社を勧請（かんじょう）していました。厳島神社といえば海中に立つ大鳥居が有名ですが、大坂の蔵屋敷でも敷地内の「船入」の水中に鳥居を設けていたようです。これは、幕末に作成された絵図面に描かれていたことから知られていたのですが、最近になって蔵屋敷を写した古写真が発見され、より具体的に当時の様子が明らかになっています。

四国の高松藩や丸亀藩蔵屋敷には金毘羅社が、久留米藩蔵屋敷には水天宮が、熊本藩蔵屋敷には加藤清正を祀った清正公（せいしょうこう）がありました。それ以外では、佐賀藩や土佐藩蔵屋敷など、稲荷社を祀った例も多く見られます。土佐藩蔵屋敷にあった稲荷社は、現在でも土佐稲荷神社として桜のころには花見の名所で知られています。

蔵屋敷は、普段は誰もが入れる場所ではありませんでしたが、これらの神社の祭礼に限り、一般の参詣が許される場合がありました。これは、庶民が蔵屋敷という武家屋敷に立ち入ることのできるめったにない機会であるとともに、わざわざ遠出をしなくても各地の有名な神社に参ることができるという側面も持っていたと考えられます。

折しも、江戸時代の後半には、「おかげ参り」に代表されるような寺社参詣が流行しましたが、長期間にわたって遠方の土地に旅行できるのは、ごく限られた者だけであったと思われます。そうした中で、大坂に居ながらにして、ちょっとした旅行気分を味わえる蔵屋敷内の神社参詣は、時代の要請に応えるような面もあったのでしょう。もっとも、蔵屋敷側からみてどのようなメリットがあったかどうかは検討の余地がありますが。

以上に見てきたように、蔵屋敷は、少々大げさにいえば、大坂を代表する「観光」名所であったということができるのではないかと思います。

二　蔵屋敷は「出会いの場」である

蔵屋敷にはさまざまな人が出入りしていました。その意味で蔵屋敷は、「出会いの場」という性格を持っていたと言えるでしょう。もっとも、蔵屋敷という限られた空間だけではなく、蔵屋敷に関わる人々は、屋敷の外でもさまざまな交流を行っていました。

蔵屋敷と武士

先にもふれたように、蔵屋敷には、国元から赴任してきた蔵役人が住んでいました。彼らの役目は、ただ蔵屋敷の商品を管理するというだけではなく、多くの人が集まっている大都市・大坂において、情報を集めたり人脈をつくるということも重要でした。

幕府の直轄地である大坂には、大坂城代や大坂町奉行など、幕府から任ぜられて大坂に赴任してきた武士がいました。彼らは、幕府中枢のいわば「エリート」でしたから、そうした人物と面識を持つことは、各藩にとって幕府の動向を探るとともに、何か懸案や要望があった時に話をつなぐ「コネ」としても重視されていました。

また、他藩の蔵役人との交流も大切でした。藩は違ってもそれぞれに求めていることは共通していましたから、互助組合のような形で日常的に交流するしくみがつくられていたと言います。

蔵屋敷と町人

また蔵屋敷には、さまざまな町人が関与していました。

幕府領であった大坂では、各藩が屋敷地を取得することが認められていませんでした。このため蔵屋敷は、一部を除いて、町人が所有する屋敷を借りるという形をとっていました。屋敷の名目上の持ち主を「名代（なだい）」といいます。地主・家主にあたります。また、蔵米などの商品を取り扱う「蔵元」や金銭を取り扱う「掛屋」などの町人も屋敷に出入りしていました。「蔵元」や「掛屋」は、蔵屋敷の経営を媒介として藩財政全般へ関与する場合もあり、藩はしばしば彼らから多額の借金をしていましたから、武士と町人と身分は違えども、良好な関係を築かねばならない存在だったと言えます。

「名代」の方は、「名目上の持ち主」と説明されることが多いせいか、どちらかと言えば注目されることが少ないのですが、大坂にいくつもの屋敷を持つ有力者であって、大事にしなければならない関係であったことは間違いありません。

展示場の広島藩蔵屋敷模型では、御殿の一室で藩主と「名代」が面会している場面や、蔵役人と「蔵元」の町人が入札の打合せをしている場面を再現しています。そういう目で、あらためて模型をご覧いただければと思います。

人と人との交流には、接待・贈答がつきもの

大阪商業大学商業史博物館で所蔵している史料の中に、大坂に赴任してきた蔵役人の日記が含まれています。所蔵先の方で活字化され、研究もされているのですが、蔵役人の行動が具体的にわかる面白い史料ですので、ここでの課題に関係して少しだけ紹介したいと思います。

日記を残したのは、福岡藩蔵役人の大岡克俊という人物です。大坂には何度か赴任してきているのですが、そのうち天保一〇年(一八三九)三月から翌年四月まで、蔵元奉行兼勘定奉行を勤めていた時の日記を見ることにします。大岡は、赴任してすぐに、前任者との引き継ぎを行ったり、幕府諸役へのあいさつ回りをするなど、蔵役人としての職務を精力的にこなしていました。それ以外では、天満宮や住吉社への参詣、芝居や相撲の見物にもしばしば出かけていることが目につきます。そして、見物の後には料理屋に立ち寄ったことも記されています。特に北新地の料理屋「河内屋佐兵衛」をひいきにしていたようで、赴任期間中に合計七七回も訪れていることがわかります。

これだけを見ていると、単に遊び歩いているように思われるかもしれませんが、果たしてそうだったのでしょうか。例えば、難波新地の相撲興行には、合計五回出向いています。細かく見ると、同行した相手がほぼ毎回違っていることに気付きます。状況からの推測ではありますが、これは単なる物見遊山というだけではなく、接待や町人との交流という目的があったのかもしれません。

交流や接待に関係する品物

次に、蔵屋敷での交流や接待に関係すると考えられる実物資料をいくつか紹介します。

佐賀藩蔵屋敷跡の発掘調査では、鍋島焼の碗や皿などが多数見つかりました。鍋島焼は藩による厳しい管理のもとで生産され、将軍などへの献上や藩主の使用など、ごく限られた用途で使われた焼物として知られています。蔵

屋敷跡の出土品は、細かな傷が付いていることから、実際に使用されたものであることがわかります。したがって、献上品として保管されたものではなく、藩主が滞在した時に食前に上がった可能性が高いということになります。裏付ける資料は見つかっていませんが、藩主が賓客をもてなすために使ったという可能性を考えてよいのではないでしょうか。

また、高松藩や鳥取藩など、いくつかの蔵屋敷跡では肩が張って底がすぼまった形の小壺が見つかっています。これらは、九州・小倉名産の飴を入れた容器と考えられています。容器の壺は、現在の福岡県内で生産させた上野焼です。北九州市埋蔵文化財調査センターの佐藤浩司さんによれば、飴そのものは一般に流通していたものの、こうした容器に入れた飴は、特に販路が確立していたわけではなく、贈答目的で持ち込まれた可能性が高いとのことです。小倉藩の蔵屋敷は、中之島の西端近くにありました。わずかな出土例をもとに断言することはできませんが、いくつもの蔵屋敷跡から出土していることを考えれば、蔵役人同士の交際の中で贈られたと考えることもできるでしょう。

蔵屋敷跡の特徴的な出土品に、涼炉(りょうろ)や風炉、急須や小ぶりの磁器碗などの煎茶道具があります。江戸時代後半の大坂町人の間では、煎茶道が流行したことが知られています。蔵屋敷跡の出土品は、大坂の流行に触れた蔵役人たちが使っていたものと言えるかもしれません。さらに推測すれば、単に蔵役人が個人的な趣味として嗜んでいただけではなく、出入りの町人との交際の手段として、共通の趣味・話題をもつためのものであったことも考えておいてよいでしょう。

最後に、出土品ではありませんが、大坂の絵師・森一鳳の絵画を紹介しておきます。森一鳳は、「藻刈舟」を題材とした作品を多数残したことが知られています。「藻を刈る」が「もをかる」、転じて「もうかる」につながることから、大坂の町人に珍重されたとされ、当館でも以前に企画展を行ったことがあります。実は、先に紹介した大岡克俊の日記に、料理屋の床に森一鳳の作品が掛けてあったのを鑑賞したという記述が出てきます。文字だけの情報なので詳しいことはわかりませんが、思わぬところでつながったものだと感心したのであえて紹介した次第です。

蔵屋敷と周辺村落

蔵屋敷に出入りしたのは、武士や町人だけではありません。大坂周辺の農民が訪れることもありました。古河藩領・平野郷町の例で見ることにします。

平野郷町は、中世以来、都市的空間として発達してきた場所でしたが、江戸時代において支配の上では「村」の扱いでした。近世初頭には高台院領でしたが、のち幕府領となり正徳三年（一七一三）には周辺村落を含めて古河藩・本多家領となりました。このときに平野郷の役人たちは、大坂の古河藩蔵屋敷に出向いて、宗門改帳など支配の基本書類を受け取っています。つまり、大坂蔵屋敷は支配の拠点＝「代官所」的な役割をもっていたことがわかります。

その後の経過を追うと、平野郷町は、宝暦一二年（一七六二）に転封で古河藩主となった土井家領となりました。転封以前の土井家は肥前・唐津を領地としており、大坂の堂島に蔵屋敷を置いていました。転封後に蔵屋敷は天満・魚屋町へ移転し、相前後して平野郷町に陣屋を構えました。おそらく、本領が西国から東国に移ったことで、年貢の販売拠点としての大坂蔵屋敷の位置づけが低下し、陣屋を設けることで飛び地の領地の直接支配に転じたものと考えられます。

蔵屋敷は大坂と国元との接点

蔵役人は、多くの場合一年または数年で交代し、前任者は本国に戻って新しい人がやって来ます。これが繰り返されることによって、大坂で得たさまざまな情報や文化が持ち帰られることになります。最近では、大阪市内の発掘資料によって、国元から大坂にもたらされたものが具体的になりつつありますが、逆に大坂から国元に行ったものについての検討はまだまだこれからの課題です。

また、蔵屋敷を介して国元とつながっていたのは、蔵役人ばかりではありません。大坂を通過する藩の関係者も蔵屋敷を拠点としていたことが、先の大岡克俊の日記からも読み取ることができます。

幕末になると、京の政治的意味が重要になった関係で、港のあった大坂も、それまで以上に多様な人々が訪れ、活躍する場となっていきました。平成三〇年のNHK大河ドラマは、西郷隆盛を主人公とした「西郷どん」です。もっぱら京や伏見での活躍が知られていますが、のちに江戸城開城で交渉相手となる勝海舟にはじめて会ったのが大坂であるなど、しばしばこの地を訪れています。その時には、土佐堀にあった薩摩藩蔵屋敷を拠点としていたものと考えられます。

三　蔵屋敷は都市開発の起点である

蔵屋敷の本来的な機能とはいささか質が異なりますが、蔵屋敷と大坂の都市開発の関係について、最後に触れておきたいと思います。

江戸時代の中之島・堂島は、大半が蔵屋敷地で占められていました。改めてその分布を眺めていると、なぜ市街地にこれだけ広大な土地を確保できたのかという疑問がわいてきます。結論からいえば、それは、蔵屋敷が建てられたのが新開発の埋立地だったからでした。

新地の開発と蔵屋敷

大坂の古地図を順に見ながら、堂島を中心として都市開発と蔵屋敷との関係を見ていきたいと思います。

堂島新地は、河村瑞賢による安治川開削に連動して、元禄元年（一六八八）に開発されました。それ以前のようすを描いているのが、明暦元年（一六五五）の大坂を描いたとされる「大坂三郷町絵図」です。上の方にブーメランのような形で描かれているのが中之島です。中央やや左寄りに赤い部分があるのは、久留米藩や高松藩の蔵屋敷地に当たる部分で、開発まもないため、まだ完全には大坂市中に含まれていないことを示しています。また、その上（北）にある堂島は、開発（埋め立て）前なので、自然にできた中州に近い形をとどめています。

堂島新地が開発された初期には、土地の繁栄策として茶屋・料理屋等の営業が許可されました。その年代に近い、貞享四年（一六八七）版「増補改正大坂大絵図」を見ると、開発された堂島は、もっぱら西の方に延びて、中之島に並行するブーメラン状の形状になっていることがわかります。この時点で町立てされているのは、最初から陸地であった東の一画だけで、大部分は「新築地」と記されているだけです。

この時期の象徴的な出土品として、解体痕のあるスッポンの腹甲があります。料理するために包丁でさばかれたものと推定され、この地で営業を認められた料理屋に関係するものと考えられます。また、文字の記録に表れないものとして、陶器を焼いた窯跡の出土がありました。水辺の埋め立て地で焼き物には不向きな土地のようにも思われますが、まだ建物が建てこむ前の広い土地を活用して、陶器生産が行われていたのかもしれません。

しかし、こうした時期は短かったものと思われ、ほどなく蔵屋敷の建設が進みました。宝永四年（一七〇七）版「摂州大坂図鑑綱目」を見ると、堂島新地の西半分が蔵屋敷で埋め尽くされた状態となっています。このように、一〇年余りの間に、開発されたばかりの堂島新地が急速に蔵屋敷地となっていった経過を見てとることができます。

需要と供給の関係

以上の点を、需要と供給という観点から整理しておきましょう。まず、藩側は、蔵屋敷地として水運の便の良い広い土地を探していました。一方、開発側は、土地の利用者を求めていたと考えられます。茶屋や料理屋の営業許可という施策はそのためのものでしたが、一度に広い土地を必要とする蔵屋敷の利用は、その条件に適合していました。こうして両者の利害が一致した結果、新地（埋立地）に蔵屋敷が集中することとなった、というのが私の見解です。

江戸時代の大坂では、民間による土地開発が行われ、その利権が開発者に与えられるというしくみが成立していました。南の道頓堀では、もっぱら芝居小屋や各種興行の地として活用されたのに対して、北の中之島や堂島では、その中心は蔵屋敷だったということが言えるでしょう。

そして近代へ

明治時代になり「藩」という枠組みがなくなると、大坂の蔵屋敷も必要がなくなりました。蔵屋敷は廃止され、市街地付近にまとまった空き地が出現することになったのです。それらの多くは、政府に接収されて官有地となった場合もあれば、民間に売却された場合もありました。そして、役所や学校、病院、工場などの大規模施設へと転用されていきました。たとえば、広島藩蔵屋敷の場合は、明治一二年に府立病院となり、その後大阪大学医学部の用地となりました。佐賀藩蔵屋敷は明治初期に懲役場として使われたあと、裁判所として現在に至ります。このように蔵屋敷の跡地は、近代・現代の大阪の都市基盤の一部となったといえるでしょう。

ただし、江戸の大名屋敷も同じような経過をたどりますが、大阪の蔵屋敷とは大きな違いがありました。それは、藩主が長期間居住する江戸屋敷には広大な庭があったのに対して、大阪の蔵屋敷にはそのような施設がなかったことです。東京に比べて、大阪には緑が少ないと言われることがありますが、その一因はこうした点にありました。また、大阪の市中では、蔵屋敷や米市をひかえていた北の新地と、芝居小屋や見世物等でにぎわった南の新地とでは、客層や土地の雰囲気にも違いがあったものと思われます。これが現在のキタとミナミの違いにつながっているのかもしれません。

おわりに

江戸時代における大坂の蔵屋敷は、都市社会の重要な構成要素の一つであり、かつ大坂と他地域とをつなぐ重要な接点の一つでもありました。その意味で、「天下の台所」大坂を特徴づける施設であったと言うことができます。さらに、廃止後も近現代の大阪のあり方にも大きくかかわっていたということを最後に指摘しておきたいと思います。

＊　＊　＊

大阪の蔵屋敷は必要に応じて作られた

栄原　しばらく時間をいただきまして、今の豆谷さんの報告について、いろいろ問いかけをしながら深めていければうれしいと思います。今日のお話の特色は蔵屋敷というものが、経済的機能だけでなく、政治的・文化的機能も持っていたことを指摘され、この政治的・文化的機能のほうに力点を置いてお話をしていただきました。それで蔵屋敷というものについて、わたしなんかが持ってたイメージと違う、新たな側面が見えてきたと思っております。

まず最初に、そもそも蔵屋敷というものの基本的なことを、もうちょっと押さえてから本論に入って行きたいと思うんですけども。わたしの蔵屋敷に関する知識はまったく初歩的なもので、ごく普通のイメージしか持ってません。つまり蔵屋敷というのは各藩の経済、藩財政を支える基本的な役割を果したと理解しています。大坂には、時期によって違うんですけども、天保時代には一〇〇ぐらいの蔵屋敷があったということなんですけれども、その段階で全国にあった藩のうち、どれくらいの藩が大坂に蔵屋敷を持ってたんですか?

豆谷　ちゃんとたしかめてくるの忘れたんですが、ざっと半分ぐらいのはずです。

栄原　ええ、そうなんですか。もっとたくさんの藩が持ってると思ってました。そうすると、残りの半分の藩はどうしてたんですか?

豆谷　大坂の蔵屋敷のけっこう大きな特徴は、藩が必要だと思ったら置く、必要なければ置いてないっていうことです。江戸時代ですから大名の転封がありますね、領地が替わってしまう。それで、蔵屋敷が必要な場所に領地がある大名は蔵屋敷を持ちますが、大坂に蔵屋敷持たんでいいとこが領地になったら蔵屋敷をやめちゃうっていうのがときどきある。逆もあるんです。

やめ方には大きく二つあって、一つは、年貢米を大坂まで持ってこずに江戸に運ぶ。地元でコメを地産地消できるところってほとんどないんで、江戸時代の後半が中心になりますけれども、東北の場合は江戸が大きなマーケットですから、そっちへ持って行く、というのが一つ。

それから、二つ目は一つ目と絡まってるんですけど、そうはいっても、大坂ってやっぱり商業都市で、そこの商人とは一定関係を持っておく必要がある。わざわざ蔵屋敷を設けるまでもないけど、大坂に一定の米を持っていって売ったり、あるいは借金できるような関係を作っておかないといけない場合もある。用足しと言われる商人と関係を持っておいて、その商人に任せて年貢米の売りさばきを委託したりする。そういった蔵屋敷を持たずに商人に任せるというやり方をしている場合もありました。

栄原　そうすると、わたしなんかは藩財政というと、米をみんな大坂に持ってきて全部売りさばいていた、全国の藩が大坂に蔵屋敷持ってたと思いがちなんですけども、決してそういうことではなくて、江戸にも蔵屋敷を持っていた藩もあったということなんですか。

豆谷　江戸の場合は、もともと参勤交代用の屋敷があります。そこは蔵屋敷と同じ役割は果たさないでしょうが、大坂みたいな蔵屋敷というより、下屋敷のように別に持ってるところにそういう機能を持たせた可能性はあります。

栄原　なるほどなるほど。江戸と大坂ですね。あるいは、わたしなんかが思うのは、北陸のたとえば敦賀とかは米を運ぶ拠点になると思うんです。そんなとこには蔵屋敷はなかったんですか？

豆谷　あんまり敦賀のことは知らないんですけども、前から気になってることがあります。豊臣期まで遡っちゃうんで、江戸時代でどこまで言えるかわからないんですけど、東北の津軽ですね。そこの大名が大坂と京都と敦賀に屋敷を作ったという記録があります。後の記録なんで、どこまで江戸時代に伝わるかわかりませんけど、そういうのがあって、敦賀の港もある程度意識してる藩はあるんだろうなとは思うんですけど、現地のことよく知らないんで、今それ以上は言えません。

栄原　今の津軽藩は、大坂にも蔵屋敷がありましたね。これなんか、たぶん北前船なんでしょうか、津軽からの海運のルート上、大坂に持ってくるほうがはるかに多かった。そういう地理的、交通的な要因も働いて、どこに蔵屋敷を作るか、あるいは蔵屋敷に替わるような機能をどこに持たせるかっていうことが、各藩によって違っていたと理解していいわけですか？

豆谷　そういう側面はあると思います。今の感覚でいうと、日本海側から大阪って遠いなと思うんですけど、船が中心の時代ですと、日本海ルートは、時間はかかるけれども、心理的にはけっこう近いんですね。特に北前船ルートが整備されてくると、東北から大坂への流通ルートがきちっとでき上がってきます。東北の日本海側の藩では、秋田藩ですとか、蔵屋敷が早くからあるところがあります。逆に太平洋側では最後までないところもあります。面白いのは、仙台藩が、江戸時代の後半ぐらいに、大坂に米を回すのを始めたという史料があります。どうやらそのころに、大坂に初めて蔵屋敷を作ったらしい。結局、それまでの仙台藩の流通ルートに加えて、大坂に一定の米を回そうっていう方針になって、そのときはじめて大坂に蔵屋敷を作ったことになります。先ほどの話じゃないですけども、やっぱり必要に応じて作るという例の一つかなと思います。

経済的な情報収集

栄原 なるほど。仙台藩をあげられましたけど、たとえば太平洋岸なんかは、むしろ江戸に持ってくるほうが、はるかに便利ですよね?

豆谷 ええ。

栄原 ですから、江戸で米を売りさばいていたけども、相場の問題が関わってくるんじゃないんですか。大坂の米相場の全国的な支配力がどれくらいあったのか、わたしは知らないんですけども、複数の米相場をにらみながら、大坂で売るほうが有利だと思ったら大坂に持ってくる。あるいは、江戸で売るほうが有利だと思ったら江戸に送るという、相場の状態を見てるという、そういうことなんですか?。

豆谷 裏付けをとってるわけじゃないので、正直わからないですけども、それはあり得る、とは思います。

栄原 そうすると、たとえばある一つの藩を例に取れば、蔵屋敷あるいは蔵屋敷的な機能を果たすような拠点を一か所しか持ってないと、ちょっとしんどいというか、危険じゃないんですか。アンテナは、たとえば江戸と大坂のように複数持ってて、そのなかでうまく両方使い分けながら機能してる、そういうイメージで考えてよろしいですか？　それとももっと大坂の支配力のほうが強いということなんでしょうか？

豆谷　そうですね、そのあたりは、たぶんに推測になるんですけれども、まさに今日の話なんですが、蔵屋敷は米の売り買いだけで考えてると不十分で、大坂という町に拠点を持って、そこで情報収集してるっていうことがけっこう大きいと思いますね。同じような理屈で、特に幕末にすごく重みを持ってくるのが京都です。江戸には当然屋敷がある。そこでいろんな情報は集められるし、ネットワークも作れるけれども、そこだけじゃなくて、幕府の拠点である大坂で、いちばん大きいのは経済的なことでしょうけれども、藩財政に関わるようないろんな情報を集めて、藩の方針を決めていくかもしれない。そういう機能は重視しといたほうがいい。そういった意味では、今日お話をしたように、藩のいろんな思惑のなかで、ここは押さえとかなきゃいけないというのがあって、屋敷を作るのか、それに代わるものを置いとくかという判断がなされてくるんだろうと思います。

栄原　だんだん今日のお話に関わってきましたが、わたしの素人的な知識ですけども、特に江戸の後半くらいになってくると、藩財政がすごく苦しくなってきて、藩がいろんな専売をやり出す。つまり米一辺倒からそれ以外の特産品で藩財政を支えていこうということになってくる。そうすると、そういうさまざまな特産品、砂糖でも塩でもそれぞれに相場がたつわけですよね。それってだいたい大坂なんですか？　物品によって大坂以外で相場が立つことはあったんですか？

豆谷　どうなんでしょう。そのあたりはあんまり一生懸命勉強したことはないので、はっきり言えません。米はなんやかや言っても江戸時代の基幹商品なので、大坂で押さえていったと思うんですが、それ以外の商品になると、ちょっと性格違うかな。たとえば流通経路がそれぞれ違えば、それぞれに相場が出てくる可能性もあるという気はします。今の話は、江戸時代後半のことなんで、わたしも一般的な知識しか知りませんが、大坂の経済的な占有率はだんだん落ちていき、反対に地方の経済がどんどん発達していく時期に当たってくるので、それとの絡みでいうと、いろいろあったんじゃないかな、という気はします。

栄原　いえいえ。情報収集とおっしゃったんで、その情報収集にもいろいろあって、今日は政治的あるいは文化的な情報収集の話を中心にされたと思うんですけども、たとえば藩専売に関する情報収集とか、経済的な情報収集もあったはずですが、それは大坂でよく収集できたのかなと、ちょっと気になったんで、お聞きしました。

蔵屋敷にいた武士以外の人たち

栄原　それで、今日の話に入っていきたいんですが、蔵屋敷というものは決して経済的な機能だけでは考えられなくて、もっと多様な側面を持ってたんだという話で、とっても興味深く聞かせていただきました。これも基本的な話ですが、蔵屋敷には、武士はせいぜい一〇人ぐらいしか住んでなかったんだと言いはったんで、へえっ意外やなと思ったんです。当館の九階にあります広島藩蔵屋敷の模型を見てると、あれだけの広さに一〇人ではとてもじゃないけど維持できませんよね。そうすると、武士は一〇人ぐらいでも、それ以外にも蔵屋敷のなかにはいろんな人がいたんですか？

豆谷　ケースバイケースみたいなんです。いちばん手数がいるのは、物を運ぶ人。江戸時代は仲士（なかし）とも呼んでますが、蔵屋敷の周りに長屋があって、そこに住んでるケースもあるようですし、そうじゃないようなところもあるんですね。広島藩がどうやったんか、ちょっとわかんないですけれど。

栄原　そうじゃないっていうのは、蔵屋敷のなかに住んでるんですか？

豆谷　はい。結局、蔵屋敷の敷地の周りに、長屋のような居住地があることもあるみたいです。

栄原　武士一〇人の家族がどうなのかなあというのも気になります。一～二年ぐらいで交代するいうことでしたから、単身赴任なのかなと思ったりもしますが、それでも武士たちの日々の賄いとか身の回りの世話とか、いろんなことがあると思うんです。そういうのは、どういうふうに支えられていたのかわかるんですか?

豆谷　あんまり細かくわかる史料というのは見てないんですが、単身赴任の話でいうと、いろんなケースがあったようです。そのなかで、よく引き合いに出されるのは、福沢諭吉が中津藩の大坂蔵屋敷で生まれたことです。有名な話ですけど、生まれた時にお母さんは大坂にいたんですね。単身赴任なら絶対そんなことあり得ません。また、発掘調査の史料でいうと、中之島の高松藩の蔵屋敷跡で化粧道具がけっこういっぱい出土してて、これはきっと女性が住んでたんだ、と言われています。逆に、佐賀藩の場合は、全体を発掘してないんで、どこまで言えるか難しいんですけど、発掘担当者が報告書に書いてるところでは、ほかに比べて女性の生活道具を思わせるような出土の量の割合が少ない、ということです。ひょっとしたら男社会に近い蔵屋敷があったのかもしれない。このあたりすべてはわからないですけれども、けっこういろんなケースがあったのかなと推し測れると思います。

栄原　藩の気風っていうか、特色とか、そういうことなんですかね?

豆谷　それはあると思います。そこまで厳格に、かならずこうしなさいとまでは決められてないと思います。

栄原　そうなんですか。その蔵屋敷には、武士としては一〇人前後くらいで、それ以外に女性や場合によっては家族もいた可能性もある。あるいは労働力、人夫さんに当たるような人たちも、住居を提供されてたのかよくわかりませんけども、周りに住んでいた可能性がある、という感じで理解できました。その蔵屋敷が一〇〇ぐらいあるとして、蔵屋敷全体で武士が九〇〇人前後ということなので割ったら平均で九人ぐらいになります。藩の大小があるから一概に言えませんけども、それほど多くない。この九〇〇人前後っていうのは、天保年間のデータなんですかね。

豆谷　すいません、ちょっと今、これは。

栄原　ピークが四〇万人として、一割で四万人、一パーセントで四〇〇〇人ですね。四〇〇〇人。武士の総数、たのかもしれない、というふうな話でしたが、言われてみたらそうなんかあと思いました。

なんか意外にガランとしてたんやなと思いました。蔵屋敷の場所というのは、景勝地、かっこつきの観光名所だっ

八〇〇〇人ぐらい、で九〇〇〇人。ほんとにごくわずかな人数なので、そうなんだ、非常に広い面積を占めながら、

土地の持ち主は町民

栄原 それで、こんな質問したら笑われてしまうかもしれへんのですけども、蔵屋敷の周りは塀で囲まれてて、そのあいだに道があるんですけど、そこは町民たちが自由に往来できたんですか？　つまり、町中だったら夜になったら番所があって閉じられてしまうとか、いろんなところでチェックされるというイメージがあるんですけども、当時の大坂の人には貧富もかなりあったという話でしたけども、蔵屋敷のあたりは町民にとってどんな場所だったんですか？

豆谷 その点は具体的にきちっと見たことがないんですが、あくまでも制度的なことでいうと、大坂の蔵屋敷って武家地じゃなくて町人地なんですね。つまり、大坂は天領、幕府領ですので、そこに大名が土地を領地として持つことはあり得ないんです。たぶんその理屈の延長で、武家屋敷を作るけれども、その土地の持ち主は町民ということになると思います。今日は名代というのを上げましたが、名代については名義上の所有者だという説明がなされることが多いです。町人地だというのはそういうことを指してます。ついでに言っちゃうと、名代というのは名前だけのもんやみたいに軽く取られるとこがあるんですけど、いろいろ見ていくと、土地の持ち主は、その町に対していろいろ責任を果たさなきゃいけない。ときにはその人が直接動くということがあるので、名ばかりじゃないんだという気はします。

観光の話についてご質問がありましたけれども、蔵屋敷のある場所というのは、たまたま蔵屋敷という特別な建

物が建っているけど、町は町なので、そういう意味では、ほかの町民が住んでる町と規律的には変わらないだろうと思います。特に蔵屋敷のところは蔵屋敷ばっかり建ってるんじゃなくて、あいだに町民屋敷が混じったりすることもままあるんで、そういうことじゃないかと思います。

栄原 ちょっとびっくりしました。確認したいんですが、蔵屋敷っていうのは、その藩の所有地じゃないんですね？

豆谷 これがね、ちょっとややこしいところで、名義上は所有地ではないです。ただ町人がほんとに名目上の所有者の場合と、実質的な所有者の場合と、いろんなケースがあるという気がします。おそらく買うときにお金で判断してると思います。名前だけ町人にしてるというケースもあるし、本当に町人が実質的に持っていて、藩は事実上借りてるだけに近いこともおそらくあったと思います。これは個別の話なんで、どこまで押さえられるかは、わたしもできてません。

栄原 藩によってかなりさまざまだっていうことなんですね。要するに値段交渉とかいろんなことがあるんでしょうけども、町人との関係でさまざまなケースがある。形式的名義人的なものから全部町人の持ち物だということも考えられる。

豆谷 はい。ごく一部だけだったら拝領地として伝わってるものもあるようなんです。

栄原 ああ、そうなんですか。

豆谷 これも実は細かく見るとよくわかんないところなんですけども。

栄原 あとで蔵屋敷に出入りする人のなかに名代がいるのは何でですか、と聞こうと思ってたんですけど、よくわかりました。そうすると場合によっては、藩が町人に対して最初に借地権、使用権の費用をまとめてぽんと払って、事実上買い取ったと同じようになっているケースもあれば、年期契約みたいに毎年使用料を払ってるものもあるということですか？

豆谷　裏付けまで取れてるわけではないので、はっきりとはよう言わんのですけれども、以前から気になってることなんですけど、大坂の蔵屋敷はけっこう引っ越しをしてよそに移ってます。

栄原　引っ越しする？　蔵屋敷ごとですか？

豆谷　はい。さっきの話からすれば、転封で領地替えになったら蔵屋敷をやめてしまい、その大名家の蔵屋敷ではなくなるんだけど、同じ場所に次に別の大名が入ってくるというケースがあります。このへんはあくまでも現象から見て、こうじゃないかって言ってるだけの話で、実際にそういう証拠がたしかめられるのではないんです。もちろん土地の売買をしてれば別なんですけども。

そういうところから考えていくと、藩が金を出して屋敷を取得した場合でも、直接的に藩が売り主となるのではなくて、名代が間に入っていくことによって屋敷が別のところに移るというケースも実際あるんです。

栄原　今の話は、最初にお聞きした話とも関連していて面白いなあと思いながら聞いてました。藩は転封っていうのがありますね、譜代大名がけっこう多いと聞いてます。そうすると、転封された場所の領地のあり方によって、蔵屋敷が必要であったり必要なくなったりということが起こってくるということなんですね。転封と連動して蔵屋敷をやめちゃうとか、今までの蔵屋敷はちょっと大きすぎるから小さいところに移ろうとか、そういうことが起きてくる。そういうふうに理解していいわけですか？

蔵屋敷にはいろいろなタイプがある

豆谷　おそらく、一般的に蔵屋敷というとイメージしやすいのは、大きな外様の、ずっとある蔵屋敷だと思います。今日の話でも、広島藩であったり佐賀藩は外様の大藩で、江戸時代の初めからずっと領地が変わらないし、大坂の蔵屋敷も基本的に同じ場所にずっとあります。そういうのがいちばんイメージしやすいので、ついついそれで考えがちなんですけども、今日の話では飛ばしちゃったんですけど、古河藩は譜代で、どんどん転封で入れ替わったところです。

これなんかは決定的な例やと思ってるんですけど、平野郷は宝暦年間、つまり江戸時代のなかごろに、古河藩の土井家の領地になってから幕末までずっと同じ領主が続くんです。その土井家は、古河藩になる前は肥前の唐津に領地を持ってて、そのときは西国の大名ですから、堂島新地に蔵屋敷があるんです。ところが、直接関係する史料を見たわけじゃなくて、このタイミングで替わってることから解釈してるだけだっていうことはお断りしておきますけれども、唐津から古河に変更になってわりあいすぐのタイミングで堂島新地の蔵屋敷が天満の魚屋町に変わるんです。魚屋町はどこかというと今の南森町あたりで、町中にぽんと移るんです。実はどんな屋敷かきちっとわからないんですけど、おそらくあの場所ではいきなり大きな蔵屋敷の敷地なんて確保できない。ということは、たぶん規模を縮小してるだろうと思います。

ただ古河藩では、藩主の大名家は移り変わっていきますが、代々平野郷町あたりの土地を受け継いでいたみたいで、この土井家が古河藩主になったときに、平野郷町あたりを領地として、大坂近辺の飛び地としていきます。そうなると、平野郷町とその周辺、それだけで一万石ぐらいあるんです。なのでわたしは、大坂に大きい蔵屋敷を置いたままにするよりは、むしろ地元に陣屋を作って支配するほうがより有効であると考えたんだろうと思ってるんです。事実として転封のタイミングで平野郷に陣屋作ってることはまちがいない。理由のほうはわたしの解釈です。そういった意味で、この事例は、必要がなくなったというより、むしろもっと有効なところに作ったんで、大坂の方を縮小した例かなと思ってます。

栄原　今のお話、すごく面白かったですね。要するに蔵屋敷にはいくつかパターンというか、タイプがあって、広島藩のような大藩の蔵屋敷は、そのタイプの一つであって、決して蔵屋敷の代表的な姿がどうかはわからない。もっといくつかのタイプがありそうだという、そういうお話だったと思います。大きな藩の場合以外でいうと、たとえばせいぜい数万から一〇万石未満の譜代藩については、転封に応じて領地に陣屋を作ったり、蔵屋敷をそれに応じていろいろ変貌させていくようなタイプもある。そんなイメージになるんでしょうか？

豆谷　そうですね。蔵屋敷の規模はけっこういろいろです。大きな藩なのに蔵屋敷の規模は意外と小さいというところもあります。なんでだろうと考えると、裏付けがきちっと取れないんですけど、現象から解釈していくと、その藩にとって大坂に必要な規模はこれぐらいということで決まってくるものもあるだろうなと思ってます。特に大坂の蔵屋敷って米屋のイメージが強いですけど、必ずしも米ばかりじゃなくて、たとえば対馬なんかは山がちな島なので、いちおう表だった石高は一〇万石ですが、あれはむしろ朝鮮通信使を迎えるために一〇万石の格がいるから、一〇万になっているけど実際に一〇万も米はとれない。むしろいちばん大きなのは朝鮮貿易なんです。それで、大坂の蔵屋敷では、初期は朝鮮半島から仕入れた朝鮮人参を扱ってます。のちになると国産のものが広まりますけども、そんなに大きな蔵屋敷が必要なかった可能性があります。

一つ面白い事例を紹介したいと思います。この博物館ができる前に大阪市の学芸員共同研究というのがありまして。当館の同僚の大澤さんや八木さんといっしょに韓国にある対馬藩の宗氏の史料を調べに行ったとき、対馬藩の大坂蔵屋敷の絵図らしいものを発見しました。ところがどう見ても寸法が合わないんです。むちゃくちゃ広いんですね。なんやろと思ってよくよく調べていったら、一九世紀はじめの文化年間、対馬止まりだった最後の朝鮮通信使のあと、天保から嘉永年間に大坂まで来る通信使が計画されて、その計画段階で大坂に迎えるときに宿舎をどうも対馬藩の蔵屋敷にしようとしたらしい。ところが当時の対馬藩の蔵屋敷の広さは、とてもじゃないけど通信使を迎えられるほどの規模がないので、おそらく幕府にお金を要求して、周りの土地買収して屋敷広げて、そこ宿舎にしますという計画図なんです。これはたまたま朝鮮通信使とからんできわめて特殊な例なんですけども、蔵屋敷といっても使節を迎えるための大名屋敷の性格も持ってるという事例です。

栄原　いや、今の話も面白かったんですけど。蔵屋敷っていうのはすごく流動的であることがわかってきてワクワクしています。藩の性格によっても違うし、特別な産業が盛んなところとか、いろんな藩が抱えている諸事情によって、蔵屋敷あるいは蔵屋敷的なものが、ずっと変貌していくっていう、そういうイメージが蔵屋敷なんかなあと、今聞いていていてだんだん思ってきました。

関連史料や跡地について

栄原　ちょっと時間がないので、ほかにもいろいろ聞きたいことがあるんですけども、観光とか景勝地のところで、神社、蔵屋敷のなかに国ごとに迎えた神社があるんだっていうお話があって、それは藩が人集めのためにやっていて、場合によっては開放したりするようなこともした、ということをたしかおっしゃったと思うんですけども、そこがよくわからなくて、各藩が蔵屋敷になんで人を集めなあかんのか、ということですね。ゆかりの神社を設けて、それを開放することによって一般の人たちが、わあってやってくる。まあ町民のほうはめったにない機会、珍しい機会なので見に行こうと思うでしょうけども、藩のほうがそれをリードしたっていうお話だったと思うんですけど。ちょっとそこの関係がよくわからなかったんですけど、これ、どういうことなんでしょう?

豆谷　これはまったく裏付けがないんですけど、今日の話の文脈でいうと、いろんな交流を蔵屋敷でだけじゃなくて大坂の社会のなかでやっていくなかで、結局は何かをするお金が欲しいということじゃないかなと推測しています。

栄原　なるほど。どれくらいの人が、たとえば厳島神社を見に行ったのか知りたいところですけども。それちょっと置いておいて、福岡藩の蔵役人の大岡克俊という人の日記があって、北新地に一年か二年のあいだに七七回も行ってるという話は、笑ってしまいました。ちょっと史料的なことを教えてほしいんですが、大岡克俊の日記は今どこにあるんですか？　見ることができるような形になってるんですか？

豆谷　いまは大阪商業大学の総合資料館が所蔵してて、大学のほうで活字に起こされています。内容だけなら当館の書庫にも入ってます。

栄原　活字本になってるんですか？

豆谷　活字本です。

栄原　ああ、そうなんですか。とても面白そうだなと思いました。これは一つの例かもしれませんが、こういう蔵役人のような人たちの残した日記とか手紙は、ほかにどういうものがあるんでしょうか？

豆谷　今世に知られている史料では、大阪商業大学のほうで活字にしているものがいくつかあり、いちばん見やすいです。この種の史料は他にもたぶんあるんでしょうけれども、あんまり世に出てこないというか、かなり丹念に調べないとたどり着けないです。蔵屋敷関係では日記などですけど、こういう史料というのはだいたい地元の大名であったり、その家臣のところに通常は残るんですが、自治体史として調査して刊行されてるものに、大坂の内容はなかなか取り上げてもらえないんですね。存在することはわかってるけれども、目録に載ってるだけとか、下手すると全然表に出てこないこともあります。そんななかで大阪商大では商業史という観点でこれらのものも集めてこられてるし、そういう蔵屋敷っていう一連の史料集で出していこうっていうようなこともされてるので、今日の話でいくと、佐賀藩中心に、ほかにもいくつかの藩の関連史料なんかをそちらで活字化されてます。今わりあい、すぐに見ることができるのは、いちばん大きいのはそれですね。

栄原　たぶんほかにもまだ眠ってる史料があるんでしょうね。

豆谷　きっとあります。

栄原　そうでしょうね。今日の大岡克俊の例のように、もっとほかの側面がわかってくる史料がこれからも出てくるといいですね。で、残り時間が少ないんすが、もうちょっとだけ進めたいと思います。大岡克俊をはじめとして、蔵役人たちがお付き合いをものすごく大事にしてて、情報収集も非常に苦心をしてたということが今日わかったんですけども、そこから先なんですね。そこで集めた情報は実際に藩の政策とかにどの程度反映されていくのかですね。情報収集はわかるんですが、その先はどのようになったのか。それがわかる事例はありますでしょうか？

豆谷　すみません、そこまでは踏み込んでないです。

栄原　わかりました。たぶん現在の報告書みたいなものを作って藩庁に提出して、その藩の重役たちがそれを検討しながら藩の方針決めていくということになると思うんですけれども、なかなかそこまで史料がないということのようでございました。あと、最後になると思いますけども、蔵屋敷の場所が埋め立て地や新開発の土地だったというところも、言われてみたらたしかにそうやなあと思いました。大坂みたいなところにあんな広い場所が次々と確保できるのはそれしかないなと、はっと気づきました。またそれが大坂という町の骨組みとすごく関わってきてるんだという、そういうお話だったと思います。それで、佐賀藩の蔵屋敷が今の大阪の高等裁判所になってるということでしたけど、ほかにそういう事例いくつか挙げていただけませんか。

豆谷　発掘してるところは、広島藩の蔵屋敷跡は、大阪市立の新美術館建設予定地ですけれども、その前は大阪大学の医学部があったところで、その前明治一〇年代は大阪の府立病院なんですね。たぶんその前はすぐにはなかったようなので、その隣の久留米藩のところはいま大阪大学のサテライトになってますが、あのへんまで学校になっちゃってます。あと有名な話でいうと、肥後橋のところの朝日新聞は、明治時代にあの場所で会社を起こしたときには、宇和島藩の蔵屋敷の建物をそのまま使ってます。

栄原　なるほど。明治になって蔵屋敷がなくなったあとの大阪の都市開発とも関係しますね。江戸は、まとまった広さの大名屋敷があっちこっちにあったんで、それを引き継いでいろんな施設ができますけど、たしかに大坂の場合では、結局蔵屋敷ぐらいしか、ある程度の広さの取れる土地はなかったんじゃないかという気がしますね。そういう場所がその後も引き継がれて、裁判所とか病院のような大阪の中心になる施設が蔵屋敷のあとに築かれていって、それが近代大阪の一つの骨組みを作っていったんだという、現在につながる非常に面白い話だったと思います。

すいません、わたしがいらんことごちゃごちゃ聞いて、時間の配分がうまくいかなかったんで、今日のお話の後半のところをもうすこし議論したかったんですけども、時間が過ぎてしまいました。今日は、蔵屋敷というものが持っている多様な側面、あるいは流動的な側面、わたしなんかはよく知らなかった政治的・文化的な側面、そういう蔵屋敷の非常に多様な側面を教えていただくことができたと思います。わたしもたいへん楽しい時間でございました。それでは今日はこれで終わりたいとおもいます。どうもありがとうございました。

豆谷　どうもありがとうございました。

（会場　拍手）

大阪は博物館先進地!?——博物学と博物館の歴史

加藤俊吾

はじめに

これから、大阪における博物学や博物館の歴史についてお話しようと思います。このテーマを選んだきっかけは館蔵品である堀田コレクションでして、ちょうど調べていた折でした。このコレクションは幕末～明治初頭の博物学資料で、大阪に住んでいた堀田龍之助(ほったたつのすけ)という人物が所蔵していました。堀田は幕末の博物学者畔田翠山(くろだすいざん)に師事しますが、著作を残さなかったために一部の研究者を除いてあまり注目されてきませんでしたが［上野一九九一、上田一九九六］、これからお話しする大阪博物場とも関わりがあったといわれており、それではいっそ、大阪の博物館史・博物学史を概観してみようと思い立った次第です。

実はこのタイトル、つけてから後悔していまして、「先進」といった文言を冠するのは筋がよくなかったと反省しております。実際、日本で最初の博物館が大阪にできたわけではないので、誇大広告の誹りを免れません。ただ、大阪で常設の博物館（名称は「博物場」）ができたのが明治八年ですので、地方での博物館建設のうちでは早い事例であることはまちがいありません（図1）。

ここでは、江戸時代に盛行した博物学からその流れを辿りつつ、近代の大阪にどのような博物館ができていった

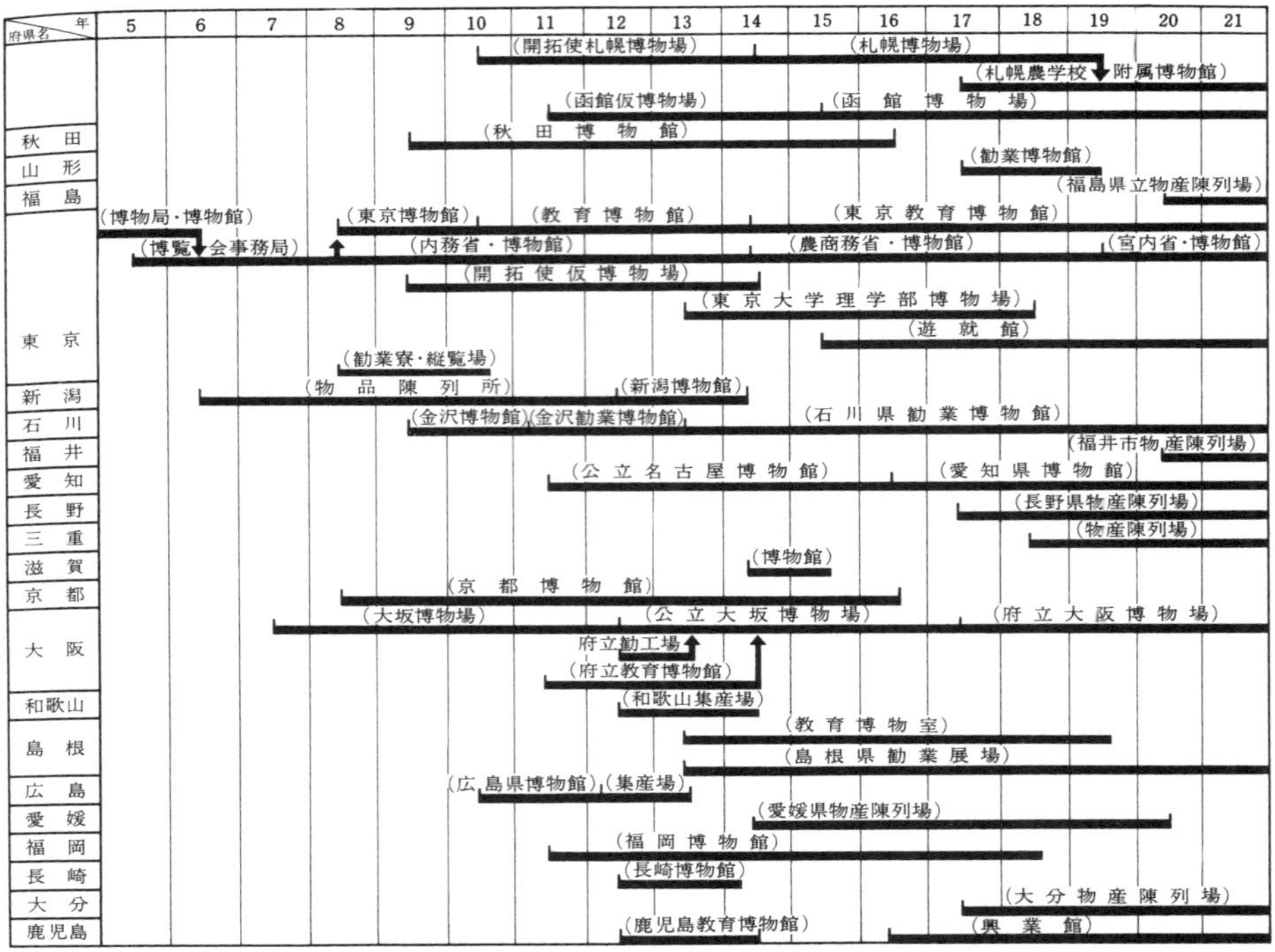

図１　明治前半期における主な陳列施設［椎名1988］

のか、という点を整理してみたいと思います。

なお、ここで言う博物学とは、一般的な捉えられ方である「ナチュラルヒストリー（自然誌）」のみにとどまらないものと考えております。すなわち、未知のものに対する好奇心や究明態度であり、かつ分類・体系化を主に行うこと、というように広く位置づけていることを予め付言しておきます。

一　近世大坂における博物学の諸相

まずは江戸時代の大坂においてどのような博物学者たちが活動していたのかを見ていきましょう。なお、具体的な内容はこれまでに多くの人たちによって研究され豊富な蓄積がありますので、細かい話はそうした個別の成果に委ねることにして、人物の系譜を中心に要点をかいつまんでお話しします（図２）。

近世博物学の勃興と隆盛：一八世紀～一九世紀初め

日本の博物学の幕開けを告げるものとして貝原益軒『大和本草』（一七〇九年刊行）が著名ですが、これは明・李時珍の『本草綱目』（一五九六年刊行）をもとに、日本の植物などを分類したものでした。益軒の後、『本草綱目』を参考にして日本の物産品をまとめあげた人物が、稲生若水です。若水は『本草綱目』に挙がる物産を実見・調査した初めての人だともいわれています。

若水は江戸で生まれましたが、父・恒軒は大坂生まれで、大坂にいた医師・古林正温（見宜）について学びましたので、若水も大阪で見宜に弟子入りしました。その後、京都に出て、伊藤仁斎の古義堂で儒学を学んだ後、二六歳のときに京都で塾を開きました。

若水門下からは松岡恕庵が、さらにその弟子として津島如蘭や小野蘭山が出ました。如蘭は医業を営むかたわら、大坂で本草会を催した人物です。近世大坂の町人学者としてもっとも有名な木村蒹葭堂も如蘭に師事していましたが、如蘭の死後、京都の小野蘭山のもとに通うようになります。蘭山は多くの博物学者を輩出し、京都を博物学の中心地として確立させたといえるでしょう。

恕庵には大坂の戸田旭山も師事していたようです。また、奇才・平賀源内は一時（宝暦四～六年頃）大坂に滞在しており、その際、戸田旭山に師事していました［福田二〇一三］。源内は江戸で薬品会を開催するにあたり戸田旭山に協力を仰いでいます。旭山は自宅で草木を栽培しており、自身も薬品会を主催していたことが記録として残っています（『文会録』）。

「知の巨人」といわれる蒹葭堂とならんで、この時期（一八世紀中頃）の大坂で特筆すべきは懐徳堂の存在です。大坂の町人が享保九年（一七二四）に開設した学校ですが、特に第四代学主となった中井竹山とその弟・履軒のときに黄金期を迎えたと言われます。麻田剛立、山片蟠桃などを輩出しました。履軒は『越俎弄筆』、『顕微鏡記』な

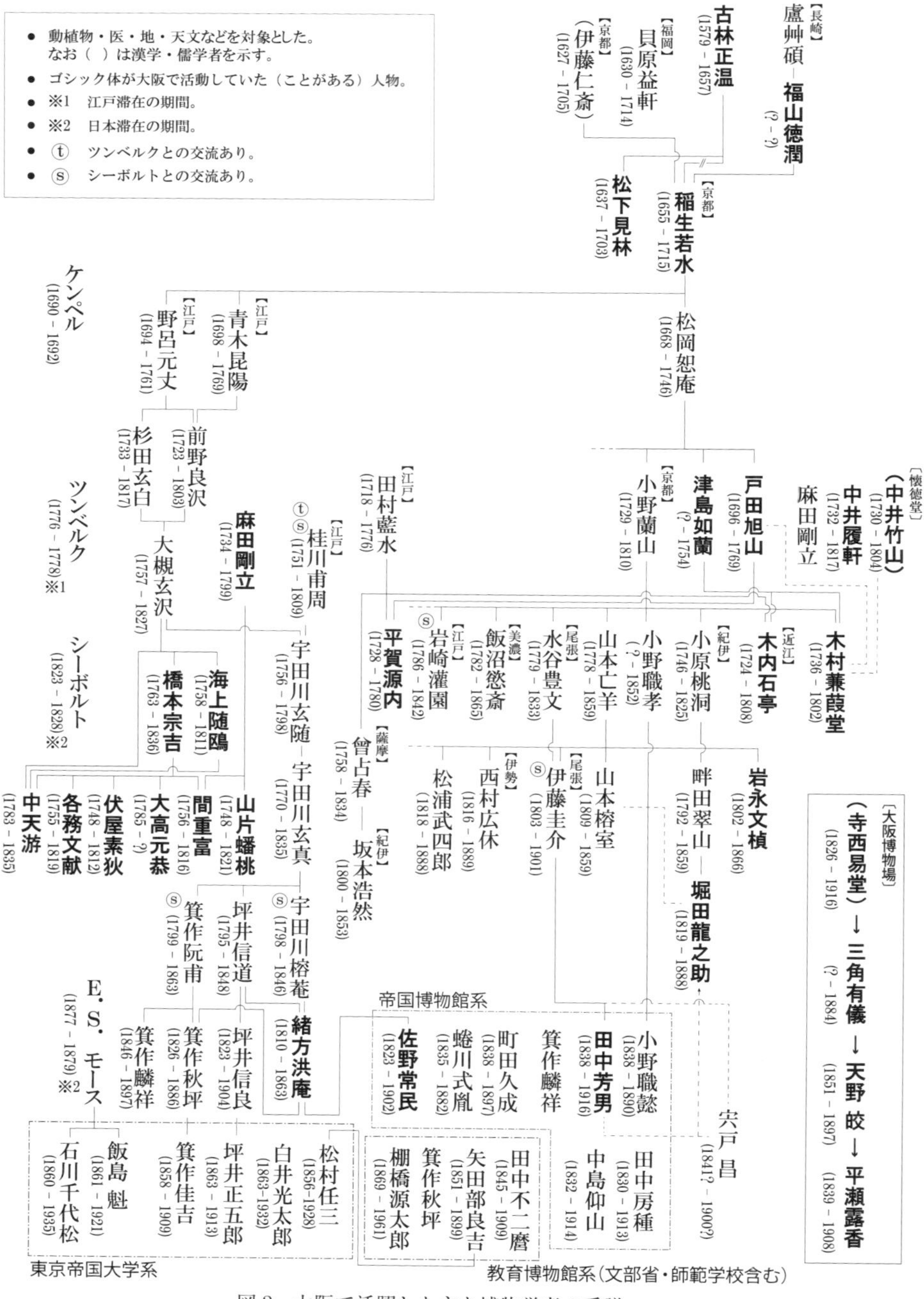

図２　大阪で活躍した主な博物学者の系譜

どの博物学に関する著作を残しています。

また、自身の塾を開いた麻田剛立の門下には、天文学者として幕府の改暦事業にも加わった間重富（はざましげとみ）（長涯）などがいました。さらに間重富や医師・小石元俊らにその才を認められ、その助力によって江戸の大槻玄沢へ師事することになった橋本宗吉がいました。帰阪後、絲漢堂という蘭学の塾を開設し、そこからは大高元恭（もとやす）、各務文献（かがみぶんけん）などの蘭学者・医師が育っていきます。文献は等身大人体骨格模型を造らせて幕府医学館に納めたことがある人物でした。このように一八世紀の博物学は京都を中心にしつつも、江戸・大坂へと波及し、特に大坂では町人が博物学の担い手として盛んに活動していたことがわかっています。

空白と再興：一九世紀初頭～幕末

一九世紀に入ると、大坂では目立った博物家の活動が見られなくなってしまいます。その後、一九世紀中ごろからは、京都の山本読書室などとつながりのあった岩永文楨（ぶんてい）が物産会を再開させます。山本読書室は小野蘭山の弟子であった山本亡羊により開かれたもので、京都の博物学の潮流を継承していました。各地から訪ねるものが多く、彼らが故地に戻ってまた薬品会などを開いています。冒頭で触れた堀田龍之助は、山本亡羊の子・榕室（ようしつ）と深いつながりがありましたし、文楨の物産会に所蔵品を持ち寄っています。さらに、師であった紀伊の畔田翠山と読書室の仲介役を担っていました［上田一九九六］。

大坂で再び活発な動きを見せるのは、緒方洪庵の適塾が開設されて以降と言ってよいでしょう。適塾からは、福沢諭吉など後に時代の牽引役となる多くの逸材を輩出しています。博物館に関わった人物としては、佐野常民がいました。のちに佐野は博物館建設用地の調査などにも加わります。

二　近代の始まりと大阪の博物館・博覧会

日本の博物館建設を牽引した二人

幕末から明治初頭にかけて実施された遣外使節は、日本での博物館誕生に大きな契機となりました。そのなかでも、元治二年（一八六五）にロンドンへ渡った薩摩藩士町田久成はのちの明治政府内で博物館建設にむけて尽力した中心人物です。町田は一八六七年に開催されたパリ万国博覧会への薩摩藩出品を経て、帰国後は文部省・内務省などに籍を置きながら、明治五年（一八七二）には最初の博覧会を湯島で開催し、最終的には明治一五年に上野に博物館を開設させるまで、その歩みを先導し続けました。

また、町田と同じくパリ万国博覧会を視察した人物に田中芳男がいます。田中は幕府の開成所で物産方として働いており、パリ万国博覧会には幕府側の出品者として渡仏しました。その帰国直後には、海外から持ち帰った品々を展覧会形式で知人に披露したといいます［東京国立博物館一九七三］。

二人は明治三年に大学南校に籍を置いて以降、博物館開設に向けた活動をともにしていきますが、町田についてはこの間に注目すべき活動として、明治二年に古器旧物保存方の布告を実現させていることがあげられます。これは今日でいう文化財保護法とよく似た内容で、当時廃仏毀釈や諸外国への流出によって失われつつあった古物を保存することを目的としたものでした。さらに町田はこの延長線上に「集古館」という博物館を構想していました。

田中芳男と大阪舎密局

パリ万国博覧会に参加した田中芳男は、明治元年、舎密局（せいみきょく）の設置のために大阪へやってきます。

大阪府が設置された慶応四年（一八六八）、江戸では戦火が起こり、大阪に学問所を移設する話が動き出します。

このとき大阪に派遣されたのが田中でした。もともと田中は、尾張嘗百社（しょうひゃくしゃ）という博物学結社にて伊藤圭介に師事したのち、江戸にあった蕃書調所・洋書調所・開成所・大学南校などの幕末から明治の官立組織に在籍し、一貫して博物学関係の仕事をした人物です。

その田中を含む数人の手によって学問所は舎密局という名前で明治二年（一八六九）に開設されました。化学の知識と技術を教育・普及するための機関でした。しかし、その設立に際して田中が上申した文をみると、ここは理学全般を究めるところであって、博物館と称するべきだと書かれています［椎名一九八八、二九頁］。田中の中にある博物館がどのようなものであったかがうかがえます。

また、舎密局開校の三ヵ月後、大阪府が大阪洋学校の開校準備を進め、一ヵ月後には早くも開校しています。この洋学校がのちに舎密局とともに大学へ移管され、舎密局は明治三年に理学校と名称変更、閉校します。田中も自らの職務を終え、東京に戻っていきました。なお、理学校はその後の学制の発布・改正にともなって名称変更と移転を経て、明治三〇年（一八九七）、京都帝国大学となります。

舎密局はその後の大阪における博物学を生み出す直接的な力には成りえなかったようですが、明治という時代がスタートし、その中でどのように博物学が位置づけられたかを知る上では欠かすことのできない存在といえるでしょう。

博物場と教育博物館

田中が大阪を去った四年後の明治七年（一八七四）、内務省から大阪府に博物場建設の認可がおります。そして翌八年の一一月、今の中央区本町橋北詰に、「内外古今ノ物品ヲ陳列シ歴代ノ沿革ト現今経済ノ形状トヲ徴シ広ク衆庶ノ縦覧ニ供シ以テ知識ヲ進メ商業ヲ競ハシムル」（「大阪府博物場概則」）ことを目的として博物場が開設しま

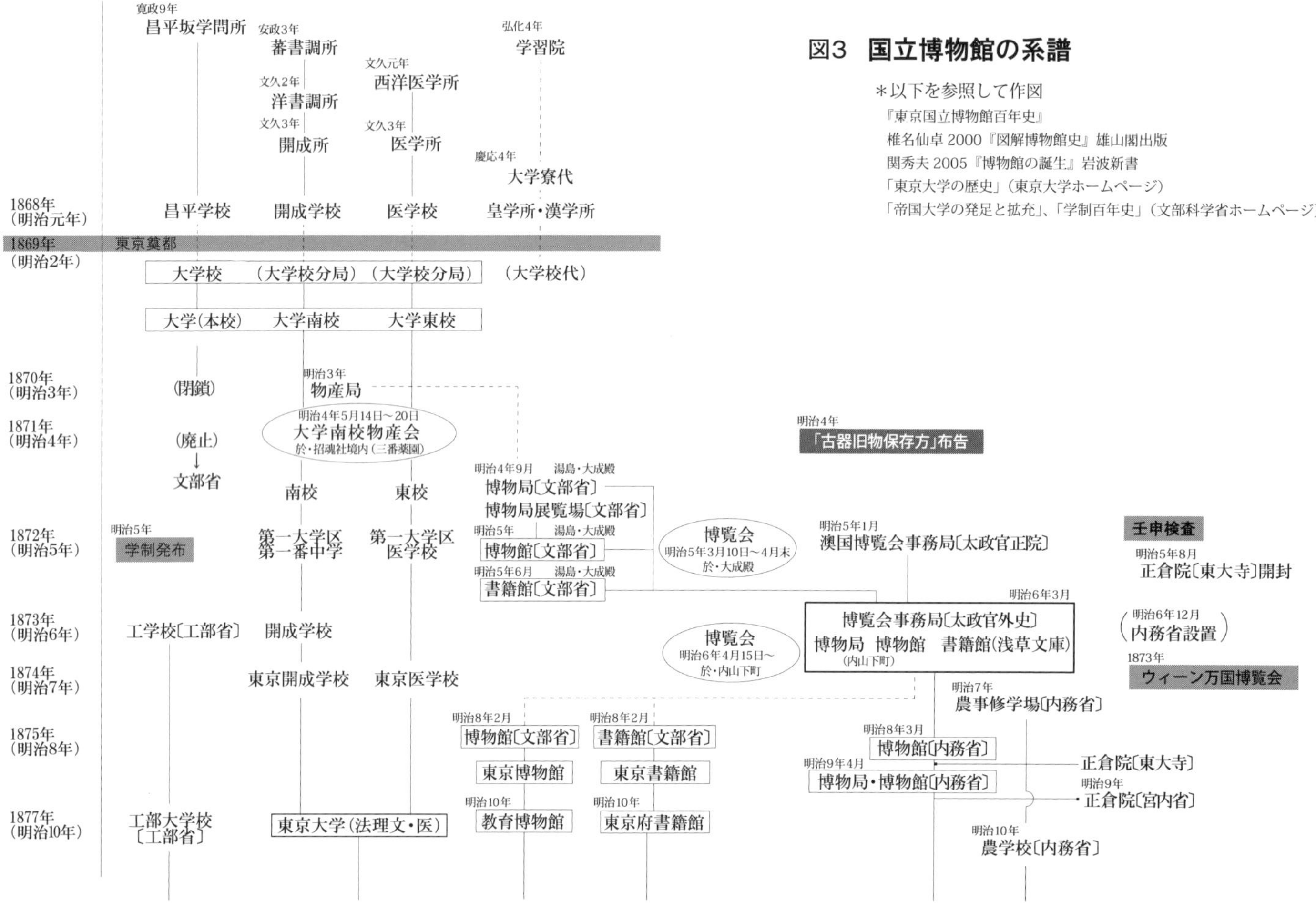

図3　国立博物館の系譜

＊以下を参照して作図
『東京国立博物館百年史』
椎名仙卓 2000『図解博物館史』雄山閣出版
関秀夫 2005『博物館の誕生』岩波新書
「東京大学の歴史」（東京大学ホームページ）
「帝国大学の発足と拡充」、「学制百年史」（文部科学省ホームページ）

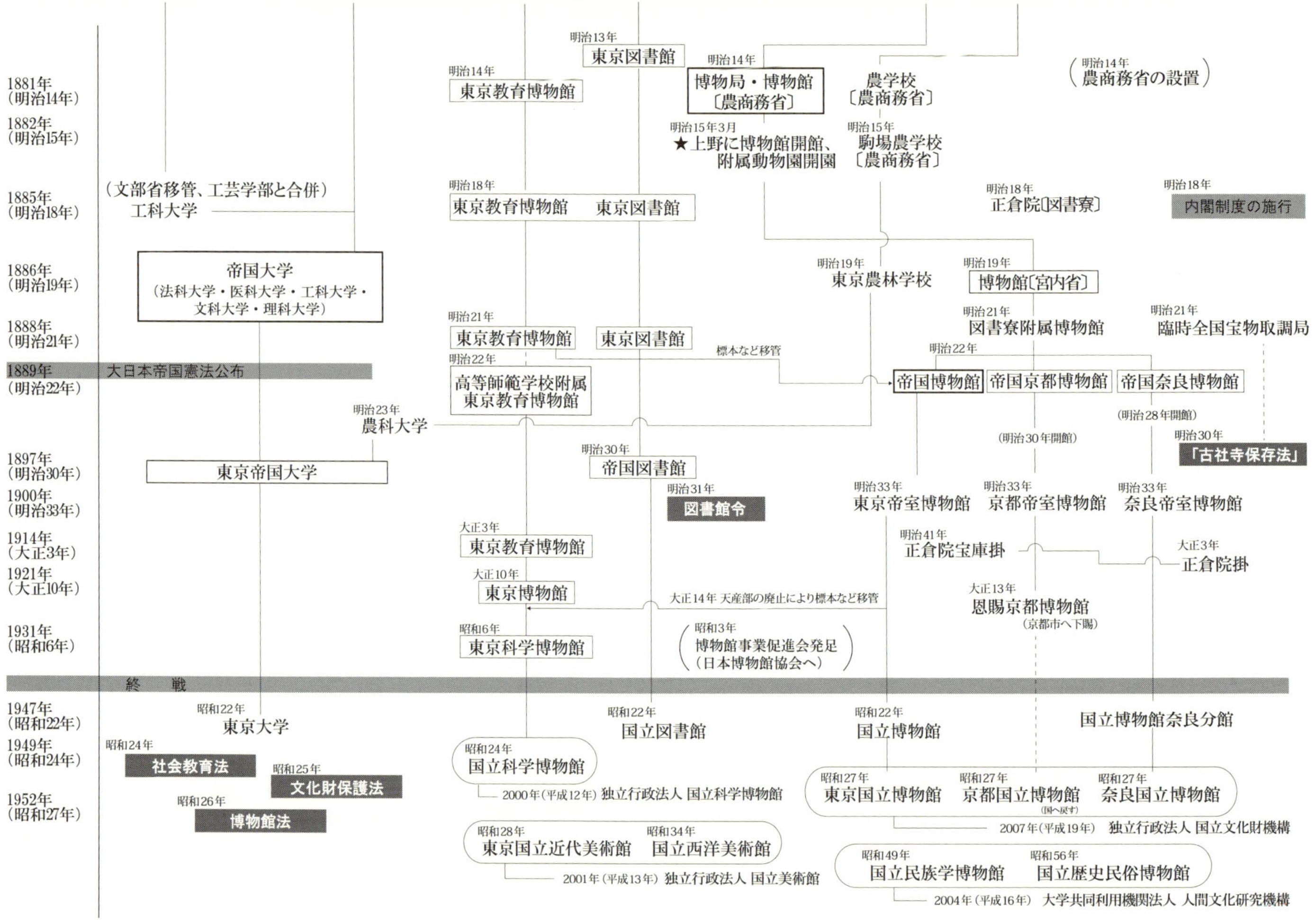

1881年（明治14年）
1882年（明治15年）
1885年（明治18年）
1886年（明治19年）
1888年（明治21年）
1889年（明治22年）
大日本帝国憲法公布
1897年（明治30年）
1900年（明治33年）
1914年（大正3年）
1921年（大正10年）
1931年（昭和6年）
終　戦
1947年（昭和22年）
1949年（昭和24年）
1952年（昭和27年）
（文部省移管、工芸学部と合併）
工科大学
帝国大学
（法科大学・医科大学・工科大学・文科大学・理科大学）
明治23年
農科大学
東京帝国大学
昭和22年
東京大学
昭和24年
社会教育法
昭和25年
文化財保護法
昭和26年
博物館法
明治13年
東京図書館
明治14年
東京教育博物館
明治18年
東京教育博物館　東京図書館
明治21年
東京教育博物館
東京図書館
明治22年
高等師範学校附属
東京教育博物館
明治30年
帝国図書館
明治31年
図書館令
大正3年
東京教育博物館
大正10年
東京博物館
昭和6年
東京科学博物館
大正14年 天産部の廃止により標本など移管
昭和3年
博物館事業促進会発足
（日本博物館協会へ）
昭和22年
国立図書館
昭和24年
国立科学博物館
2000年（平成12年）独立行政法人 国立科学博物館
昭和28年
東京国立近代美術館
昭和34年
国立西洋美術館
2001年（平成13年）独立行政法人 国立美術館
明治14年
博物局・博物館
〔農商務省〕
明治15年3月
★上野に博物館開館、
附属動物園開園
農学校
〔農商務省〕
明治15年
駒場農学校
〔農商務省〕
明治14年
農商務省の設置
明治18年
正倉院〔図書寮〕
明治18年
内閣制度の施行
明治19年
東京農林学校
明治19年
博物館〔宮内省〕
明治21年
図書寮附属博物館
明治21年
臨時全国宝物取調局
標本など移管
明治22年
帝国博物館
帝国京都博物館
帝国奈良博物館
（明治28年開館）
（明治30年開館）
明治30年
「古社寺保存法」
明治33年
東京帝室博物館
明治33年
京都帝室博物館
明治33年
奈良帝室博物館
明治41年
正倉院宝庫掛
大正3年
正倉院掛
大正13年
恩賜京都博物館
（京都市へ下賜）
昭和22年
国立博物館
国立博物館奈良分館
昭和27年
東京国立博物館
昭和27年
京都国立博物館
（国へ戻す）
昭和27年
奈良国立博物館
2007年（平成19年）　独立行政法人 国立文化財機構
昭和49年
国立民族学博物館
昭和56年
国立歴史民俗博物館
2004年（平成16年）　大学共同利用機関法人 人間文化研究機構

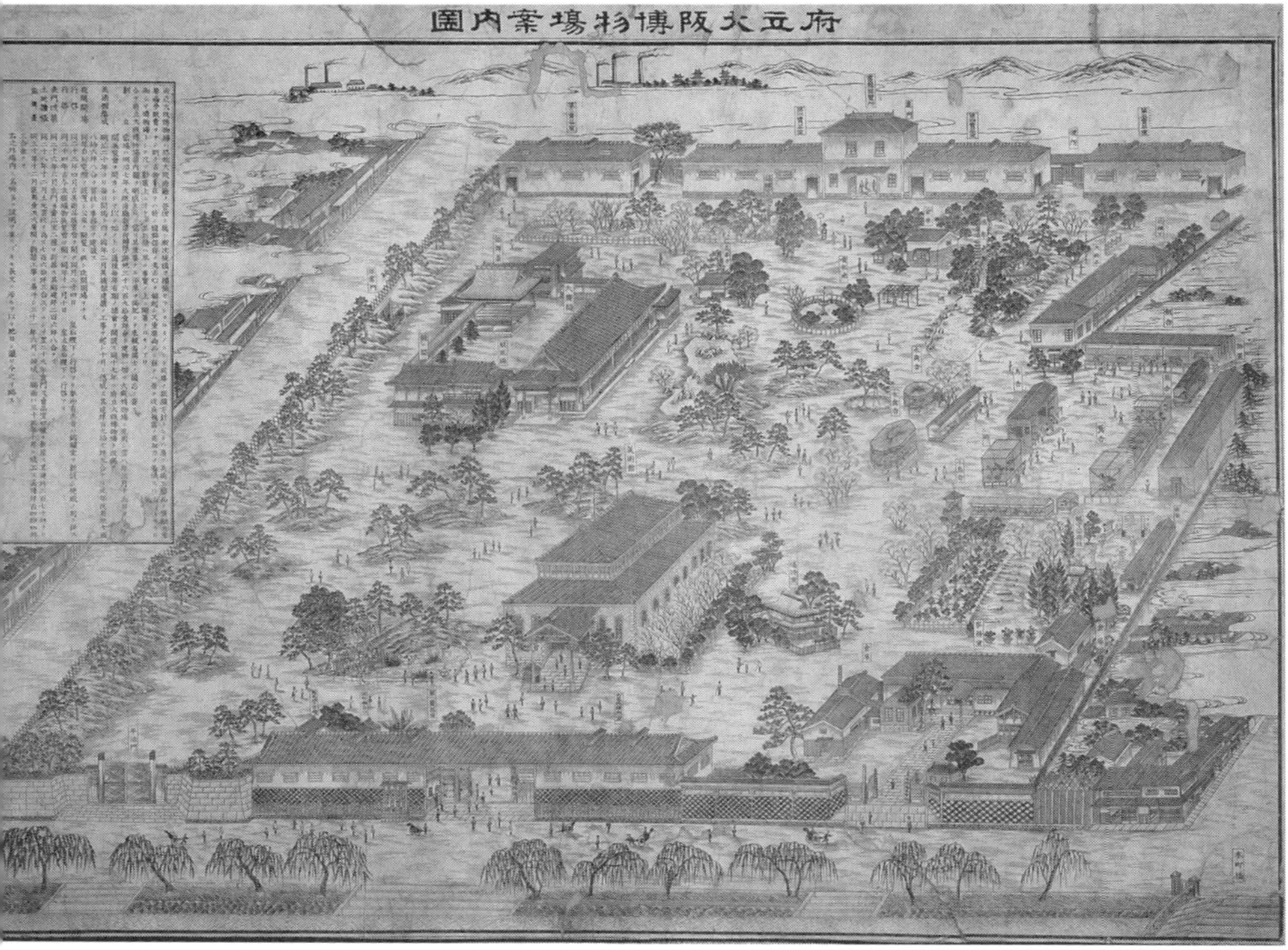

図4　府立大阪博物場案内図、明治36年印刷
（出典：『東区史』第2巻行政篇、大阪市東区役所、1940年）

した〔埜上一九七九ａ〕。その後、明治一一年に公立大阪博物場、一七年には府立大阪博物場（図4）と名称を変え、大正三年（一九一四）には大阪商品陳列所に改変されました（図6）。

博物場に関しては埜上衛さんほか詳細な先行研究がありますので、ここではこれまでにあまり触れられなかった場長について触れたいと思います。

場長に就任した人物については四名が確認できます。一人目は寺西易堂です。就任時期は不明ですが、文政九年生まれで大正五年に没しています。大坂の儒学者・後藤松陰（一八六四〜一七九七）の門に入り、書道や書画を身につけた人物でした。したがってどちらかといえば美術畑の人だったようです。二人目は三角有儀です。着任時期は不明ですが、明治一七年に没するまで博物場長を勤めました。明治二年（一八六九）に設立された仮病院（緒方洪庵の次男・緒方惟準が院長を勤める）に医師として加わっていました。また、東京国立博物館が所蔵する博物図譜には三角有儀が所蔵したとされる金石図や魚類の図（中島仰山写生）が残っていることから、物産局にも知られていた可能性が高いでしょう。

この後任が三人目の天野皎（あきら）です。天野は東京師範学校で博物学を学んだのち、大阪師範学校に赴任しています。小学校向けの博物学教科書も数冊執筆するなど、博物学者としての活動を行いました。その後、明治一四年（一八八一）に大阪府御用係および大阪測候所長として勤務した後、同一八年から二三年までは博物場長の任にあたります。ちょうど博物場が大阪府立となった翌年からのことでした。場長を辞した後、今度は大阪朝日新聞社に勤務します。また、臨時博覧会事務局鑑査官に任命され、明治二六年渡米、シカゴでコロンブス世界博覧会を視察しています。天野は博物学者・教育者としてスタートしますが、その一方で、場長を勤めた時期に博物場に美術館建設を建議するなど、美術に関する見識を有していました。この美術重視路線を継承するかのように、天野の後任には、四人目・平瀬露香（就任時期は明治二五年～二七年）が就任しました。

この四人が場長についた時期は、博物場にとって黎明期～拡張期といえます。それはあたかも明治三六年に大阪で開催される第五回内国勧業博覧会へ向けた助走にも見えてくるのです。

なお、幕末の大阪で活動していた博物家・堀田龍之助ですが、どうやらこの博物場に職を得ていたようです。具体的な仕事の内容についてはまだよくわかっていませんが、彼が残した手帳には博覧会出品物を記したメモや名前などが見えることから、活動を続けていたと見られます。さらに、師である畔田翠山が著した『水族志』・『古名録』の刊行をめぐって、伊藤圭介や田中芳男、宍戸昌（さかり）といった人物と接触していたことがわかっています。

ところで、博物場は開設後に府立勧工場（かんこうば）や大阪書籍館（しょじゃくかん）など他の施設を吸収合併していきます。その一つに教育博物館がありました。

明治一一年（一八七八）に府立書籍館と隣接して開設された教育博物館は、博物場がどちらかといえば勧業目的で創られたのに対し、教育を設置の目的に据えていました。しかし、明治一四年設立の大阪師範学校にその場を譲り、博物場の一室へと移ります。さらに、博物場の拡張に伴い、明治三〇年に廃止されてしまいます。

教育博物館が吸収合併された後に単独の教育系博物館は開設されませんでしたが、こうした自然科学系の資料を展示した機関としては、戦前だと市民博物館や電気科学館、戦後では自然史博物館が相当するでしょう。

第五回内国勧業博覧会

博物場が開場した前後の時期は、大阪周辺での博覧会開催が相次いでいました。明治四年（一八七一）の第一回京都博覧会、明治五年の和歌山博覧会、明治八年に奈良博覧会、そして明治九年の堺博覧会です。

しかしいずれもが一〜二ヵ月の開催機関で、場所も既存施設の転用でした。京都では明治八年に京都府博物館が建設されましたが、明治一六年には閉館しています。むしろ京都では博覧会の方が息が長く、昭和三年まで続きました。

そして、明治三六年（一九〇三）、大阪の博物館史において画期となる第五回内国勧業博覧会が開催されます（図5）。これもやはり殖産興業を目指した啓発活動の延長線上にありましたが、同時に、あらたな二つの面を示していました。一つは人種展示などの帝国主義的な要素がその中に埋め込まれたことです。列強諸国との比肩が国是となっていた時代、博覧会は殖産興業的色彩とともに、国家称揚という役割を自ら担ったといえます。この時期以降、博物館もまた日本という国家と歩調を合わせる性格を色濃く示していくことになります。

もう一つは、テーマパークとしての要素を積極的に取り入れたことです。ウォーターシュートなど遊戯施設が大々的に導入されました。京都で行われた第四回内国勧業博覧会が「歴史と近代が出会う場」［中川二〇一五］と位置づけられ、時代行列などが行われたことと対照的です。どちらも視覚に訴える点で共通するものの、大阪の場合は

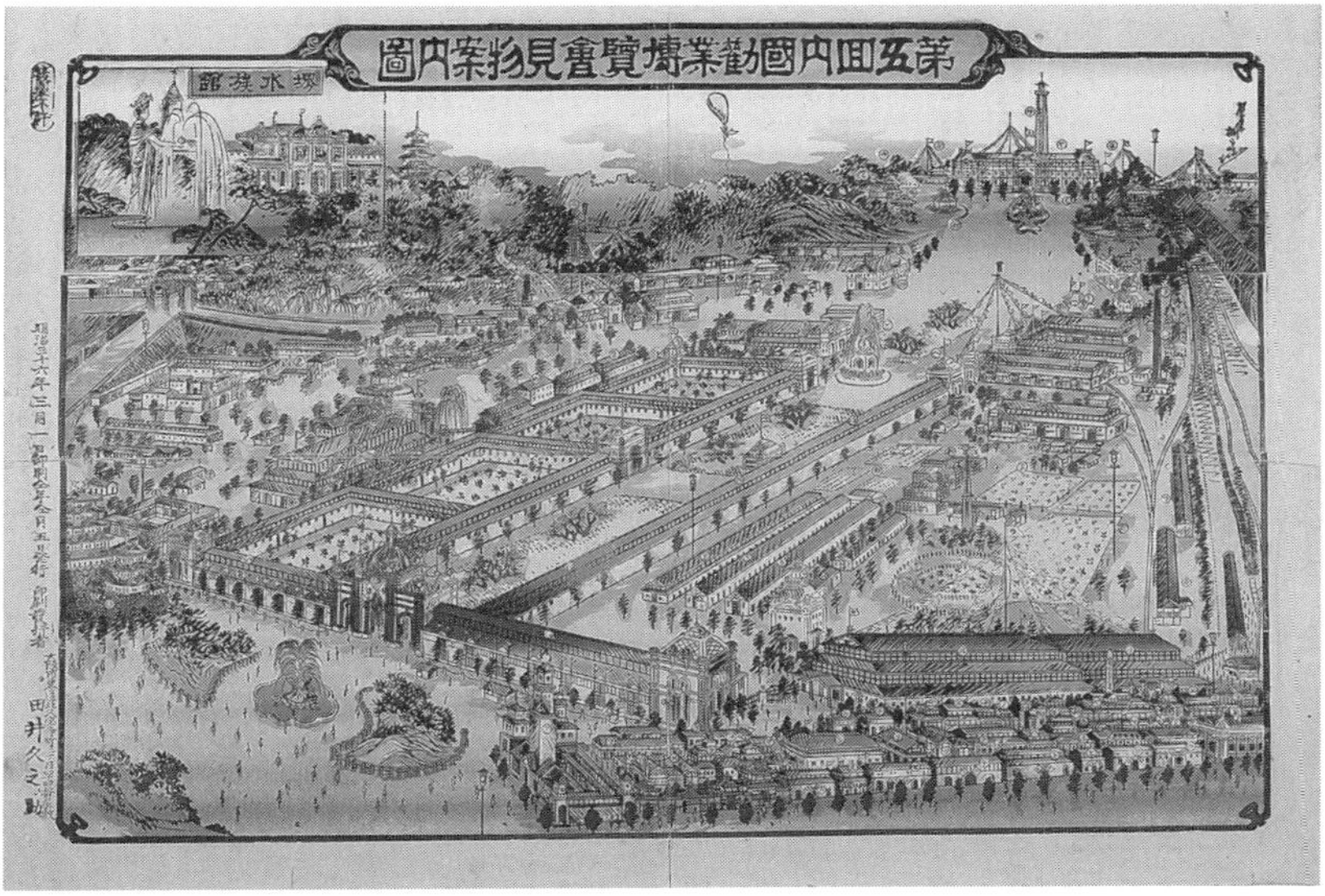

図５　第五回内国勧業博覧会見物案内図（大阪歴史博物館蔵）

より直接的な快楽装置だったと言えます。

第五回内国勧業博覧会に関わった博物学者は、動物学の織田信徳（のぶのり）と飯島魁（いさお）、人類学の坪井正五郎が確認できます。織田は江戸時代の旗本であった父・織田信愛（のぶよし）とともに幕末に幕府の役人として物産に関与したのち動物学を学んだ人物で、明治三六年に山岡千太郎とともに『余興動物園』という本を残しています。余興動物園は博覧会に際して動物館と同時に作られたパビリオンでした。もう一人の飯島は、考古学関係者には大変著名な人物で、E・S・モースに師事して大森貝塚発掘にも参加した魚類・鳥類学者です。博覧会と同時に開設された堺大浜の水族園に関わっていたようです。

内国勧業博覧会が終了した翌年、書籍館から受け継いだ図書館機能が大阪図書館（現・府立中之島図書館）に移管、さらに大正二年（一九一三）になると、北区堂島にあった商品陳列所が博物場に移されました。明治四二年（一九〇九）の大火で罹災したことがきっかけとなったようですが、そもそも上述したように、博物場の機能が殖産興業的な側面を強く保持していたことを考え合わせると、この統合は抵抗感なく受け止められたようです。

動物園の設立

明治一七年（一八八四）、博物場に動物檻が設置されたことから、大阪の動物園はスタートします。この年に「府立大阪博物場」に名称変更されていますので、動物園機能が備わったことが博物場にとって大きな画期だったことを示しています。「府立大阪博物場案内図」（『東区史』）をみると、敷地の南側に動物檻が集まっている様子が見て取れます。後に、第五回内国勧業博覧会の閉場にあたって、会場で展示されていた動物の取り扱いが問題になったため、大正三年（一九一四）、博物場にあった動物檻もあわせてすべて大阪市に移管されることになりました。そこへ上述した大阪商品陳列所の移転が行われ、翌四年、天王寺に市立動物園が開園します。この二つの動き（商品陳列所移転と動物園開設）が大阪博物場の最後を決定付けたのです。

三　大大阪から戦後へ

大阪市立大阪市民博物館

明治四二年（一九〇九）、博覧会跡地に市立の天王寺公園が開園します。博覧会に際して美術館が設置されていましたが、これがその後の大正八年（一九一九）に大阪市民博物館として新たに開館しました。その設置目的は大阪市の歴史や現在についての知見を普及することであったようですが、資料が少ないため、今日この博物館の詳細な検討はほとんどなされていません。

その断片的な情報をつなぎ合わせると、歴史部門と自然科学部門を有していたことがわかります。歴史部門には、後に難波宮の発掘で知られる山根徳太郎（一八八九〜一九七三）がいました。大正七〜九年にこの館で歴史担当者として勤務していたようです。また、大正一五年（一九二六）に「動物学上における探検」と題して京都帝国大学の川村多実二（一八八三〜一九六四）が市民向けの講演を行っています。川村は飯島魁に師事した動物学者で、彼の教え子には当時動物園にいた筒井嘉隆（一九〇三〜一九八九）がいました。このように、市民博物館の存在をもって、漸く今日の博物館に近い姿の機関が設置されたことがうかがえます。

しかし、市民博物館は非常に短命で、昭和八年には歴史部門が大阪城天守閣に移管されてしまいます。別館として科学館があったようですが、実質的にはこの段階で閉館されたと見てよいでしょう。

大阪城天守閣、美術館、電気科学館

大正一四年（一九二五）、市域拡大と人口増加による大大阪の誕生を祝し、大大阪記念博覧会が催されました。このとき会場となったのが天王寺公園と、大阪城内です。城内は軍用地とされ一般市民の立ち入りが認められていませんでしたので、多くの入場者が訪れました。また天守は江戸時代に焼失して存在していませんでしたが、その後、大阪市は昭和天皇の即位記念事業として天守閣の復興を計画します。そして昭和六年、昭和の天守閣が誕生しました。復興された天守閣には郷土歴史を展示する機能が備えられ、先述した市民博物館の所蔵資料が移管されたようです。建物は第一階から第八階までが用意され、大阪城の資料や豊臣秀吉に関する資料などを展示したほか、第五階には郷土考古の資料も展示されました。さらに第二階部分が特別展覧会場とされ、その後多くの企画展が開催されています。

一方天王寺公園では、市立美術館建設の動きが強まります。大正一〇年、住友家が美術館建設を条件に茶臼山本邸の寄付を大阪市に申し出、昭和一一年に開館の運びとなりました。

図6　大阪博物場と大阪市民博物館の系譜　[上田1979]

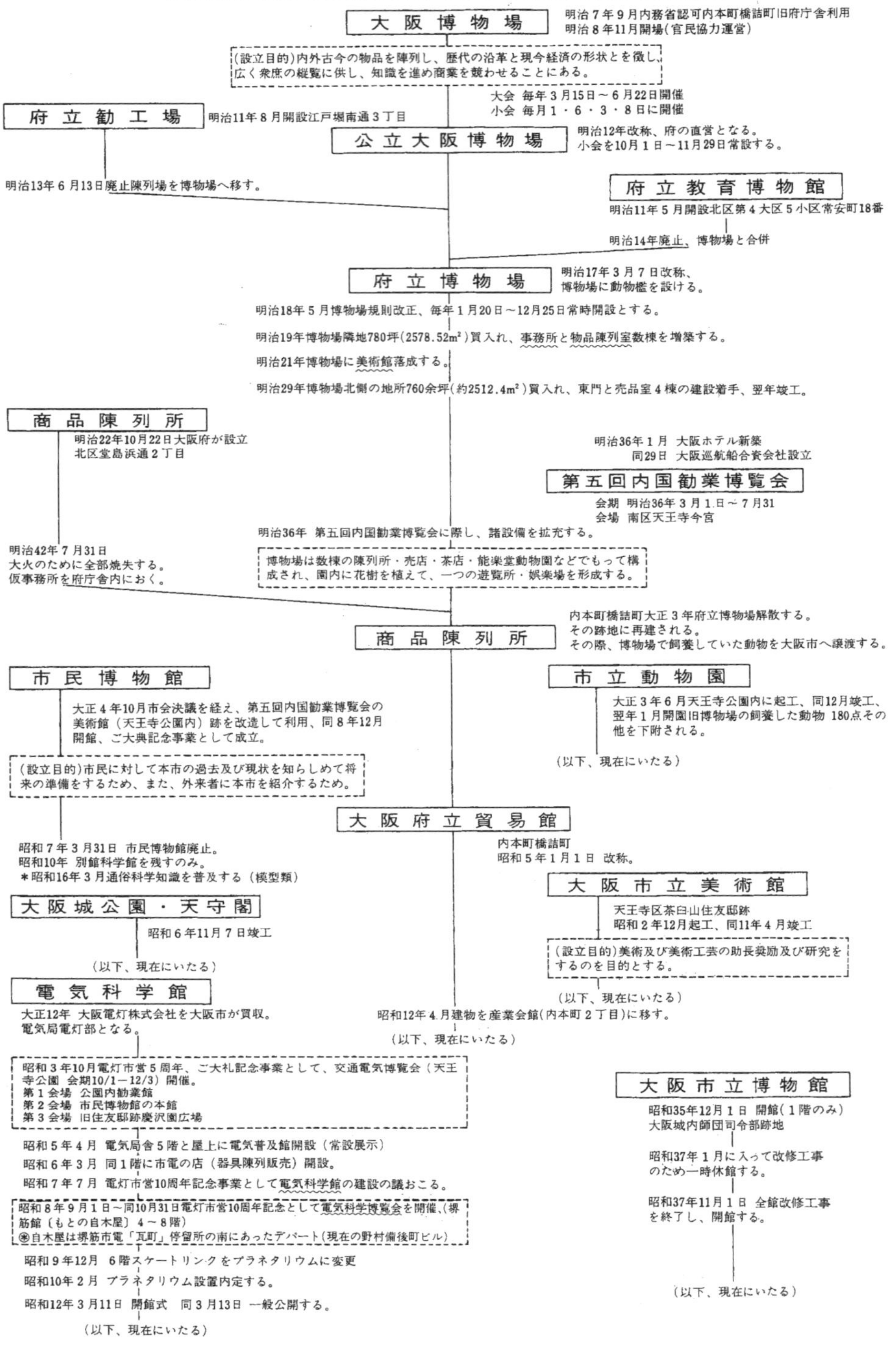

大阪博物場
明治７年９月内務省認可内本町橋詰町旧府庁舎利用
明治８年11月開場（官民協力運営）
（設立目的）内外古今の物品を陳列し、歴代の沿革と現今経済の形状とを徴し、広く衆庶の縦覧に供し、知識を進め商業を競わせることにある。
大会　毎年３月15日～６月22日開催
小会　毎月１・６・３・８日に開催
府立勧工場
明治11年８月開設江戸堀南通３丁目
公立大阪博物場
明治12年改称、府の直営となる。
小会を10月１日～11月29日常設する。
明治13年６月13日廃止陳列場を博物場へ移す。
府立教育博物館
明治11年５月開設北区第４大区５小区常安町18番
明治14年廃止、博物場と合併
府立博物場
明治17年３月７日改称、
博物場に動物檻を設ける。
明治18年５月博物場規則改正、毎年１月20日～12月25日常時開設とする。
明治19年博物場隣地780坪（2578.52m²）買入れ、事務所と物品陳列室数棟を増築する。
明治21年博物場に美術館落成する。
明治29年博物場北側の地所760余坪（約2512.4m²）買入れ、東門と売品室４棟の建設着手、翌年竣工。
商品陳列所
明治22年10月22日大阪府が設立
北区堂島浜通２丁目
明治36年１月　大阪ホテル新築
同29日　大阪巡航船合資会社設立
第五回内国勧業博覧会
会期　明治36年３月１日～７月31
会場　南区天王寺今宮
明治36年　第五回内国勧業博覧会に際し、諸設備を拡充する。
博物場は数棟の陳列所・売店・茶店・能楽堂動物園などでもって構成され、園内に花樹を植えて、一つの遊覧所・娯楽場を形成する。
明治42年７月31日
大火のために全部焼失する。
仮事務所を府庁舎内におく。
内本町橋詰町大正３年府立博物場解散する。
その跡地に再建される。
その際、博物場で飼養していた動物を大阪市へ譲渡する。
商品陳列所
市民博物館
大正４年10月市会決議を経え、第五回内国勧業博覧会の美術館（天王寺公園内）跡を改造して利用、同８年12月開館、ご大典記念事業として成立。
（設立目的）市民に対して本市の過去及び現状を知らしめて将来の準備をするため、また、外来者に本市を紹介するため。
市立動物園
大正３年６月天王寺公園内に起工、同12月竣工、翌年１月開園旧博物場の飼養した動物 180点その他を下附される。
（以下、現在にいたる）
大阪府立貿易館
内本町橋詰町
昭和５年１月１日　改称。
昭和７年３月31日　市民博物館廃止。
昭和10年　別館科学館を残すのみ。
＊昭和16年３月通俗科学知識を普及する（模型類）
大阪城公園・天守閣
昭和６年11月７日竣工
（以下、現在にいたる）
大阪市立美術館
天王寺区茶臼山住友邸跡
昭和２年12月起工、同11年４月竣工
（設立目的）美術及び美術工芸の助長奨励及び研究をするのを目的とする。
（以下、現在にいたる）
電気科学館
大正12年　大阪電灯株式会社を大阪市が買収。
電気局電灯部となる。
昭和12年４月建物を産業会館（内本町２丁目）に移す。
（以下、現在にいたる）
昭和３年10月電灯市営５周年、ご大礼記念事業として、交通電気博覧会（天王寺公園　会期10/1－12/3）開催。
第１会場　公園内勧業館
第２会場　市民博物館の本館
第３会場　旧住友邸跡慶沢園広場
大阪市立博物館
昭和35年12月１日　開館（１階のみ）
大阪城内師団司令部跡地
昭和５年４月　電気局舎５階と屋上に電気普及館開設（常設展示）
昭和６年３月　同１階に市電の店（器具陳列販売）開設。
昭和７年７月　電灯市営10周年記念事業として電気科学館の建設の議おこる。
昭和37年１月に入って改修工事のため一時休館する。
昭和37年11月１日　全館改修工事を終了し、開館する。
昭和８年９月１日～同10月31日電灯市営10周年記念として電気科学博覧会を開催、（堺筋館〔もとの白木屋〕４～８階）
㊟白木屋は堺筋市電「瓦町」停留所の南にあったデパート（現在の野村備後町ビル）
昭和９年12月　６階スケートリンクをプラネタリウムに変更
昭和10年２月　プラネタリウム設置内定する。
昭和12年３月11日　開館式　同３月13日　一般公開する。
（以下、現在にいたる）
（以下、現在にいたる）

また、大正一二年に電気事業に参入した大阪市は、電気を通じての産業指導を目的として、昭和一二年に電気科学館を開設します。カール・ツァイス製プラネタリウム装置が人気を博したといいます。昭和一八年になると、展示の一部を戦時下向けの科学教育用に改装するなど、一方で戦争に向かう世相を色濃く反映しました。

戦後――市立博物館・自然史博物館の開館

戦中や戦争直後、大阪城や天王寺公園の美術館などは陸軍または連合国軍に接収され、一時その機能を停止しましたが、昭和二二年から二三年にかけて接収が解除されると、大阪市の博物館としてその活動を開始します。空襲を受けたものの、各館の学芸員により復興に向けた努力が進められ、その結果、天守閣は昭和二四年に公開することができ、美術館もまた昭和二三年に展示活動を再開していました。

そうした情況の中、大阪城内にあった第四師団司令部の建物（昭和六年竣工）が、連合国軍および大阪市警察本部、大阪府警本部に利用されたのち、昭和三二年に大阪市に返還されました。この有効利用を市民も交えて検討した結果、郷土博物館として再スタートを切ることが決定します。その後改修を経て、昭和三五年、大阪市立博物館として開館しました。

一方、市立美術館の二階には、自然科学博物館が昭和二五年に開設されていました。戦前動物園にいた筒井嘉隆が初代館長に就任すると、昭和三二年には美術館から西区（元靭（うつぼ）小学校校舎改造）に移転、翌三三年に自然科学博物館として単独開館することになりました。その後、昭和四九年には長居公園内に移転、現在に至っています。

さらに昭和五七年には東洋陶磁美術館が開館。現在は近現代美術専門の美術館建設が進められていることは、ご存じかと思います。

なお、戦後になって開催された博覧会もありました。昭和四五年の大阪万博が有名ですが、そのほかにも昭和二三年の復興博覧会、昭和五八年の大阪城博覧会などがあり、近年では平成二年に開かれた国際花と緑の博覧会があったことは記憶に新しいかと思います。

おわりに

以上、かなり駆け足で大阪を中心とした博物学・博物館の歴史を振り返ってきました。大幅に省略してしまったのと、後半は事実関係の羅列に終始してしまいましたので、わかりにくい部分もあったかと思います。末尾の文献を併読していただければ幸いです。

さて、博物学や博物館の歴史を振り返ってきて、あらためて博物学という言葉の複雑さに気づかされるとともに、博物館とは何か、何のために存在するのか、ということを再考する契機ともなりました。近代において博覧会と博物館それぞれの意味が滲み合いながらも次第に分立していく様は、博物館にとっての当為が時代や状況によって変化することを示しています。戦後、日本は民主主義的な教育観のもとに博物館を教育機関と位置づけました。一方、戦前の博覧会・博物館も教育という目的をもちあわせていたことは言うまでもありません。むしろ問われるべきは、その教育は何を目的としていたか、その結果どんな情況を引き起こしたのか、という点にあるといえるでしょう。

博物学・博物館の歴史を常に振り返ることが、学問と教育の意味を問い続けていくことにつながっているのだと思います。

参考文献

磯野直秀二〇〇二『日本博物誌年表』平凡社

今井　秀二〇一五『近世の医療史　京洛・大坂ゆかりの名医』ミヤオパブリッシング
上田　穣一九七九『ルーツ・日本の博物館――物産会から博覧会へ』大阪市立博物館第八五回特別展図録、大阪市立博物館
　　一九九六『幕末本草家交信録』清文堂史料叢書七六、清文堂
上野益三一九九一『博物学者列伝』八坂書房
大阪府教育委員会編一九九一『「府立大阪博物場」旧蔵美術工芸品図版目録』
大阪歴史博物館編二〇一八『大阪歴史博物館蔵資料集15　堀田コレクション』
木下直之一九九七「大学南校の物産会」『学問のアルケオロジー』東京大学総合博物館
木村陽次郎一九八八『江戸期のナチュラリスト』朝日選書、朝日新聞社
國　雅行二〇一〇『博覧会と明治の日本』歴史文化ライブラリー、吉川弘文館
後々田寿徳二〇〇九「大阪博物場――「楽園」の盛衰」『東北芸術工科大学紀要』一六、東北芸術工科大学
椎名仙卓一九八八『日本博物館発達史』雄山閣出版
関　秀夫二〇〇五『博物館の誕生――町田久成と東京帝室博物館』岩波新書
東京国立博物館編一九七三『東京国立博物館百年史』第一法規出版株式会社
中川　理二〇一五『京都の近代　せめぎ合う都市空間の歴史』鹿島出版会
鳴海邦碩・橋爪紳也一九九〇『商都のコスモロジー　大阪の空間文化』ＴＢＳブリタニカ
埜上　衛一九七九ａ「府立大阪博物場の考察」『近畿大学短大論集』第Ⅺ第二号、近畿大学短期大学部
　　一九七九ｂ「大阪府立大阪博物場の考察（二）」『近畿大学短大論集』第Ⅻ巻第一号、近畿大学短期大学部
福田安典二〇一三『平賀源内の研究　大坂篇　源内と上方学界』ぺりかん社
丸山　宏一九八六「明治初期の京都博覧会」『万国博覧会の研究』思文閣出版
三宅拓也二〇一五『近代日本〈陳列所〉研究』思文閣出版
森　銑三二〇〇三『新編　おらんだ正月』岩波文庫

湯浅邦弘編二〇〇一『懐徳堂事典』大阪大学出版会
吉見俊哉一九九二『博覧会の政治学』中公新書
＊なお、天守閣については、大阪歴史博物館松尾信裕氏のご教示を得た。

＊　　＊　　＊

大坂は情報の集散地

栄原　今日は、大阪に力点を置きながら江戸時代から戦後まで非常に長いスパンで、大阪における博物学あるいは博物場、物産館、博物館の歴史、あるいは発展の経路、どういう人が関わったかということをお話しいただきました。知らないことがいっぱいありましたので、とても勉強させていただいたんですが、やっぱりこの分野の研究は遅れてるなあというのが率直な印象です。もっともっとこれから研究を進めて行かなければならない分野なんだなあっていうことを改めて痛感いたしました。これはもう加藤さんに頑張っていただくしかないと思います。それで、時間がないので要点だけお聞きするようなことになるかと思います。

その前に、この人物系譜（図２）とそれから博物館系譜の図（図３）ですね、これはすごく貴重なものだと思います。先ほど加藤さん遠慮気味に言いはりましたけども、おそらく相当なエネルギーを割いて作りはったんやないかと思います。今までは部分的な図ばかりで、それが一つにまとまったのは、たぶんこれが初めてじゃないかと思います。これからいろんなこと考えるときに、この図がとても役に立つなあと思います。

加藤　ありがとうございます。

栄原　それで最初のところで、江戸時代に大坂で活躍したいろんな学者たちのお話があって、木村蒹葭堂（けんかどう）なんかも京都とも関わりを持ちながら、あるいは京都の稲生若水（いのうじゃくすい）も大坂に来ながら、いろいろ活躍してたんだっていうお話がありましたけども、そのころの大坂の博物学と言ったらいいでしょうか、その位置づけですね、たとえば京都との関係でもいいですし、あるいは全国のなかでの大坂の位置ってどんな感じで捉えたらいいでしょうか?

加藤　それは非常に難しい、私には答えられないです。と言いますのは、多くの日本思想史や文化史の先生方が、近世中期から後期にかけての大坂の学術史的な位置づけをされておられますので、まずそちらを読んでいただくのがいいですし、私もお恥ずかしい話、深いところまではきちんと理解していません。

ただ一つ言えるのは、私はどちらかというとフラットに見てまして、たしかに京都は一大センターとお話しましたけども、でも大坂より京都が優れているとかそういうことではなく、大坂は大坂でやっぱりいろんな物資が集中してくる経済の都ですから、それとともに人が集まって来ます。そういういろんな情報の結節点としては、大坂はすごく地の利があったんではないかなあと見ています。ただそれが江戸後期の学問的な位置づけというのと、どういうふうに結び付けられるのかというのは、私の力不足のところです。

栄原　ちょっと質問が悪かったのかもしれません。今おっしゃったように、いろんな情報が集まる、それは人が集まるということも含まれてると思うんですけど、そういう意味で木村蒹葭堂なんかが一つの中心だし、あるいは懐徳堂だとか適塾ですね、それから間重富（はざましげとみ）などを中心とする天文学的な学問の流れとか、大坂のなかにいくつか核みたいなのがあって、そこに全国からと言っていいのかわかりませんけども、各地からいろんな人や情報が引き寄せられ、またそれが全国に散っていくっていう、そういうふうな位置づけとして捉えてよろしいんですか?

加藤　そうですね、それはたぶん間違いがないと思います。

栄原　ちょっと私のことを言わせていただきますけど、私は大阪の中学校なんですけども、郷土研究部というところに所属してました。これは面白いクラブで、大坂で活躍した学者のお墓を探し回るということをしていました。

今日名前が挙がった人たちのお墓を探し回って、見つけたら拓本をとるっていうことをやってたんで、懐かしい名前がいっぱい出て来るなあと思いながら聞いておりました。そのときから、大坂というところは非常に人材が豊富な場所だったんだなあという印象を持っていましたが、情報の集散地という位置づけがあったんだということを教えていただいて、とても納得した次第です。

田中芳男の博物学観

栄原　その次なんですけども、舎密局（せいみきょく）あるいは大阪博物場というものに話が移ったと思うんですけども、舎密局については、田中芳男という人物がキーパーソンだったというお話でしたが、どうもよくわからないところがあります。町田久成という日本の博物館行政の草分けに位置するすごい人物ですが、それとの対比で、のちの帝国博物館を目指すエリートに対する、言わばたたき上げの人だということでした。その田中芳男がリードした博物館とか展示というものがどういうものだったのかという点がよくわかりませんでした。町田久成の目指す一級品を、教育的ということもあるかと思いますけど、それを見せていくというのとは少し違う路線であったということはわかったんですけども、そのあたりもう少し具体的に説明していただきたいんですが。

加藤　まず田中芳男の経歴は、図3で言うと開成所の物産学というところに最初に務めるわけです。そこから大学南校の物産局までずっと、博物学にかかわっていきます。

物産会というのはどういうものかというと、一番わかりやすいのは、先ほど平賀源内のところで話をした薬品会かもしれません。源内は東都薬品会という物産会を開催するにあたり、いろんなものを持って来てくださいと全国にお触れを撒きました。それぞれの土地に調達役みたいな人がいるので、その人に物を集めて送って来てくださいと。それで集めたものを、誰々が何を持っているというリストを作るんですね。そして集まってきた物をある場所においてみんなで見るということをやっていたようなんです。田中芳男が開成所でやっていたことも、おそらく似たようなことだったのではないかと思います。

栄原　なるほど。

加藤　さらにこの開成所に、ヨーロッパ、特にイギリスとかあるいはアメリカから、いろんな植物の種とか、動物の標本が送られてくるんです。開成所、あるいは大学の南校にも送られてきます。それを自分たちで栽培をして実を実らせるということまでやっていました。要は植物園を自分たちで運営するようなものです。それを通じて物産局に結実していって、いかに日本のなかにはさまざまな食品や植物、鉱物があるかというのを陳列したのが、この最初の「大学南校物産会」というものです。

先ほどちょっと館長からお話が出た町田久成は、どちらかというと先ほど言いました集古館的な思想というか願望が強かった。それは、図3に示したように、帝室博物館として結実していくという、この流れだけを見ても日本の博物館は、間違いなく町田の思想のもとに作られていると言っていいでしょう。この町田に常に寄り添うようにして田中芳男がいるんです。田中芳男は町田がイメージしていたハイクオリティな美術品を展示するということを、どう思っていたかという直接の記録がないんですが、田中の経歴からすると、もっと物産寄りのものを志向していたような気がします。

栄原　私は、田中芳男という人は、名前をかろうじて知っているくらいで、どういう人か知らないんですが、興味深い人物のようですね。

加藤　田中芳男という人は、ずっと博物館とか博物局とかを転々とするんですけども、いろんなところから委嘱が来ます。たとえば大日本水産会とか大日本土木会です。林業とか水産業を推進している団体から、顧問になってくださいと言われるんですね。ですので、やはりどちらかと言うとナチュラルヒストリーを専門にやっていた人です。そこが町田と田中の根本的なちがいだったと思います。のちに田中芳男が自分の半生を振り返った講演のなかで、町田についての言及は一言もないんですね。あれだけ長いこといっしょにいながら、名前がまったく出てこないというのは、なにか非常に根深いものを感じます。

栄原 ありがとうございました。田中芳男の思想をもっと知りたいですね。次の大阪博物場というのは本当によくわからない存在だなと思ってお聞きしたんですけども、今の話を聞いてると、田中芳男の影響が大阪博物場というものに流れ込んでるのかな、という感じがいたしました。

寄せ集めて散っていった大阪博物場

加藤 ちょっと言葉足らずでしたが、その可能性はあるのではないかと私も思います。図6は大阪博物場から始まる大阪の博物館の系譜をまとめた図で、上田穣さんという方が作ったものですが、これには舎密局の名前が出てこないけれども、何らかの影響を与えたことは想像に難くありません。そしてその設立のために派遣されたのが田中芳男で、その後も何度か大阪を訪れています。

栄原 ほー、そうなんですか。

加藤 先ほども紹介しましたが、私はいま堀田龍之助(ほったたつのすけ)という人物を一生懸命調べておりまして、田中はこの堀田龍之助のところに行って、堀田の先生だった畔田翠山(くろだすいざん)、和歌山の博物学者ですね、この畔田翠山の著作を刊行したいという話をしたり、あるいは堀田龍之助にこれこれこういう植物の名前で合ってるかと聞いたりとか、そういう書簡が残っています。開成所とか大学南校にいたので、いろんな地域の博物学者とネットワークを持っていたようです。その一つが大阪にもあって、そこで堀田のような地元の博物学者と連絡を取りながら自分の仕事にも反映していく。大阪博物場が出て来たときに、どの程度まで堀田龍之助と田中芳男のあいだで強いつながりがあったのかはっきりしませんが、最終的に堀田龍之助が大阪博物場に入っていく何かきっかけめいたことはあったんじゃないかなと、あくまでも推測ですけども思ったりしています。

栄原　この大阪博物場っていうのは今日お話を聞いていても、私のなかでちっとも像を結ばないんです。どうしてかというと、動物園があるし、美術館や図書館もある。それらはやがてそれぞれ分立していくんですけども、そういうものがみんないっしょくたに入ってるようなイメージがあって、全体としてどういうものであったのかがよくわかりません。

加藤　まさにそんな感じですね。

栄原　なんでもありっていうか……。

加藤　この図（図4）自体は明治三六年に発行されているもので「書籍閲覧所」と書いてあります。そこがどうももとの「大阪書籍館（しょじゃくかん）」から移されたものだと思います。書籍館は大阪博物場に吸収され、そのあと府立の中之島図書館ができてそちらに移転したという話をしましたけども、要はそのあいだに作られた図だということがなんとなくわかってくるわけです。なので明治三六年に印刷されてるのと矛盾がないんで、おそらくそのころだろうと思います。

栄原　なるほど。

加藤　さらに、ここに能舞台があります。これは大阪天満宮に移転されたのち、さらに豊中の住吉神社に移築されました。中央にあるのが美術館ですが、この壁画は関西医科大学に移築されたりしています。博物場の歴史を辿ると、いろんなものが寄せ集められて、それが「内国勧業博覧会」という瞬間と重なる。それが終わると弾けるようにしてその要素が各所に散っていってしまうわけです。これを博物館と言っていいものなのかどうかというと、非常に疑問を持たざるを得ないわけなんです。ただこういう博物場のなかにあった美術館は、いわゆる美術館としての機能は間違いなく持っていたであろうと思います。動物園もその機能は持っていたでしょう。全体としては博物館ではなくて、やはり博物場でして、このネーミングは言い得て妙だなあと思わざるを得ないというのが私の印象です。

栄原　実態っていうのは、この絵でわかったんですけども、いちばん知りたいのは、なんでこんなものが存在しうるのか、こういうものをこういうものたらしめてる思想って言いますか、背後に一つの考えがあってこういうものが作られたのか、ほんとに偶然で、とにかく同じようなものだからみんな一緒にしてしまおう、というその程度のことだったのか、そのあたりがよくわからないんですけども、いかがでしょうか?

加藤　実は「博物場」に関する資料があんまり残ってないんです。ですのでそういう思想的なところは、外堀を埋めていきながらしか、たぶん解明することができないんだと思うんです。その一つの手段が、ご紹介したような大阪博物場長や、そこにどういう人間が関わっていたのか、あるいは博物場ではどういう展示が行われていたのか、というようなことを追いかけていくしかないんだろうと思ってます。

博物場長についてわかってきたのは、ある程度博物学や美術の素養がある人だったろうということです。いちばん最初の寺西易堂という人は書の人なんですけども、そういういろんな学問的・美術的な背景を持った人が集まって来てるんですね。

と同時に、先ほどは全然説明しなかったんですけども、共進会というのがすごく重視されます。いちばん有名なところでは綿糖共進会というところが何度も展覧会を開いています。共進会というのはどう言ったらよいか、今で言うなんとか協会みたいな業界の販売促進団体だったと思うんです。そこ自身も展示をやったりするんですが、そこといっしょに博物場では展示をしているということで、かなり物産を意識した展示をやっていたんだろうということがなんとなくわかっています。

モンスター化した第五回内国勧業博覧会

栄原 ちょっとわかってきました。そういうことなので第五回内国勧業博覧会に直結していくんだというお話になるんですね。これは第五回で、前回の第四回が京都ということでしたが、一、二、三回はどこで開催されたんですか？

加藤 一、二、三回は東京です。上野ですね。

栄原 全部東京なんですか？ そうすると東京でずっと開かれてきて、初めてそれ以外の京都に行って、その次に大阪に回って来たわけですね。それで、入場者数が四三五万人だったということですが、ほんまにそんなに入ってたんですか。すごい人が来ていたんですね。人が入ったことが成功かどうかは別として、とにかく多くの人を引き付けたのはどういう要因なんでしょうか？ 大阪は、万博のときもむちゃくちゃ人が集まりましたし、お祭りが好きだということもあるかもしれないんですけども。

加藤 今回お話した内容は基礎的な歴史資料からの概観でしたので、そうした問題に迫るならば、より社会史あるいは社会学的なアプローチが必要でしょう。ただ結論から言うと、娯楽的要素が人を引き付けたと言っていいと思います。当時、海外の万国博覧会自体もどんどん娯楽的な要素を強めていくと言われてますし、この第五回目というのは、当初に国が推進していった博覧会のイメージから、だいぶ変わってきている節があります。その最たるものがウォーターシュートです。よく言われますけども、そういう娯楽施設が会場の内外に作られたということが影響してるのかなと思ったりします。

栄原 やっぱりそうですか。

加藤 そうはいうものの、一方で博覧会がもともと持っていた産業振興と領土拡張（植民地支配）に象徴されるような帝国主義的な思想っていうのは、実はちゃんと息づいていて、それが人類館事件という形で表出するんですね。当時の万国博覧会では、「人間展示」ということが行われました。一八八九年のパリ万博がそのスタイルを決定付けたといわれますが、フランス領植民地の原住民や風俗をそのまま持ち込んで展示する、というものです。第五回内国勧業博覧会でも、それを採用しました。その展示に関わった人物が東京帝国大学の坪井正五郎です。

栄原　それがどういう形で事件になったのでしょうか。

加藤　坪井が関わったその展示施設は「人類館」と名づけられますが、開館する前から展示に対する抗議が中国（清）から寄せられ、結局中国人展示は取りやめになりました。さらに開館後にも博覧会にきた韓国や沖縄の人々からの抗議によりその地域の人々を扱った展示が中止となりました。要はそういう人類館というものがいちばん象徴しているのは、奇異なものと言いますか、身の回りにないものを喜びそれを見たがる、悪く言うと出歯亀根性と言いますか、それを非常にうまくくすぐる装置がこの博覧会であると言っていいと思うんです。だから実は私は博覧会やその思想自体が大嫌いなんです。

栄原　そうですね。こういう話を聞きますと、私も違和感を持ちます。

加藤　そうなんですけど、これを拒絶してしまうと当時の博物館もわからないんじゃないかということです。なぜなら、奇異なものに対する好奇心というのは探究心の出発点でもあるからです。いずれにしても、この第五回内国勧業博覧会がこのようにシフトしていくことからすると、田中芳男とは微妙に相容れなかったのではないかと思います。田中はもっとストイックな感じがするんです。彼は、ある意味で明治時代の天皇中心主義的な風土のなかで生きてきましたから、もちろんそのくびきからは離れてないんでしょうけれども、もうすこし専門馬鹿という言葉は悪いですが、そういう発想でやっていたのではないかと。町田久成もこういう博覧会の在り方には随走していかない。だから博覧会というのは、明治のはじめごろに博物館を推進していった人たちとは全然違う力学というかシステムとして継承されていったといえます。そこが博覧会の難しさなんだと思いますね。

栄原　今のお話では、博物館と博覧会は分けて考えてもいいんじゃないか、ということをおっしゃったんですけども、少しだけわかったような気がいたします。田中芳男の考え方はこういう博覧会的なものだったのかなあと思って、それを確認しようと思ったんですけど、だいぶ違うということですね。大阪だけではないのかもしれませんけども、田中芳男よりも後の段階でいろいろ変遷があって、第五回内国勧業博覧会というのは、ある意味で第一回の到達点みたいなそういう位置づけでいいということになるんでしょうかね？

加藤　到達点というか、いちばんモンスター化した博覧会と言ったらいいでしょう。

栄原　頂点ですか。

伊勢の神宮徴古館と農業館

加藤　もちろんこのころも田中芳男は博覧会を統括する部署に所属していましたので、博覧会にノータッチということではありません。ただし、田中芳男が博物館っていうものに対してどういう思いで臨んでいたのかということがなかなかよくわからないので、そのなかでこの博覧会だけを取り上げて、博覧会をやっている部署にいたから田中も博覧会に賛成してたんだというふうにはちょっと思えない。僕が興味深いなと思ったのは、神宮徴古館（ちょうこかん）という館がありますが……。

栄原　伊勢ですね。

加藤　はい。明治一九年に伊勢神宮の後援保全団体みたいな神苑会という会ができますが、この会が田中に博物館を作りたいんだけれどもやってくれないかということで委嘱をする。そのときに徴古館に先立って農業館という館を作るんですね。それは実は今も徴古館の脇にあります。そのときの田中の活躍というのは、田中の経歴を記したもののなかでも大きく取り上げられています。そのなかには田中が持っていたものなんかも展示されたりしているんです。田中芳男自身としては、徴古館・農業館の建設に力を入れていたと思います。

要は何を言いたいかというと、江戸時代に端を発する物産会（本草会）の延長線に位置づけられる初期の博覧会に対しては、田中はたぶんシンパシーがあったと思うんです。それが、第五回内国勧業博覧会まできてしまうと、あれ？という感じが出て来てたんじゃないかと。これもあくまでも想像なんですけども。歯止めが利かなくなっていって、どんどん「モンスター」化していくのが内国勧業博覧会なのかなあと思っています。そこに坪井正五郎という新しい時代の学者が関わっているというのが、象徴的なところかなあという気がします。坪井が人類学という新しい学問を普及させるために人類館に関わったことは明白です。結果として坪井の目指した働きはしなかったけれども、学問を普及させるために大衆化することを選択した坪井の発想は、田中とはやや異なっていたのではないかと思うのです。

大阪市民博物館は今後の課題

栄原　もうほとんど時間がないんですが、大阪博物場というのは、なかなかわかりにくいんですけども、もう一つよくわからない謎のものが大阪市民博物館なんですね。さきほどもすこしふれてもらいましたように、大阪歴史博物館に関係の深い山根徳太郎先生が一時在籍されていたところで、そういう関係もあって私も実は調べたことがあります。しかし、追いかけて行くとぷつっと切れてしまってその先がわからない。ほんとに市民博物館というのはなんだったのか、よくわからない謎のものなんですけども、それについても実はいろいろお聞きしたかったんです。

加藤　残念ながらその時間がなくなってしまいましたが、ひと言だけでもご説明いただけますか。

残念ながら、市民博物館はその資料的な制約から総括できるような状況にないと申さざるを得ません。特に美術部門での展示については私自身まだ確認が取れていませんので、今後の課題だと思っています。とはいえ、天王寺の美術館ができたのは大正一〇年ですから、少なくともその時点までは美術部門も機能していた可能性はあるでしょう。とすれば、おそらく大阪で最初の綜合博物館として立ち上げられたものだったのではないでしょうか。そしてそれ以降、大阪には綜合博物館はつくられていません。いずれにしても断片的な情報は散見されるのですが、それがどのようにしてつながっていくのか、今後も調査を継続しなければなりません。

博物館と「教育」

栄原　最後にまとめのところで、「教育」の意味が改めて問われるとおっしゃったのが、私にはとても印象的でした。これはすごく重要なことだと思いました。現在博物館は、当館もそうなんですけども、内国勧業博覧会とか物産会のようなものを目指していないと思います。そうではなくてやっぱり博物館として活動しようと思ってるんですけど、そのときに「教育」、レジュメでは括弧が付いてることの意味もお聞きしたいんですが、「教育」の意味が改めて問われるということの中身に、現在の博物館がどうあるべきかということに対する加藤さんの考えが込められてるんじゃないかと私は思っています。そこらへんをもうすこし敷衍して話していただいて今日は終わりたいと思うんですが、いかがでしょうか?

加藤　はい。なぜ括弧を付けたかというと、先ほどの図2・3・6で言うと東京教育博物館というのがありました。府立教育博物館というのもありました。これはどちらも「教育」を目的として機能していた博物館なんですが、さきほどもすこし申し上げましたが、その場合の「教育」というのは、今の憲法や法律で定位される「教育」とは必ずしも一致しません。戦前の皇国史観や国粋主義的な価値観のもとで行われた教育と、戦後の民主主義下における教育とは根底から異なるからです。つまり同じ「教育」という言葉でも時代によって内容は変化するということです。なのでその「教育」というものが持っている危うい部分を理解して、博物館は進んでいかなければならない。何をどう伝えていくべきなのか、注意深く活動していくということの大切さや、「教育」というものの難しさをカギ括弧に込めてるところがあります。

栄原　たとえば軍国主義教育とか、そういうものをおっしゃってるんですよね？

加藤　そうですね。あれも「教育」でした。

栄原　よくわかりました。最後の一言が、ほんとに私たち博物館に関係するものたちにとって、重いなあと思いながら聞かせていただきました。私の不手際で議論を掘り下げることができませんでしたけども、大阪における博物館の歴史、あるいは大阪という土地で育まれた博物館あるいは物産館その他のいろいろな前史があって、そのなかに現在の大阪の博物館群があるんだということを、改めて認識させていただきました。今日はちょっと時間オーバーしてしまいまことに申しわけございませんでした。これで終わりたいと思います。どうもありがとうございました。

加藤　ありがとうございました。

（会場　拍手）

ひとつの作品から始まった研究——刀装具から広がった工芸の世界

内藤直子

序　二十年前、ある作品と出会う

今日は、ひとつの作品から始まって、偶然が重なりながら思わぬ方向へと広がっていった、私自身の関心や研究について、お話ししたいと思います。

ちょうど今から二十年前の一九九七年、この博物館の前身にあたる大阪市立博物館で、「鏨(たがね)で描く——日本刀刀装具にみる絵画の世界」という特別展を企画しました。この展覧会は、通常ならば刀剣とともに語られる刀装具を、絵画との関係性で読み解くという企画で、これまでにない新しい着眼点の展覧会でした。国内で初めて、単眼鏡の貸出を行ったのもこの展覧会です。

ですがまだその頃は刀剣ブームの今とは異なり、お客さんは年配の男性ばかりでしたので、テーマも新しすぎるなら、単眼鏡の貸出というサービスも新しすぎて、お客さんには理解しがたかった様子だったことを鮮明に覚えています。あれから二十年経って、今では単眼鏡の貸出もずいぶんあちこちに普及していて、あのとき蒔いた種が大きく育っていることをうれしく思っています。

さて、この展覧会のための作品調査の過程で、いくつかの心に残る作品に出会いました。そのひとつが大月光興(みつおき)

写真1　虎図小柄
大月光興作（個人蔵）

の「虎図小柄」（写真1）です。にらみの効いた虎の表情、毛並みの線描、そしてなにより、エッジの効いた水流の描線に心を惹かれました。金属に鏨で彫るだけで、これほどまでに絵画のような世界を表現できる、大月光興の彫技に魅了されました。そして、この作品との出会いが、その後の二十年間のスタートでした。

一　作者・大月光興への関心

その後は、刀装具そのものへの関心や研究はそのままに、それに加えて大月光興というひとりの装剣金工をもっと知りたくなりました。特に、諸書に記されている「絵師・岸駒（がんく）との交流」の実態について知るために岸駒に関する資料を調べはじめました。すると昭和六十二年（一九八七）に富山美術館で開催された「没後一五〇年記年特別展　岸駒」の図録に、岸家に伝わる「岸駒揮毫日記」という製作日記が翻刻されており、その享和三年（一八〇三）の年末から享和四年の年始にかけて、大黒の「骨書」の発注者として「大月」の名が何度も出てくることがわかりました。これについては二〇〇四年に美術史学会の西支部例会で口頭発表をいたしました（内藤二〇〇四b）。

享和四年は甲子の年です。甲子の年に大黒の作品を作るようになったのがいつからなのかは分かりませんが、私が見たことがある刀装具では、この享和四年に大月光興、次の甲子年にあたる文久四年（一八六四）に加納夏雄が、甲子にちなんだ大黒図の作品を残しています。どちらも大月派ですが、それが偶然なのか、この流派で好んだ趣向だったからなのかは分かりません。

話を大月光興に戻しますと、この享和四年の記録に相応する作品が加納夏雄の手を経て、現在、東京藝術大学に残されています。銘には「甲子三陽朝寫　雅樂助岸駒（馬形花押）　仝日彫鐫　大月光興（花押）」とあり、甲子の年の新春に岸駒下絵で光興が彫ったことが記されています。また、同様の銘を伴う三福神相撲の図の小柄が根津美術館にもあります。いずれも、岸駒の落款や、馬の字を用いた岸駒の花押も丁寧に写しています。大月光興の作品中、岸駒下絵の銘を伴う作品は独特の鏨使いをしている傾向があり、明らかに他の光興作品とは趣向が異なります。おそらく岸駒からもたらされた「骨書（こつがき）」の線描が短い線の連続であったからなのだろうと思います。

光興については文書も残されていました。新たに見いだした資料は、博物館の研究紀要に紹介しました（内藤二〇〇四ａ）。

その手紙は、五月佳日に大月光興から矢野方峰という人物に宛てて出されたものです。矢野がどういう人物かは不明ですが、縁金具の発注者としてのやりとりが記されています。そこには、嫡子大月光弘が縁の製作を手がけたことや、その価格が「三両二歩」であること、「有恒」という金工への親切の礼などが綴られ、下坂の折には大坂の工房を訪ねて欲しい、とあります。その居住地が「東高津（こうづ）地蔵坂南入」です。京都の金工として名高い大月光興ですが、一時期大坂に拠点を置いて製作していたわけです。年代は不明ですが、息子の光弘が一人前に仕事をしている時期のことですから、そこそこ晩年頃の話だと思われます。その背景のひとつには、大坂が持つ経済力や販路といった要素があったと思います。

写真２　旧光村写真館、解体前の写真（大阪歴史博物館蔵）

二　『鏨廼花』、そして光村コレクションへの関心

私が大月光興にどんどん興味を持って調べていく中で、明治時代に出された豪華図録『鏨廼花（たがねのはな）』に載っている情報が、他書にない唯一性の高い情報であることに気がつきました。なんというか非常に生き生きと状況を記録した、肉声に近い情報が入っていて、これは末裔や門人といった本人に近い人物から直接聞き取ったにちがいないと直感しました。それと同時に、このような情報がなぜ『鏨廼花』だけに収録されているのか、というこの本そのものにも関心を持つようになりました。

『鏨廼花』は光村印刷の創業者であり刀装具のコレクターだった光村利藻（としも）により出版された豪華本です。光村利藻は明治一〇年、大阪の島之内で生まれ、神戸で育ちます。大阪との関係でいえば、北浜の栴檀木橋（せんだんのき）の渡り口のところにあった松岡整形外科医院（昭和四七年解体）は、洋風の名建築として知られていましたが、これはもともと光村写真館だった建物です（写真２）。

そして光村は印刷業を手がける一方で刀剣刀装具を集めることに情熱を燃やします。明治三〇～四〇年代にかけて、膨大な刀装具コレクションを築きあげ、また多くの装剣金工を育てました。そんな光村コレクションの多くは、現在根津美術館に所蔵されています。膨大な量のコレクションなので、研究をはじめた当時はその全貌も不明でしたし、なかなか見ることもできませんでしたが、個人所蔵品になっている光村コレクションは目にする機会がありました。私が目にした光村コレクションの刀装具はいずれも名品揃いで、大変レベルの高いコレクションでした。ちなみなので根津美術館所蔵の光村コレクションも、きっと素晴らしい作品揃いなのだろうと思っておりました。

に、最後にご案内します特別展に合わせて、同館のコレクションの総目録が現在作成中ですので、近々、根津美術館所蔵の光村コレクションについては広く情報が提供されるのではないかと、私自身も楽しみにしているところです。

三　蒐集者・光村利藻への関心

さて、そんなことを考えるうちに、『鏨廼花』や光村が蒐集した刀装具コレクションに対する関心に加え、蒐集者たる光村利藻そのものにも関心が広がっていきました。二〇〇六年から二〇〇八年にかけて、科学研究費補助金による研究（内藤二〇〇九）に取り組みました。この研究で特に注目したのは、光村が当時の名工の数々に作らせた〝注文作〟です。光村コレクションの中でも、特に出来の秀逸な作品は決まって、龍獅堂（注：龍獅堂とは光村利藻の号）の需めに応じて作る、といった銘文が入っています。この注文作の多さと出来の良さがなにに起因しているかも気になっていたのです。

中でも光村は特に明治の名工として知られる海野勝珉（しょうみん）に大きく傾倒し、自伝である『光村利藻伝』に「自分は同氏の技術に傾倒し、当時現存せし金工中もっとも多くの作品を委嘱したり」と書き残しています。勝珉には新規の作品も作らせていますが、同時に江戸時代の名品の写しも作らせ、技術を継承させています。つまり、廃刀令という、武士の世が終わって刀や刀に関わるさまざまな仕事の需要がなくなって以後、刀装具を作る金工たちも、新規の注文を受ける機会はほとんどなくなっていました。そんな時代に新たな注文を出すことで、技術を生きた形で保存維持、継承しようという考えです。行き場を失っていた職人達にとっては、まさに救世主のような存在だったわけです。もちろん、あれだけの出来の作品ですので、対価は惜しまなかっただろうと思います。とにかく良い物を作れ、ということだったのでしょう。お大尽であり良きパトロンだったといえます。

またこの研究では、先ほどお話しした『鏨廼花』の成立過程についても興味深いことが分かりました。『鏨廼花』に掲載された金工略伝は、装剣金工について遺族や菩提寺、弟子たちへの聞き取りや調査を行い、その情報を積み重ねて作られたものだということが分かってきました。大月光興の略伝を読んだ時に直感した、肉声に近い情報、という印象は間違っていなかったのです。そしてその調査の時にとりまとめられた、遺族や菩提寺からの問い合わせ回答の手紙類がある時まで残っていたことも分かってきたのです。光村の残した仕事の、幅の広さに改めて驚かされました。

四　光村コレクションの「桐箱」への関心

しかも、光村の残したものはこれだけではありませんでした。光村が集めた刀装具は、すべて特注の桐の二重箱に収められています。この箱が出てきたら愛好家の方は「光村箱ですね」なんて言って、良い物が入っているにちがいないと期待を高めるわけです。つまりそれぐらい光村が集めた刀装具は名品揃いだということなんですね。で話を箱に戻すと、何千点もの作品にすべて新規の桐箱、それもとても出来の優れた桐箱を添えるというのは並大抵の話ではありません。

そして、私の興味は次第に、この桐箱を作ったのが誰なのか、という点へと移っていきました。

手がかりはとても少なかったのですが、科学研究費による調査で、当時の新聞雑誌の記事類から光村に関する資料を拾い集めた中に、「総て桐の二重箱におさめられあるが、此桐箱ばかりでもたいした金高で箱師は為めに須磨へ別荘を設けたと云ふことだ」とあるのを見つけました。その記事の内容から、まずは神戸方面の知人に手当たり次第に聞きました。刀剣関係の知り合いが多いので、最初に得られたのは刀剣愛好家の方からの情報でした。というのも姫路に、白鞘製作をされている前田幸作さんという方がいるのですが、前田さんの師匠である指物師の白川亀三も桐箱は得意だったそうで、まずはそこから尋ねてみてはどうか、という助言でした。さらに、白川さんの桐箱がかつて姫路の工芸館で展示され、その際に調査もされたようだ、という情報もいただくことができました。

そこで、突然前田さんの所へ訪問する前に、姫路の工芸館でお尋ねすることにしました。その工芸館は、姫路の書写山の麓にある、姫路市書写の里・美術工芸館という小さな博物館ですが、地元の木工芸について非常に丁寧な調査をしておられ、とても良い活動をなさっている施設です。そこで学芸員の方に光村箱について心当たりがないかとおたずねしたところ、それは指金(さしきん)さんではないか、というご教示を得ることができました。指金とは屋号で、姫路にある柳井家という指物師の一家です。なんとこの指金・柳井家には、光村の仕事を引き受けた後十年間家に帰れなかった、との口伝が残っていたというではないですか。十年間という年数は、私が想定していた光村の蒐集期間とも一致します。具体的な史料こそ出てきませんでしたが、指金の屋号を持つ柳井家の三代・柳井多吉が光村箱の製作者とみて間違いないと確信しました。光村箱の謎は、思いがけず解決したのです。

五　大阪の指物師・三好木屑への関心

でも、話はここで終わりませんでした。一度視野に入れた白川亀三という指物師の話を、先ほどいたしましたが、もちろんこの人物は結果的に光村箱とは関係はありませんでした。しかし、調査の過程で、明治三十三年生まれの白川が大正五年に師事したのが、大阪の三好木屑(もくしょう)(弥次兵衛)だということを知りました。その時に、「大阪の三好木屑」とはいったい誰か?と思ったのです。これまで聞いたことのない名前でした。

そもそも城崎出身の白川亀三は大阪で指物を学び、姫路へと移住します。移住というか、城崎出身ですから、地元に戻るという感覚に近いと思います。つまり、兵庫県西部にいた白川亀三がわざわざ大阪に出てきたということは、三好木屑が相当な腕前だったからに違いありません。その白川亀三の作品は、姫路の工芸館の展示場で見る限り相当な完成度の作品を残していますし、その弟子の前田幸作さんの鞘も素晴らしい出来なことは良く存じておりました。そう考えると、その白川亀三がわざわざ大阪へ出てでも師事したいと思う三好木屑は、きっとそれ以上の腕前があったはずだと思ったのです。

しかし、私も長く大阪で仕事をしてきましたが、その三好木屑という名前に全く心当たりがありませんでした。姫路の学芸員の方が地元の職人を丹念に調査されている一方で、地元大阪の指物師のことを全く知らないことが恥ずかしく思えた私にとって、三好木屑の解明は新たな関心事となったのです。

そんな折、ちょうど光村利藻の調査研究期間を終えた私は、大阪歴史博物館で毎年実施している共同研究のグループに参加することになりました。それは二〇〇九年から始まり、二〇一一年までの間の期間で予定されていた、大阪の近代工芸調査のグループでした。外部委員のほか、当館からは私と、建築史を専門とする酒井一光学芸員、そして茶の湯に関心の深い中野朋子学芸員で構成されたメンバーで、大阪の近代工芸についてそれぞれの関心からアプローチをして研究を進めよう、というものでした。そこでこの機会に、三好木屑についてもなんとか手がかりを得られればと、例によって手当たり次第に尋ねて参りました。共同研究をともにする当館の中野学芸員は茶の湯の人脈に明るかったので、彼女にも三好について問い合わせてもらいました。するとすぐに答えは得られ、三好が武者小路流の茶人に出入りしていた指物師だということが分かりました。しかもとても魅力的な指物師で、指物だけでなく、普通は分業するはずの漆塗りまで自分で手がけ、しかもその塗りが変わり塗りという、質感を似せる、つまり、木製漆塗りなんだけど、金属のような質感に見せたり、あるいは焼き物のように見せたり、といった遊び心を持った作品を残していたことが分かってきました。

三好木屑が実在していたこと、そのおおよその活動時期などの情報を足がかりに、その後、当時の工芸雑誌類を丹念に見ていきますと、国内外の博覧会にも多数出品し、また審査員をつとめるなど、指物の世界では一目置かれた存在であったことも分かってきました。やはり当初の推察通り、白川亀三がわざわざ播磨から弟子入りしようと思うほどの存在だったわけです。そして、その間に分かったことは二〇一三年に「三好木屑――平瀬露香に愛された名人指物師」（内藤二〇一四）としてまとめました。

こんなすてきな作品を残した指物師が大阪にいたという驚きと発見は、大阪にまだまだ埋もれている工芸家がいるに違いないと私に確信させました。そしてその見立ては、幕末から近代にかけての、大阪の木工芸と竹工芸への関心へと広がっていきました。特別展「近代大阪職人（アルチザン）図鑑」展を企画したのもこの頃です。とはいえ、当初は本当に展覧会が成り立つほど、優れた工芸家や、彼らが作った作品が出てくるのかどうか、全く自信がなく、もしうまくいかなければ自分の本来の専門である刀剣・刀装具・金工のジャンルだけで構成しようと思っていたのも事実です。

六　大阪の近代工芸、特に木工芸・竹工芸への関心

しかし調べていけば、いるわいるわ、ざくざくと大阪の埋もれた職人たちが見いだされてきました。とにかく文献を読み込み、人に尋ね、これまで集めていた資料を改めて見直し、という作業を重ねる中で、たくさんの、アルチザンと呼ぶべき近代大阪の工芸職人の仕事を確認することができました。彼らの事績を調べている間は本当におもしろく、次々と登場する個性的な職人たちひとりひとりの生きざまに魅入られていきました。そして分かったの

は、大阪の近代工芸の〝売り〟は実は竹工芸、そして指物の分野だ、ということでした。これは驚くべき発見でした。

その成果は二〇一四年の特別展「近代大阪職人(アルチザン)図鑑」展に紹介しました。この展覧会では、元々の専門である刀剣や金工に加え、かねてより江戸時代の大坂で作られた細密な工芸品である根付や、克明に人体を表現した生人形と医学との関係といったトピックも掘り起こして紹介しました。そして、大阪の近代を彩る工芸品である木工芸や竹工芸についても、はじめてきちんとご紹介することができました。京都の家具店に指物のお手本として残されていた三好木屑の棚もご紹介できましたし、長らく作者の詳細がわからず収蔵庫で眠っていたセキレイの木彫の置物（写真3）も、作者とひもづけることができました。これまで謎だった人物のうち、何人かは基礎的な情報を紹介することもできました。いろいろ分かったことのうち、主な木彫家の系譜については、展示パネルや図録に紹介しました（挿図参照）。そして三好木屑については、変わり塗りの面白い作品を展示し「数寄者に愛された名人」という切り口から、展覧会図録に人物紹介を書きました。

写真3　「鶺鴒」山本杏園作（大阪歴史博物館蔵）

光村箱を調べに姫路へ出向いて以来、大阪にいながら知らなくて申し訳ない、とずっと自分の中の課題となっていた人物・三好木屑について初めて広く世に知らしめることができ、ようやく最低限の仕事を果たした、と安堵しました。
このとき展示した三好の作品で特にすごいと思ったのは「ハンネラ」という素焼きの土器を模した「ハンネラ写

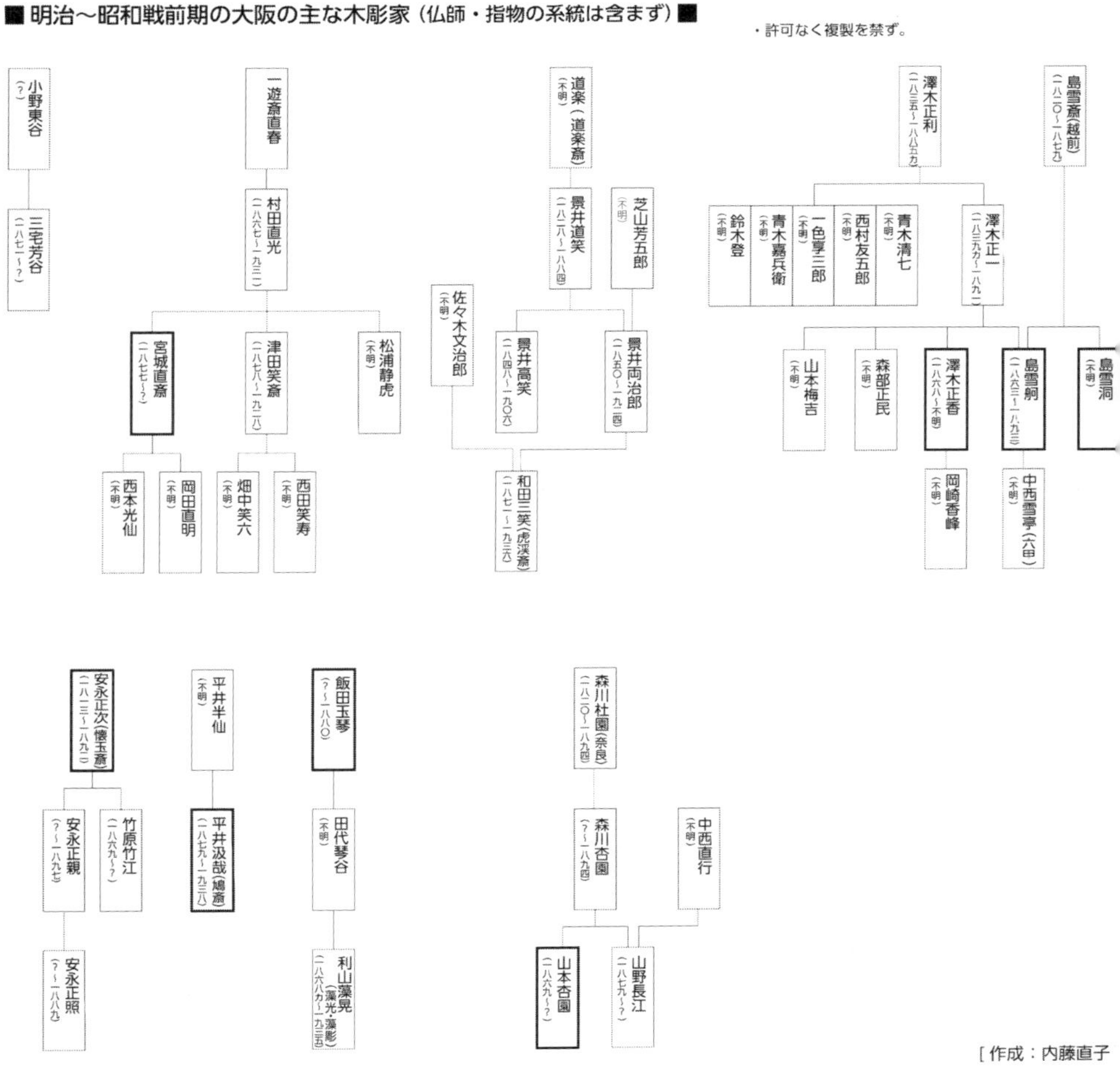

挿図　明治〜昭和戦前期の大阪の主な木彫家
太枠は『近代大阪職人図鑑――ものづくりのものがたり』（青幻舎）収載の人物である

写真４　「漆芸ハンネラ写茶器」三好木屑作（公益財団法人阪急文化財団 逸翁美術館蔵）

しの茶器」（写真４）です。あまりに土器に似ているので、これが土器を模した指物だということに気づかず、土器だと思って素通りしてしまったお客さんがいたのではないかとも思いますが、これは紛れもなく指物、木製です。これは阪急電鉄で有名な小林一三さんがお持ちだったもので、現在逸翁美術館に所蔵されているのですが、とても薄くて軽いんですね。木に着色したとは思えないほどです。素焼きの土器にしか見えない見た目も相当すごいのですが、この軽さもすごくて、とても極薄に仕立てられています。これは、なによりもこの作品を手にする発注者への配慮にほかならず、使うモノとして作っているから、そして作り手と発注者が顔の見える関係だからこそ、作り手は使い手が使うときに使い勝手が良くなるようにと思いを込めて、これだけ薄く軽く仕立てるわけです。つまり、その軽さを理解して評価してくれる施主がいて、それに応える職人がいる、「使う」を媒介とした関係性の中で成り立っている美術の世界が、かつては存在していたわけです。なんとも粋な世界だと思いますし、その切磋琢磨の中で薄く仕立てる技術が磨かれていったのが、日本の工芸品の優れた点だったと、改めて思った展覧会でもありました。

結び　一周回って原点へ回帰

さて、ふりかえりますと大月光興の作品に興味を覚え、その大月光興の作品を多く集めた光村利藻、そしてそのコレクションの全貌を知りたいと思ったところから、どんどん興味が膨らんでいくなかで、大月光興の事跡が掲載された『鏨廼花』を編んだのも光村利藻だったということを知り、光村利藻という人物そのもののスケールの大きさに魅了されていきました。そして科学研究費をとって研究を進める過程では、光村が作らせた独特の桐箱とその膨大な制作量に注目し、箱を作った指物師を探し始めていったことで新たな展開を迎えます。そこで別の指物師・三好木屑に興味を持った私は、その指物師を調べていくわけですが、その過程で、近代の大阪には三好木屑と同様に、知られざる職人・工芸家と呼ぶべき人々が多数いることに気づきました。しかしその殆どは全く世に知られず埋もれたままになっておりました。なんとか世に知らしめなければとの責任感から、数年の間はとりつかれたように人物を掘り起こす作業に夢中になりましたが、最終的にその調査成果の一部を特別展「近代大阪職人（アルチザン）図鑑」で紹介することができました。

思えば私が博物館に入ってからの二十年は、刀装具に端を発して自分の関心の赴くままに調べていくうちに、芋づる式に関心が広がり、気がつけば大阪の近代工芸にまで至っていた二十年だったともいえます。

この芋づる式がもたらした縁の不思議さも感じますし、興味に誘われながら調べ続けた時間は楽しかったなとも思います。同事に、大阪の博物館の工芸担当として成すべき課題の多さも改めて認識できましたし、それと同事に大阪の近代工芸界で埋もれてきた人物たちにまだまだもっと光を当てたい、という思いも強く持っています。しかしその一方で、守備範囲を広げすぎたために、本来やるべき刀装具の研究が手薄になっていることに気がつきました。多くの方々が刀装具の研究を期待して下さっている中、その期待に応えられていない状況が長くなるにつれ、さすがにまずいな、と気になってきました。そろそろ本来の立ち位置に戻らないといけないな、これから残りの時間は刀装具一本で貫こう、と思っていたちょうどその矢先、本当に幸運なことに、一周回って原点に回帰できる、ありがたいお話を根津美術館さんからいただきました。現在根津美術館が大半を所蔵する、光村コレクションの刀装具と刀剣を紹介する特別展をやりませんか、というお話です。お話をいただいたのはまさに二〇一四年春、「近

写真５　「西王母図小柄」墨江武禅作（根津美術館蔵）

代大阪職人（アルチザン）図鑑」展を開催していた時のことでした。

ここまで来ると自分の幸運さが怖くなるほどなのですが、本当にそろそろ刀装具一本でと思っていたときに、しかも自分が長年心を寄せていた光村コレクションの刀装具について、その一番多くのコレクションを所蔵する美術館からのお声がけとあって、びっくりすると同事に、胸が躍る思いをおさえつつ、お誘いに耳を傾けました。

そして、このお話をしているちょうど今まさに、この展覧会の準備をしているわけです。

この展覧会の準備の過程では、根津美術館の光村コレクションの中に、大阪の刀装具作品も複数含まれていることもわかりました。写真で紹介するのはその作品です。

まずこれは墨江武禅（すみのえぶぜん）の小柄（写真５）です。どこかで耳にされた名前ではないでしょうか？　そう、二〇一五年に当館で開催された絵画の特別展「唐画（からえ）もん」で筆頭に紹介されている大坂の唐画師です。この人は絵描きなのに刀装具も作った、といわれていた人物ですが、実際の刀装具作品はほとんど知られておりません。この小柄はその数少ない作品で、しかも出来が良く美人画を得意とした、とても貴重なものです。武禅は唐画師なので刀装具は余技で作ったと伝えられますが、この作品を見ると、専門の装剣金工の作品と比べても全く見劣りしない技術です。そんな武禅が、絵画だけではなく刀装具も制作したことは江戸時代の本にも記され、広く知られていましたが、これまで確実といえる作品を見たことはありませんでした。しかしこの作品には武禅の作であると認めうる点がいくつかあります。それは、武禅が残した絵画作品の特徴との共通点です。武禅は面長の顔で三日月形の眼、ふっくらとした鼻といった面貌表現で美人画を描くことが多いのですが、この小柄の女性も面長の顔、三日月形の眼、ふっ

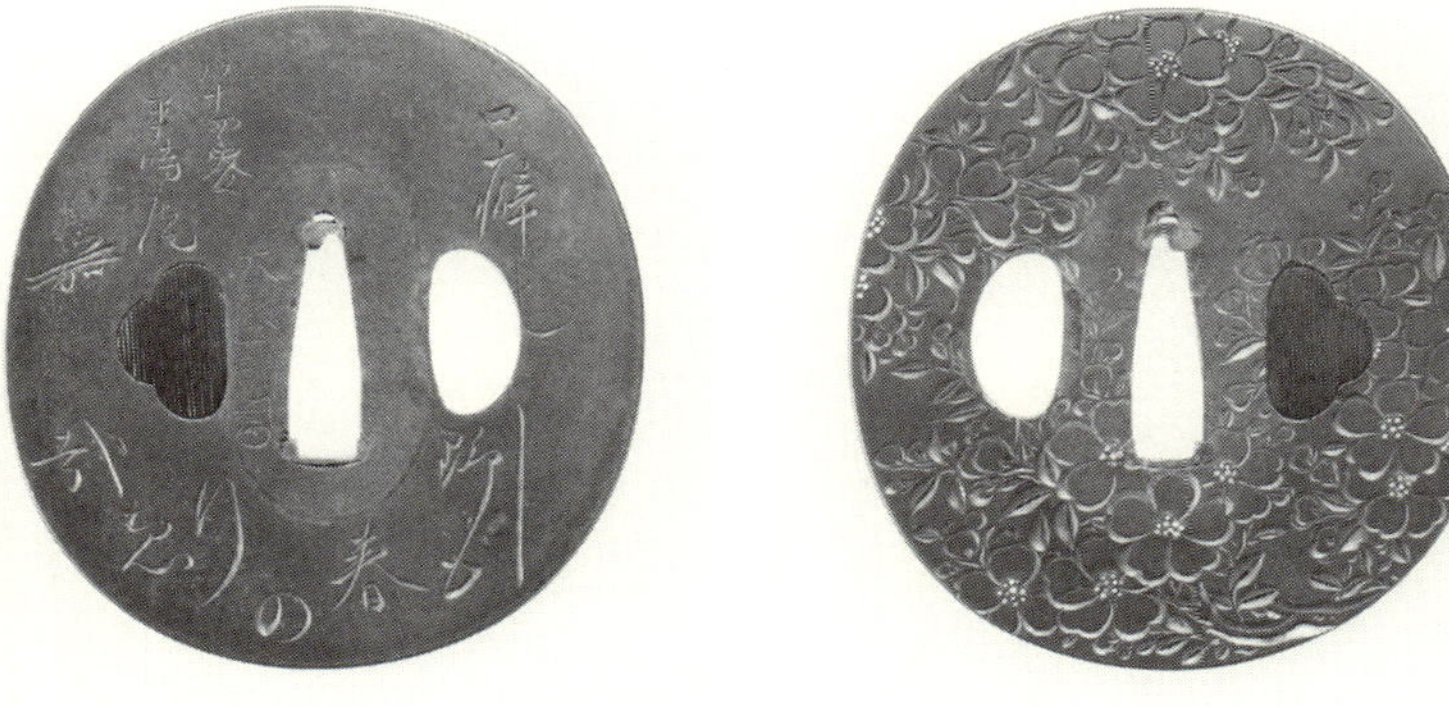

写真６　「吉野桜図鐔」大日釜調作（根津美術館蔵）表（右）と裏（左）

くらとした鼻で表現されています。また、顔の線描をとても細く繊細に描くことが多いのですが、この小柄もまた、顔の描線が細く、着衣の線描を力強く彫り表しています。絵筆と鏨という手段の違いはありますが、明らかに武禅の描く絵画と共通する表現が取られているところから、この作品は武禅が作った刀装具の基準作例だといえます。大坂にとってだけでなく、絵画と工芸の関係を研究する上でも、とても重要な作品です。

　武禅の小柄以外にも光村コレクションには珍しい作品があります。近世大坂の俳諧師で刀装具も作ったと伝える大日釜調の鐔（写真６）です。この人は名前だけは知っていましたが、私も作品を見るのは初めてです。

　この鐔の表面には桜を片切り彫りと金象嵌で表し、裏には「口癖の吉野も春のゆくえかな」の文字が散らされています。つまりこの句は大坂の俳人・半時庵淡々の発句で、よし、よし、という口癖と、奈良の地名の吉野をかけて、桜で有名な吉野の春に寄せた句になります。この鐔の作者・大日釜調は大坂の鎗屋町に住んでいた俳人です。刀装具は本業ではないため、殆ど作品は残されていません。俳句に根ざした刀装具はきわめて珍しい上、この鐔は大坂を代表する二人の俳人による、俳句を介した合作としても貴重です。もしかしたら、俳句に関する何かの記念に際して作られたものなのかもしれません。この作品を見ると、町人文化が根付いていた大坂にとっての刀装具が、刀剣に付随する実用の具というよりもむしろ、文化としての金属工芸として捉えられていたことがよくわかります。
この作品などは、大阪にとってはとても面白い作品ではありますが、名品揃いの根津美術館さんで展示される機会は、おそらく少ないでしょう。その点で、今度の展覧会は刀装具の美を紹介する展示であると同事に、大坂の知られざる文化的な横顔もご紹介できる展示にもなる予定です。そしてこんな展覧会ができるのも、もとをたどれば、いろいろな寄り道や回り道を重ねてきたからこそだといえます。そんな特別展を実現できるのが自分自身もとても楽しみです。この冬はぜひ、当館の特別展「鏨の華─光村コレクションの刀装具」にどうぞお運びくださいませ。

参考文献等

光村利藻編『鏨廼花』一〜四　龍獅堂　一九〇三〜一九〇七年（復刻　松山堂書店　一九一九年）、続編一〜二　松山堂書店　一九一九年
増尾信之編『光村利藻伝』光村利之　一九六四年
『写真で見る　光村印刷の95年』光村印刷株式会社　一九九六年
内藤直子「大月光興小考──新出資料の紹介を兼ねて」『大阪歴史博物館研究紀要』三　二〇〇四年a
内藤直子「金工・大月光興と絵師・岸駒──岸駒下絵作例の紹介とその背景の一考察」美術史学会西支部例会口頭発表　二〇〇四年b
内藤直子「光村利藻の刀装具蒐集に関する基礎的研究──そのパトロネージの解明のために」『科学研究費補助金若手研究（A）研究成果報告書』二〇〇九年
佐野美術館・大阪歴史博物館・岡山県立博物館編『幕末明治の超絶技巧　世界を驚嘆させた金属工芸──清水三年坂美術館コレクションを中心に』二〇一〇年
内藤直子「三好木屑──平瀬露香に愛された名人指物師」『大阪歴史博物館共同研究報告書』二〇一四年
大阪歴史博物館編著『近代大阪職人図鑑──ものづくりのものがたり』青幻社　二〇一六年

根津美術館・大阪歴史博物館・佐野美術館編『鏨の華――光村コレクションの刀装具』二〇一七年
内藤直子『〝超絶技巧〟の源流 刀装具』淡交社 二〇一七年

＊　＊　＊

洒脱で渋い大月光興

栄原 それでは残りの時間、内藤さんといろいろやりとりをさせていただきたいと思っております。とても興味深いお話でしたが、別の意味でいろいろ反省した点があります。内藤さんは「近代大阪職人（アルチザン）図鑑―ものづくりのものがたり―」という特別展を担当されたんですが、何回も会場に行ったんですけども、その時はあんまり知らなかったんで、ただざあっと見てただけでした。お話を聞きながら、ああそんな作品が出てたんか、今もう一回見たらもっといろんなことがわかるやろな、と聞きながら思っておりました。

それはそれとして、今日は大月光興という人への関心からスタートして、それから、『鏨廼花』という本を媒介にして、光村コレクションに関心が広がり、今度は、光村コレクションの中身もそうですけども、それを入れてる箱に注目がいったとのことでした。ここらが内藤さんの目のつけどころのすごいとこだと思うんですね。美術品じゃなくてその箱に注目するなんて。箱に注目したことによって、そこから大阪の指物師の世界、さらにそれを入口にして、大阪の工芸界の世界にどんどん話が広がっていって、また最後に光村にもどってきたという、そういうお話であったと思います。

それで、私が知らないことばっかりなので、教えてもらうしかないんで順番にいきたいんですけども、最初の大月光興という方ですね。虎で有名な岸駒のことを取り上げて話されたと思うんですけど、そもそも大月光興の作品をご覧になったきっかけというか、どういうところから大月光興から入ったんですか？　そこからまず。

内藤　そうですね。刀装具とその絵画をモチーフにした展覧会にしようと考えて、なるべく絵画的な意匠を持った作品を見せてくださいと言って、いろいろなコレクターさんのところを回らせていただいて、すごくたくさんの作品を拝見したんです。細かさだけで言うと、もっと細かく緻密に彫られた作品、とにかく細密にいっぱい詰め込んだ作品がいろいろあったんですけれども、なぜかあれが気に入って、あの空間とあの鏨の息遣いみたいなところが一番気に入って、岸駒と親しかったと言われている人なんだという説明を受けて、なるほど、たしかに虎が生き生きとしているというふうに思ったわけです。

栄原　たくさんいろんな作品を見たなかで、大月光興にパッと目が行ったというのがそもそもの出発点で、それがこういう世界に広がっていったということですね。ある種の出会いというか、それを見抜く内藤さんの眼力というか、そういうことだと思うんです。さっき大月光興の写真を二、三点見せてもらいましたけども、茶の湯の風炉と釜のやつなんか、なんか洒脱ですね。

内藤　そうなんです。

栄原　すごく洒落てて。

内藤　そうなんです。でもね、ずっと刀装具やってて、いろんな愛好家の人に何が一番好きなの？って聞かれて、大月光興って言うと、渋いなって言われます。もっと華やかなものがたくさんあるんで、赤銅魚子地（しゃくどうななこじ）に金銀の虎とか、獅子とか龍とかが彫られてるような見事なものがあるのに、ああいうものを選ぶっていうのは、たぶんかなり変わってるといます。

栄原　いやいや、僕はわからないんですけど、写真見て、ああ、これ洒脱でいいなあ、と思いましたけど……。岸駒の下絵をもとにして、骨書（こつがき）って言うんですか、そういうのをもとにして彫ったんですね。ちょっと私、今日は大月光興の話をしはるんや、と思って、一生懸命大月光興のことを調べたんです。そうすると、岸駒だけじゃなくて長沢芦雪なんかとも関係があって、習ってたんかどうかわかりませんけど、自分も絵を描くんですね。

内藤 そうなんです。自分でも絵を描くんです。その話、今日しなかったですね。自分も描いて、何点か作品が残っています。非常に上手です。

栄原 そこのとこをお聞きしようと思って、岸駒とかほかの絵師の絵を作品にするだけじゃなくて、自ら絵を描いて、自らの絵を作品にしていくという、そういう作品もたくさん残ってるんですね。

内藤 そうですね。このころになってくると、全員とは言いませんけれども、絵画的な作品を残している人たちは、絵も一定以上たしなんでいた人が多いと思います。下絵帳が残っている人も何人もいますし、そういうものを見ると、皆さん達者な運筆をされています。

栄原 絵心がちゃんとあって、それを金工という作品に仕上げていく技術と両方持ってないとできないわけですから、すごいなと思いました。

内藤 そうなんですよね。

大阪にはパトロンがいた

栄原 京都が大月光興の拠点だということでしたけど、ちらっと大阪の東高津でしたか、そこにも来てると言いはりました。そこがちょっとわからなかったんですけど、来て作品を作ってるという話でしたから、工房みたいなものを持ってたっていうことなんですか?

内藤 そこがね、実際に工房があったかどうかは、確証はないんです。でも一定期間いたようなので、鏨の彫金台と材料があれば、基本的には仕事はできるので、刀鍛冶みたいに大掛かりな道具はいらないですから、たぶん、一定期間そこで作品作りをしていたんだろうと思います。
それ以外にも、一時江戸にいたことがあるんですけど、大阪の笹屋という豪商に江戸から連れもどされて、北浜やったかな、あたりのなんとか、ごめんなさい名前忘れちゃったけど、うなぎ屋です。調べたんだけどわからなかったんだけど、そのうなぎ屋の一角に寄寓していたというような記事も出てきます。これも『鬘邇花』にしか出てこないんで、たぶん誰か末裔の方に聞き取りをして、それが書かれてるんだと思うんです。なので、大阪にはそこその期間居たんだろうと思います。ただ晩年は『平安人物誌』という京都の著名人を書いた本のなかに出てきますので、一番の拠点はやっぱり京都だったんでしょうけれども、けっこう大阪にもいたと考えられます。

栄原　先ほどの話のなかでもおっしゃったと思いますけど、当然それは大阪での販路と言いますか、パトロンとお客さんがいたということですね。

内藤　いたということですね。笹屋がそうですね。

栄原　大阪には大月光興のお弟子さんとか系統とか、そういうのは残ってないんですか？

内藤　大月光興の弟子はたくさんいるんですが、皆さん京都です。京都に根ざして活動されてます。孫弟子みたいな人が大阪にちょっと出たりとか、そういうことはありますけども、基本的には皆さん京都ですね。でも、私がいちおう京都と思ってるだけで、これから資料が出てきて、その人たちもいっとき大阪にいました、ということになる可能性は十分あると思いますけれども。

『鬘邇花』は四巻まで出て経済的に破綻

栄原　わかりました。今『鬘邇花』という本のことが出てきて、そこに大月光興の情報が入ってる、うなぎ屋さんに寄寓してたというようなことが書いてあるということでした。この『鬘邇花』は、刀装具豪華本でその後ろに略伝が付いてるという本ですね。私はそういう本があるということすら知らなかったんですけども、そこには大月光興について、今のような情報以外にどんなことが書いてあるんですか?

内藤 京都の祇園の井筒楼というお店で、酔っ払ってふすまに絵を描くと言い出して、で、お店の人が、そんなことをしてはいけないということで、ちょっとトラブルになるんですけれども、その酔っ払いが大月光興やと知ったら、どうぞどうぞ、となったという逸話みたいなものが出ていました。ということは、そこそこやっぱり絵も上手いということが、高級な料理屋さんだったらわかるような存在だったんでしょうね。それを読んだときに、この略伝は誰かすごく身近な人に聞いて仕上げられてるな、と思いました。この本は、ほとんどが写真で、それ以外の情報部分はちょっとしか載ってないんです。略伝自体は短いんです。そんなに長文ではないんですけれども、非常に生き生きと人物が紹介されていたので、これはどういうことだろうと関心を持ったわけです。

栄原 なるほど。先ほど、肉声に近い情報が入ってるっておっしゃったのはそういうことなんですね。

内藤 ええ、ええ。

栄原 その『鏨廼花』という本について、もうちょっと質問したいんですけども、ここには大阪の刀装具関係の金工の人とか、そういう人の作品とか略伝とかが載ってるんですか?

内藤 いや、それはね、残念ながら載ってなくて、京都の金工からスタートして、江戸金工の号が出て、四巻まで出るんですけれども、そこで光村さんが財政的に破綻をしてしまい、刀装具のコレクションも全部手放さなければいけないぐらいに経済的な窮地に陥ってしまいました。当然、続巻の構想はあったはずで、続編と称するものもあるんですけれども、結局はそこまでしか出なかったので、その他の著名な金工が何人かしか出てない状態です。

栄原 ちょっと残念ですね。

内藤 そうですね。続いてたら、どれだけのことがわかったかと思うんですけれども。

栄原　いや、あのう、私、『藍涵花』って一冊だけかと思ってました。
内藤　ああ、違う。
栄原　結局全部で何冊出たんですか?
内藤　四冊あって、そのあとに続編というのが実は二冊あるんですけれども、これは光村さんが作ったんじゃないんです。ちょっとよくわかりにくいんですけれども、おそらく光村さんが作ろうと思って準備してた写真だけをとりあえず誰かが印刷して、続編と称して出版したと思われるものが二冊あります。
栄原　そうですか。それはこの大阪歴史博物館に入ってますか?
内藤　『藍涵花』の初版本というのは非常に貴重なのでないんですが、昭和四〇年ぐらいだったかな、復刻されてまして、その復刻本と、当時の続編が入ってます。
栄原　そうですか。一回是非見たいと思ってます。
内藤　ぜひぜひ。

光村利藻のコレクション

栄原　光村コレクションっていうのはすごく面白そうで、今度一月(二〇一八年一月)からの特別展「藍の華」は、そのコレクションのうちの刀装具についての展示ですね。
内藤　はい、そうなんです。
栄原　コレクションした光村利藻さんという方なんですが、先ほど『光村利藻伝』というのが出ましたが、これって本ですか?
内藤　伝といっても本なんです。本があるんです。すいません。

栄原　どういうものなのか、ちょっと説明してください。

内藤　本ね、こういう本なんですけどね（と言って会場の皆さんに向けて本を掲げて見せる）。ここに生い立ちとか、いろいろ書かれてまして、先ほどもお話しましたように、お金持ちなので、とにかくいろんなことをしてるんです。軍艦をいっぱい撮影して、ポストカードにして皆さんに配ったり、自転車も買えば、ほかにもいろんな印刷物も凝ったものを作ってます。この『鳌廼花』っていう本は、自分のコレクションだけではなくって、全国に残る優れた作品を載せたいという希望のもとに作っておられるので、その図版を載せないといけないと。そのためだけに、東京はもちろんですけれども、非常に遠方の新潟とかにある作品も、すべて写真に撮って掲載するんですね。この当時、写真機、写真館って言ったら、こうね、据え付けの物があって、バシャって撮るっていう時代に、移動して持っていける、軽量かつ解体できる写真機材をわざわざ作らせて、鉄道もまだそこまで発達してなかった時代に、それをかついで持ち主の家まで行って写真を撮って、そして掲載してます。その執念とお金のかけ方がすごいですよね。そうやってどんどんお金をかけていくから、最後は破綻してしまうんです。あるいは、この間まで相撲の展示をさせていただいてましたけれども（特別展「大相撲と日本刀」）、力士のパトロンというかタニマチっていうんですかね、それをしてたり、もう本当にありとあらゆることがこの本に出てきて、いろんな大阪の横顔が別の意味でわかることも非常に多い。読んでてすごく楽しくなるような本です。

栄原　先ほど金持ちの坊ちゃんというようなこともありましたけども、とにかく膨大なコレクションがあって、その膨大なコレクションの一部が根津美術館に入ってるんですね。

内藤　そうですね。膨大なコレクションの一部っていうか、刀剣と刀装具だけです。

栄原　ほかにもいろいろ集めてはったわけでしょう？

内藤　ほかに一番集めていたのは日本画です。実は光村さんは、たぶん最初は刀を集めようとしたんですけど、偽物をつかまされたり、いろいろ辛い思いをされたんですね。じゃあ、今描いてる人の作品だったら絶対に偽物はないという、わりとありがちな結論に陥られて、それで日本画を相当数集められました。特に、幸野楳嶺という一門が京都にいるんですけれども、その門下の竹内栖鳳とかの作品をたいへん持っておられたようです。今回の展覧会でも、もともと光村さんが持っていた竹内栖鳳の作品を、わずかですけれどもお出しします。今、世間で代表作と言われているような物のなかに、実は光村さんが最初に持ってたという物が含まれています。

栄原　その日本画のコレクションっていうのは散逸してしまったんですか?

内藤　散逸してますね。

栄原　残念ですね。たまたま刀装具の部分だけが、根津嘉一郎さんが買って、それで残ったんですか。

内藤　まとめ買いされたんで、幸い残っているということです。

栄原　そうすると、光村利藻コレクションの全貌っていうのは、なかなかわからない?

内藤　わからないです。この本から類推するのと、さまざまな当時の資料を付き合わせて、それでも全部はきっとわからないとは思うんですが、相当な量だったということは想像できますね。

栄原　あと、写真ですね。趣味というか本業かよくわからないんだけど、写真館をひらいて、今のお話でも軍艦とか、歴史とか、いっぱい写真を持ってはったと思うんですが、それはどうなったんですか?

内藤　この展覧会をするにあたって、光村印刷さんのほうにも問い合わせてもらいました。光村利藻って、光村印刷という印刷屋さんが東京にありますけれども、そこの開祖というか、なんて表現したらいいんでしょう? そこの大もとの人ではあるんですが、もう現在は直接のつながりはありません。ただ、その光村印刷の社史にちょっと写真が出てたりするんですけれども、それも今どこへ行ったかはわからないと聞いています。この本が出された時点では、一定数の写真があったとは思うんですけれども、その時点でも、そんなに網羅的に残ってた感じではないです。そしてこの本を作ったあとに、また更に散逸している様子なので、写真の行方はわかりません。

でも、こんな話をしていると、出てくることがあるんです。どこへ行きましたか？って、ずっと言い続けていると、出てくるんです。今日は言ってなかったですけれども、『鏨廼花』の人物伝が非常に詳細であるというお話をしましたけれども、これはきっと何かの聞き取りをしたんだろうということを、私いろんな報告書に書いておりました。そうしたら二年ほど前に、あなたが探してる資料が出てきたよっていう電話を、同じ学芸員仲間の京都国立博物館の方からご連絡いただいたんです。聞き取りの時に集めたメモのようなものが束になって出てきました。それも今回、一部出品してもらうんですけれども、いろいろ言ってたら出てくることもあるので、もしかしたら、どこかにあるんでしょうけれども、今、はっきりわかる所にはないという状態です。

栄原　光村コレクションの全貌を知りたいですね。

内藤　そうですね。知りたいですね。

桐箱の調査で三好木屑に出会う

栄原　ちょっと箱のほうに話を移しますけれども、箱に注目しはったっていうの、僕聞きながらすごく感心したんですわ。ああ、そうか、箱に注目するかって。この光村箱っていうのは、柳井多吉さんという人が作ったんですか？

内藤　そうだと思います。

栄原　その方と白川亀三さんとはどういう関係なんですか？

内藤　同じ姫路の人であるという以上の関係はないです。

栄原　そうなんですか。

内藤　姫路に白川さんの情報を求めて行ったら、柳井さんの話が出てきたんです。

栄原　なるほど。柳井多吉っていう人については、よくわからない？

内藤　よくはわからないです。

栄原　たぶん、腕のいい指物師なんでしょうね。

内藤　腕はよかったと思うんですけれども、詳しい事績はよくわからないんです。

栄原　そうですか。姫路は城下町ですから、指物の伝統なんかがあるんですね。

内藤　大阪と姫路は、意外と今の感覚とは違う繋がり方があったんだろうなっていう気がします。職人間の信頼関係というか。

栄原　姫路の白川亀三さんに出会われて、その先生の三好木屑に注目したところ、その三好木屑が大阪だということなんですね。ちょっと探偵屋さんしてる感じがして、すごく面白いなと思ったんですけども。その近代大阪のアルチザンの図録に、大阪の技術者の系統図があったことも全然覚えてませんでした。三好木屑を中心とする明治段階の大阪の当時の指物界は、なかなか活況を呈していたんですか、どんな感じだったんでしょうか？

内藤　そうですね。指物と木工って微妙に需要者層が違うんです。指物の話をすると、ここの展覧会でも三好木屑は茶の湯のコーナーに入れてるように、やはり茶道具の需要というものに支えられてた側面があって、大阪は、私は茶の湯の専門家じゃないんで間違ってたらすみませんが、煎茶もそうですし、武者小路流も非常に盛んだったと聞いていますので、さまざまなお茶の流派に支えられて、こういった職人が育まれたと思います。

茶の湯の席が、大阪に根差した政財界、つまり小林一三だったり阪神間の富裕な方々の社交の場になっていて、そういう人たちが道具を作らせるという関係性のなかで、おそらく大阪の指物師たちがたくさんいい作品を残していったというのが、ひとつの側面としては挙げられる気がします。

それと同時に、茶の湯のようなしっかりした基盤がないなかで、木工というか木彫ですね、木彫りの作品を作ってた人たちもいて、鳥の木彫りの置物があったと思いますが、それらはこの流れのなかで読み解けるのかなと思います。

栄原　なるほど。木工と指物というのは、ちょっと違うんだというお話で、なんとなくわかるんですけども、重なり合いながら違ってるということなんでしょうけども、ちょっと簡単に説明していただけますか？

内藤　どちらも木を用いて何かを作るということなんですけれども、木彫あるいは彫刻という近代美術のカテゴリーの用語でいうと、置物彫刻のようなものはたぶん彫刻という表現になってくると思います。指物は、なんでしょうね、道具じゃないんですけど、器物、こういう台であったり硯箱であったり。

栄原　棚だったり？

内藤　棚だったり。そういう調度的なものをしっかりと用途に即して作るのが指物師だと、大まかには言えるのかなと思います。もうちょっと厳密な仕分けはあると思うんですけれども。

栄原　三好木屑は、そういう分類でいったら指物師ですか？

内藤　指物師ですね。でも、独自の造形物を作って楽しんでいたという意味では、創作意欲を持った職人さんだったという言い方ができるのかなと思います。

いろいろ楽しんだ職人と支えた風土

栄原　さっきのお話を聞いてて、三好木屑は指物師なんだけども、漆をうまく使ったり焼き物風なものも作ってるらしいとか。あるいは、墨江武禅の話が出てきてびっくりしました。この人も、特別展の、ええとドラえもんじゃないわ、何とかに出てましたね。

内藤　「唐画もん」ね。

栄原　その特展のときに墨江武禅という絵かきさんをほとんど初めて知ったんです。いい腕の人が大阪にいたんだなと思ったんですが、画家でありながら金工もやるんですか？

内藤　そうですね。

栄原　それから、大日釜調、今日私初めて聞きましたけども。

内藤　いや、誰も知らないと思います。

栄原　俳諧師だけども、いろんなことをやってますね。大阪の職人さんって、なんかこう余裕があるって言ったらいいんですか、いろんなことを楽しみながらやってるって感じですね。

内藤　そういう感じですよね。

栄原　それはやっぱり大阪的なんですか？

内藤　的のような気がします。すごく卑俗な話ですけど、『となりの人間国宝さん』というテレビ番組で出てくる人たちに繋がるような、町のなかにいろいろ手先の器用な人がいるっていう姿は、とても大阪的な気がします。そんなふうに言っちゃっていいのかわかんないですけど。

栄原　やっぱりそれを支えるバックといいますか、風土というか気風みたいなものがあり、パトロンがいるんじゃないかと思うんですけれども。

内藤　そうですね。生活に余裕があるからできるというのはあると思います。

栄原　なんか大阪っていいなと思いながら話を聞いてました。今日ちょっと驚いたのは、三好木屑がいろいろ作品を出品してるなかで、第五回の内国勧業博覧会にも出してるって話です。、実は、このシリーズで当館の加藤俊吾さんという学芸員と話をしたときにも、その内国勧業博覧会の話をかなりしたんです。

内藤　そうなんですね。

栄原　ええ。そこに、この三好木屑も出してたんかと思って、なんか繋がったなと個人的に思いました。この三好木屑という方のお弟子さんとか、その系統は大阪でその後続いてるんですか？
内藤　続いてないんです、それが。
栄原　ない？
内藤　うん。ものづくりとしての伝統は絶えてます。晩年、お体を壊されてたみたいで、たぶんそのタイミングで白川亀三が姫路へ戻ったんじゃないかと思うんです。白川亀三がお弟子さんですけれども、それ以外はちょっと、知り得る限りではいないですね。
栄原　白川さんは姫路に行っちゃったんですね。
内藤　そうですね。ご親族はおられるようですけれども、そういうお仕事ではなさそうです。
栄原　そうですか。三好木屑について、平瀬露香に愛された名人指物師ということでしたけど、平瀬露香っていうのは、大阪で有名なすごい文化人だったということで、当館でも、私がまだここへ来る前に特別展をやったらしいんです。平瀬露香とはかなり関係が深かったんですか？
内藤　とても深かったようです。三好木屑さんは、残されている文章とか書き物を見る限りでは、ある種の職人かたぎで、自分の仕事に哲学というか信念を持ってやっていたので、そういうところから平瀬露香にたいへん可愛がられていた形跡があります。なので、露香は自分のお道具を特別に見せてあげたりしていたということが出てきます。
栄原　今、三好木屑のお弟子さんの話を聞きましたけど、三好木屑というのは誰の弟子なんですか？
内藤　お父さん、おじいさんが指物師だったと、はっきり茶の湯のほうの書き物のなかで出てきます。お父さん、おじいさんが同じく指物師だったということなので、そこに技術的な系譜はあると思うんです。

栄原　三好弥次兵衛というのが代々の名前ですね。
内藤　そうですね、代々の。
栄原　そうなんですか。私は三好木屑という人を知らなかったので、今日はすごく教えていただきました。
内藤　いや、そうなんです。私もほんとに全然知らなくて、姫路で当たり前のように大阪の三好木屑の弟子になるって言われていたのですが、私この人知らんねんと思いました。知らないのはあまりにも恥ずかしいので調べてみようと思ったら、こんな人でした。
栄原　そうなんですか。もうすこし調べていただいて、作品もまだ出てくる可能性もあるんですね。
内藤　出てくると思います。この人の作品はすごく出来がいいので、知ってる人だけがひっそり知ってるというような人だったのを、掘り起こしてしまったところはあるんですけれども、たぶん出てくると思います。

木工を調べていくと竹工芸もすごかった

栄原　わかりました。それで最後のところで、明治から江戸にかけてのアルチザンのお話をされたと思うんですけども。資料には木彫と竹工というふうにお書きなんですけども。
内藤　竹工の話、したかったですね。
栄原　なんで竹工かなって、ちょっとよくわかんなかったんですが。
内藤　木工に関心を持って調べていくと、実は竹工芸もすごかったっていうことがわかってきて。
栄原　竹籠いっぱい出てましたよね。
内藤　そうです。竹籠いっぱい出てたでしょ。
栄原　それ覚えてます。

内藤　この間ずっと金工をやってきて、刀とか刀装具の流れで造幣局はすぐに取り組めるテーマだと思ってたんですけれども、木工からいろいろ芋づる式に掘り下げていくと、実は木工と竹工こそが当時の大阪の工芸界の売りになっていた、大阪の工芸界で評価が高かったのは木工と竹工であったということがわかってきました。それは私の初めて知ったことだったので、ご紹介しようと思って展覧会に組みこんだ次第です。

栄原　アルチザンの特別展にそういう意図が込められていたということが、その当時はよくわからなくて、今聞いて、ああそうだったのかというふうに改めて思いました。江戸から明治にかけて、大正ぐらいまで含めてもいいかもしれないですけど、そのころの大阪について、工芸界ってひとまとめにしていっていいんですか？

内藤　言葉としては工芸界っていうことになるんですけど、じゃあその世界でみんなが一丸となっていたかというと、そうでもありません。個々の職人さんを総称して工芸界って現在呼んでいるだけのことです。

栄原　幕末から明治くらいにかけての大阪のさまざまな工芸の諸分野の研究というか、どういう状態だったのかは、この前のアルチザン展がひとつの段階になったんじゃないかと思うんです。どういう分野をまだまだこれから研究していかないといけないですか。

内藤　いや、全部やらないといけないんですけど、やっぱり木工と竹工は重要分野だと思います。この時点でわかったことは、入れ切れてないものは若干ありますけれども、ほぼ全部ここに入れています。おそらくまだまだ掘っていけると思ってます。一人一人、あるいは一ジャンル一ジャンルずつ掘り下げていくことと、いろんなジャンルを横並びに横断してみることを同時に進めていかないとわからないことも多いと思います。

栄原　一人の人が複数の分野にまたがってやってるという話をいろいろお聞きしましたんで、たぶんそういうことなんだなと思います。

一人一人の個性が際立っている大阪の工芸界

内藤　すごく個性が強いので、大阪は。何々派みたいな感じでひとつのまとまりができるとかではなく、一人一人の個性が際立っているというところに特徴があるのかもしれませんから、そういうものを見極めながら、たまに横断的にみながら進めていかないといけないのかなっていう気がします。

栄原　大阪の木工とか竹工の世界は、まだこれから研究が進んでいくって、そういう分野なんですか？

内藤　そうですね。海外に渡ってしまっている作品もあるようなので、里帰り展なんかもまめにチェックしておかないとだめで。というのも、うちで開催したアルチザンの展覧会の準備のときに、名前はわかるけどものが出てこなくて展示できない、紹介できない人がいっぱいいたんです。そのなかの一人の作品が海外からの里帰り展で出品されていたのですが、キャプションにこの人は誰かわからへんと書いてありました。それを見て、私知ってるわ、大阪の人やわ、と思ったんです。海外に出てしまってるものもあるし、そんな人がいたっていうことがわからないまま流通してるものもあると思うので、私も早く知り得た情報を出して、皆さんに呼び掛けていかないといけないと、ずっと気掛かりになってるんです。

栄原　大阪の工芸界というのは、なかなか特色があるみたいですね。先ほど、派を成さないっていうのは、悪い言葉を使えば、一匹狼みたいな感じで、群れないっていうか。僕、そういうの好きなんですけども、徒党を組むのあんまり好きじゃないんですけども、大阪の工芸界というのはそういうふうな感じの風土だったんですか？

内藤　そうですね。ええ、そんな感じだと、私も思います。

栄原　木工とか竹工が大事だっていうお話聞きましたけど、それ以外ではどういう分野が大阪の工芸界では今後注目すべき分野ですか？

内藤　特に茶道具の系統の人たちの漆の技術はたいへん優れていると思いますし、金工も数は少ないですけれども、この特別展の最後のところでも、何人か大阪の人を紹介しましたように、伝統的にはあります。京都の金工が大阪に出てくる理由ってひとつしかなくて、やっぱり売らんがためだと思います。特に近代になると、より多くの人たちが大阪に拠点を構えて、販路を求めていたと考えられますから、まだまだ造幣局関係でいろんな金工が出てくるんじゃないかなと思います。造幣局との関係がたぶん深いと思うので、そちらからも調査をしていかないといけないと思ってるんですが。

栄原　わかりました。大阪の幕末から明治期にかけての工芸界っていうのは、可能性がすごくあって、とっても面白い分野なんだなということがよくわかりました。今日の話も一周ぐるっと回ったんですけど、最後に、今度の一月の「鏨の華」展の光村コレクションの刀装具のお話なんですけども、見どころを、さっきは大阪に関連してお話をしていただいたと思うんですけども、もうすこし広く言ってどういう点が見どころですか？

内藤　そうですね。今日、いっぱい説明しました光村コレクションの刀装具が、展覧会の核になってまして、根津さんがお持ちの刀装具の作品を中心に、あとドイツ人の手元に行ってしまった光村コレクションもあるんで、それも帰国して展示させていただいてます。

チラシに掲載されてるものでいうと、右上の小柄という四角い縦長の金具がありますけれども、これは呂洞賓（りょどうひん）の図です。中世水墨画の巨匠の雪村の展覧会をMIHO MUSEUMでやってたので、ご覧になった方がいるかと思うんですが、その雪村の水墨画を、近代の名工が模した呂洞賓の図で、非常に克明に模写できている作品です。左側の刀は、初代の月山貞一（がっさん）のものです。月山派の刀は、うちの博物館でよく展示させてもらってますが、なかでも最も技量が高かったといわれるのが、帝室技芸員になった初代です。非常ににぎやかな彫り物の彫られた作品になります。これもほぼ初公開に近いと思います。根津さんでもほとんど出しておられなかったはずなので、たぶん初めてご覧になる方がほとんどなんじゃないかと思います。

また光村コレクション以外に、『鏨廼花』という本に載っている作品のコーナーがありまして、真ん中の重要文化財の鐔は、四十年ほど前に東京国立博物館で開催された「日本の武器武具」展に出品されて以来の出品なので、私も初めて見たものです。これは、光村コレクションじゃないんですけれども、『鏨廼花』の巻頭を飾ったということで、出品してもらっています。それ以外にも、先ほども出てきました竹内栖鳳の作品だったり、竹内栖鳳が下絵を描いて彫金師が彫り上げた鐔とかもあります。それを見ても、やっぱり竹内栖鳳と光村が非常に親しかったということがわかってくる。さまざまな美術に横断的に関わっていた光村さんという人の人となりも見えてくる、そういう展覧会になっています。

栄原　もう時間になってしまいました。今日はまったく私の専門外ですので、どうなることかなと思ってたんですけども、光村コレクションを入り口にして、大阪の工芸界の状況を初めて教えていただいて、ぼんやりとですがわかってきて、私自身とても面白く聞かせていただきました。どうもありがとうございました。

内藤　ありがとうございました。

（会場　拍手）

あとがき

本書のもとになった大阪歴史博物館の連続講座「館長と学ぼう 新しい大阪の歴史」シリーズは、二〇一五年（平成二七）二月二〇日に始まった。それから約二年半かけて二〇一七年（平成二九）一〇月一三日の第二〇回をもって終了した。この間、毎年二～三月と九～一〇月の年二期、各期三～四回ずつのペースで進めてきた。そのうち事情により一七回分を全二冊に分けて収録した。本書に収めたものは、次の各回である。なお、シリーズ名の「大阪」を前にうつして本書の題としている。また、各回を本書に収録するにあたって、テーマを若干変更した場合がある。

木土博成「朝鮮と琉球」　二〇一六年（平成二八）三月九日
加藤俊吾「大阪は博物館先進地？―大阪の博物学と博物館―」　同　九月三〇日
村元健一「複都制と古代難波」　二〇一七年（平成二九）二月一七日
松本百合子「なにわの油火」　同　二月二四日
寺井誠「白村江前後の九州・大和そして難波―搬入された新羅・百済土器の検討から―」　同　九月一五日
内藤直子「ひとつの作品から始まった研究―刀装具から広がる美術史―」　同　九月二二日
杉本厚典「難波宮下層遺跡の諸相」　同　一〇月六日

豆谷浩之「大坂にとって蔵屋敷とは何だったのか?」　同　一〇月一三日

（木土氏のみ水曜日、他は金曜日、会場はいずれも大阪歴史博物館四階講堂）

このシリーズは、大阪歴史博物館に勤務する学芸員の研究内容や人柄を、大阪市民をはじめとする皆様に広く知っていただくために企画したものである。開催の曜日や時間帯など工夫を重ねたが、本書に収録したものは、毎回一四時から一五時三〇分の九〇分間で行い、そのうち前半の四五～五〇分間を報告、残りの時間を討論にあてた。本書に収録するにあたって、報告部分は新たに書き下していただき、討論部分は、当日の雰囲気をできるだけ伝えることを心がけた。

報告部分は、新稿であるので各学芸員の最新の研究が盛り込まれていることが重要である。これに対して毎回の討論は冒険の連続であった。なぜなら私の専門は日本古代史のなかでもごく小さな部分に過ぎず、各回のテーマはほとんどすべて未知の領域であった。そのため、的確な問によって問題点を引き出すことができたとは言えないし、無茶な質問で困らせてしまったことが多いからである。しかし、当日の録音を書き起こしたものをもとにしているため、学芸員諸氏の問題意識や人柄を伝えるという重要な役割は果たしえていると思う。

シリーズの構想を抱いてから本冊の刊行まで、全体で約四年を要した。この間、学芸員諸氏には、館長の言いだす無理を受け止めて、報告や討論、新稿の執筆、校正などさまざまにご協力いただき、事務方にもお世話になった。また公益財団法人大阪市博物館協会ならびに大阪歴史博物館には、本書の目的・意義を理解して刊行を承認していただいた。さらには東方出版には、他にあまり例を見ない内容の本書の出版をお引き受けいただいた。このような各位のご協力によって、ようやく全二冊を刊行することができた。深く御礼申し上げます。

（栄原永遠男）

編著者一覧

栄原永遠男（さかえはら　とわお）　1946年生まれ。専門は日本古代史・正倉院文書・東大寺史。大阪歴史博物館館長・東大寺史研究所所長・大阪市立大学名誉教授。著書に『聖武天皇と紫香楽宮』(敬文舎)、『東大寺の美術と考古』(法蔵館、共編著) など。

＊

杉本厚典（すぎもと　あつのり）　1969年生まれ。専門は日本考古学。大阪歴史博物館主任学芸員。論文に「難波宮下層遺跡における手工業生産」(『ヒストリア』第264号)、「近代大阪における産業マップの作成―金属及び器具・車両・船舶工業の事例―」(『大阪歴史博物館研究紀要』第16号) など。

寺井誠（てらい　まこと）　1969年生まれ。専門は日本考古学で、主たる研究テーマは考古資料を基にした日本と朝鮮半島の交流史。大阪歴史博物館学芸第１係長。近年の論文に「甑からみた渡来人の故地」（『考古学ジャーナル』711）など。

村元健一（むらもと　けんいち）　1971年生まれ。専門は中国古代史、日中交流史。大阪歴史博物館主任学芸員。著書に『漢魏晋南北朝時代の都城と陵墓の研究』(汲古書院)、『「漢書」百官公卿表訳注』（朋友書店、共訳著）など。

松本百合子（まつもと　ゆりこ）　1965年生まれ。専門は日本考古学。大阪歴史博物館企画広報係長・学芸員。著書に『大坂の水油―江戸時代の油流通―』（なにわの海の時空館)、『大和の古墳』Ⅱ（人文書院、共著）など。

木土博成（きど　ひろなり）　1987年生まれ。専門は日本近世史、琉球使節、薩摩藩政史。大阪歴史博物館学芸員。論文に「琉球使節の成立」(『史林』99－4)、「海禁政策は琉球を対象とするか」(『歴史学研究』967）など。

豆谷浩之（まめたに　ひろゆき）　1963年生まれ。専門は日本近世史・近世都市考古学。大阪歴史博物館学芸課長代理。論考に「大坂蔵屋敷の所有と移転に関するノート」(『大阪歴史博物館研究紀要』13）など。

加藤俊吾（かとう　しゅんご）　1970年生まれ。専門は日本考古学。大阪歴史博物館学芸員。近年の論考として「下郷コレクションの瓦経片」(『大阪歴史博物館研究紀要』15)、「東京国立博物館所蔵今熊野亀塚瓦経と山根徳太郎旧蔵拓本」（『MUSEUM　東京国立博物館研究誌』671）など。

内藤直子（ないとう　なおこ）　1970年生まれ。専門は日本美術史 (工芸)。大阪歴史博物館学芸第２係長。著書に『“超絶技巧”の源流　刀装具』(淡交社)、企画展覧会図録に『変わり兜×刀装具』『近代大阪職人図鑑―ものづくりのものがたり』(以上、青幻舎) など。

館長と学ぼう　大阪の新しい歴史 II

2018年7月2日　初版第1刷発行

編　者――栄原永遠男
発行者――稲川博久
発行所――東方出版（株）
〒543-0062　大阪市天王寺区逢阪2-3-2
Tel. 06-6779-9571　Fax. 06-6779-9573
装　幀――森本良成
印刷所――モリモト印刷（株）

ISBN978-4-86249-331-6